Georg Friedrich Seiler

Ueber die Gottheit Christi

beides für Gläubige und Zweifler

Georg Friedrich Seiler

Ueber die Gottheit Christi
beides für Gläubige und Zweifler

ISBN/EAN: 9783744602600

Hergestellt in Europa, USA, Kanada, Australien, Japan

Cover: Foto ©Lupo / pixelio.de

Weitere Bücher finden Sie auf **www.hansebooks.com**

Ueber
die
Gottheit Christi
beides

für Gläubige und Zweifler.

Von

D. Georg Friedrich Seiler

Hochfürstl. Brandenb. Anspach. Bayreuth. Geheimen Kirchen = und Consistorialrath, ord. Prof. der Theol. auf
der Friedr. Alexandr. Universität ꝛc

Leipzig,
im Schwickertschen Verlage
1775.

Dem

Reichsfrey Hochwohlgebohrnen

Freyherrn

Carl Friedrich Reinhard

von Gemmingen

Hochfürstl. Brandenb. Anspach. Bayreuth. wirklichem
Minister, Geheimen Rathe, Präsidenten des Hof-
Regierungs - und Justiz-Raths Collegiums 2c. 2c.

Ew. Excellenz sind bey den vielen und grossen Geschäften, die Sie umgeben, gegen die Schicksale der christlichen Religion so wenig gleichgültig, daß Sie vielmehr unter den erhabenen Ministern der Höfe Teutschlands, welche dem Christenthume Ehre machen, einen vorzüglichen Platz einnehmen. Erlauben Sie denn also, daß ich bey Gelegenheit der Herausgabe dieses Buchs, das einen der wichtigsten Punkte des christlichen Glaubens zum Gegenstande hat, zugleich die Empfindungen der lebhaftesten Dankbegierde in etwas ausdrücke, mit denen mein Herz gegen Sie erfüllt ist. Ew. Excellenz haben mir seit vielen Jahren so manche mich rührende Merkmale der Gnade, des Zutrauens und, ich darf es sagen, der wärmsten Liebe gegeben, daß ich mich unter andern auch um dieser Ursache willen glücklich geschätzt und der Vorsehung öfters dafür gedankt habe. Gewiß, es

konnte

konnte mir nicht leicht etwas angenehmers zu Theile werden, als diese, mir unschätzbare, nähere Verbindung mit einem so erhabenen Gönner, in welchem nicht nur ich, sondern ein jeder, der das Glück hat, Denselben zu kennen, den vollkommenen und redlichsten Minister, den wahren Gelehrten, den liebenswürdigsten Menschenfreund verehrt. O! möchten Sie doch recht lange, Gnädiger Gönner! zum Vergnügen des Besten Fürsten, zum Troste so vieler Unterthanen, zu meiner unaussprechlichen Freude in ganz ungestöhrter Zufriedenheit leben. Dieß wünscht und erbittet von Gott

Ew. Hochfreyh. Excellenz

Erlangen, den 5. Merz
1 7 7 5.

unterthäniger Diener,
Georg Friedrich Seiler.

Vorrede.

Warum die Lehre von der Gottheit Christi, obgleich so viele Schriften über dieselbe vorhanden sind, hier in einer neuen vorgetragen und vertheidiget wird? diese Frage könnte wohl etwa nur derjenige aufwerfen, welcher mit dem, was man in unsern Tagen hier und da lehret und schreibt, unbekannt wäre. Zwar scheint es einigen angesehenen Männern, als ob die Sache des Christenthums wenig oder nichts verlöhre, der Streit über diesen Lehrsatz möchte ausgehen, wie er wollte; es sey immer genug für unsre Religion erhalten, wo man nur glaubt, es ist ein Gott, Christus aber sey der, durch welchen die Menschen zur Seeligkeit gelangen, wenn sie seiner Lehre gehorchen. Und ich bin der nicht, welcher sich erkühnte, über die künftige Seeligkeit derer, die also denken, wo sie nur mit redlichen Herzen die Pflichten eines Christen erfüllen, einen Ausspruch zu thun. Weder meine Schriften, noch mein

)(4   Betra-

Betragen werden mir hoffentlich je den Namen eines untoleranten Theologen zuwege bringen. Ich weiß, was ich andern Menschen, meinen Brüdern, sie seyn Christen, oder Juden, Muhamedaner, oder Ungläubige, schuldig bin. Allein ich bin auch davon lebendig überzeugt und glaube es gegen das Ende dieses Buches hinlänglich bewiesen zu haben, daß es der christlichen Religion und ihren wahren Verehrern durchaus nicht gleich viel sey, ob unser Mittler für ein Geschöpf, oder ob er für ein zur höchsten Gottheit gehöriges Subject (für eine göttliche Person, wie man spricht) gehalten werde. Denn diese Fragen bleiben doch allemal sehr wichtig: "Ist die christliche Religion „vernünftig, oder enthält sie Lehren, welche „den ersten Grundsätzen aller wahren Reli-„gion widersprechen? soll durch die christli-„che Religion die Abgötterey auf Erden ver-„tilgt, oder ausgebreitet werden?" Diese Fragen, sage ich, sind höchstwichtig; und hier muß man eine Parthey ergreiffen. Man kann die Sache nicht an ihrem Orte dahin-

gestellt

gestellt seyn lassen. Ist unser Mittler ein
bloßes veredeltes Geschöpf: so sind die nicht
viel besser, als Gözendiener, welche ihm gottesdienstliche Ehre erzeigen. Ist er Gott;
so rauben ihm diejenigen seine Ehre, welche
denselben in die Reihe der Kreaturen herab-
sezen. Ist die Lehre von der Dreyeinigkeit
der Vernunft zuwider: so muß sie endlich
aus unsern Lehrbüchern weichen. Beruht
sie auf tüchtigen Zeugnissen der Schrift und
enthält nichts widersprechendes: so ist sie eine der wichtigsten Wahrheiten, von der wir
nicht schweigen dürfen; die uns davon unterrichtet, was wir unserm Heilande für eine
Art der Verehrung schuldig sind, wie wir
gegen ihn gesinnt seyn sollen, und was wir
von demselben erwarten können. Ist Christus aber nur ein bloßer Mensch; so wird
mein ganzes Verhältniß gegen ihn geändert.
Wenn denn nun überdieß heut zu Tage noch
so viele sind, welche sich an diese Lehre von
der Gottheit Christi stoßen und in Zweifel
verwickelt werden; wenn andre diejenigen
als Unwissende oder Abergläubige verspot-

X 5   ten,

ten, welche sie annehmen, wenn durch ge=
wisse neuere Schriftauslegungen selbst redli=
che Gemüther in ihrer Ueberzeugung von der
Wahrheit erschüttert werden: so kann das
denen, welche die Ruhe und Seeligkeit al=
ler Menschen ernstlich wünschen unmög=
lich gleich viel seyn. Am allerwenigsten de=
nen, die dazu berufen sind, die Wahrheit,
wie sie dieselbe erkennen, zu lehren und zu
vertheidigen.

Dieß sind einige der vornehmsten Grün=
de, welche mich bewogen haben, dieß kleine
Buch zu schreiben. Meine Absicht war, zu
zeigen, daß die gereinigte Vernunft gegen
die Lehre von der Gottheit Christi mit Grun=
de nichts zu sagen habe; daß diese Lehre auf
hinlänglichen Zeugnissen der Schrift beruhe;
daß auch die Einwendungen, welche die ver=
schiedenen Sekten der Socinianer und Aria=
ner gegen sie vorbringen, hinlänglich beant=
wortet werden können. Da ich, meinem
Endzwecke gemäß, nicht bloß für Theologen,
sondern für alle schrieb, welche über diese
Materie reiflich nachdenken wollen: so habe
ich

ich viele Beweise weggelassen, deren ich mich in einer Schrift bedienen würde, die bloß für Gottesgelehrte aufgesetzt werden sollte. Wenn es aber meine Absicht war, für alle zu schreiben, welche einige Politur des Verstandes haben: so möchten vielleicht einige glauben, das fürtreffliche Buch des gelehrten Abbadie von der Gottheit Christi mache eine jede andre Arbeit dieser Art überflüssig. Allein ich fürchte nicht, daß dieß jemand sagen werde, der sich die Mühe nimmt, dieß Büchlein durchzulesen. Abbadie lieferte für seine Zeiten gewiß das beste, was damals über diese Materie geschrieben worden ist. Er ist gegen Arianer und Socinianer unvergleichlich. Allein nicht auch für Zweifler und Naturalisten. Wenn er z. E. den Beweis für die Gottheit Christi also führt: „Ist Christus nicht Gott; so ist er ein größrer Betrüger, als Muhamed; so ist die muhamedanische oder auch die jüdische Religion weit vernünftiger, als die christliche; so ist die christliche Religion in ihren Hauptlehren wahrer Unsinn; so ist

Jesus

Vorrede.

Jesus von Nazareth entweder ein Fanatiker, oder ein Gotteslästerer gewesen; wenn Abbadie allso schließt (und dieß ist seine Beweisart beynahe durch den größten Theil des Buchs); so spricht der Freydenker, das ist eben, was ich behaupte: daß der Mensch Jesus mit einer göttlichen Person zu einer Person vereiniget seyn soll, das ist eben unter andern die Lehre, die mich abhält, dem Christenthume beyzutreten; daraus schließe ich, daß sie mit irrigen Meynungen vermenget sey. Außerdem bedient sich der genannte Gelehrte auch solcher Schriftstellen zum Beweise des Satzes, den er behauptet, welche heut zu Tage wohl nicht mehr angeführt werden dürfen. An Einsicht in die Auslegung der Schrift hat man seit neunzig Jahren ziemlich zugenommen. Was endlich die Zweifel betrift; welche man dieser Lehre aus der Vernunft entgegen stellt: so hat sie Abbadie fast nur sehr kurz berührt, und beynahe gar nicht widerlegt. Dem allen ohngeachtet wird sein Buch stets ein fürtreffliches Denkmal beides seiner Gelehrsam-

keit

keit und seines Eifers für die Wahrheit
bleiben.

Es hätten sich bey der Ausführung meiner Materie sehr viele Gelegenheiten gefunden, einen Ausfall auf neuere und noch le-
bende Gegner zu thun. Allein meine Absicht war nicht, einen theologischen Streit
anzufangen; sondern die Wahrheit zu sagen,
so wie ich sie erkenne. Ich habe noch nie
etwas geschrieben, was einen meiner Zeitgenossen beleidigen könnte. Ich werde auch
bey allem Widerspruche der Grundsätze in
Sachen der Religion das Gebot der allgemeinen Menschenliebe nie vergessen. Aber
schweigen werde ich auch nicht; sondern die
Lehre Christi, so wie ich davon lebendig überzeugt bin, bekennen und vertheidigen; nach
dem Tadel derer, bey denen ich unlautere
Absichten merke, nichts fragen; die gründ-
lichern Gedanken rechtschaffener Männer
hochachten.

Uebrigens mögen die Gegner der Gottheit unsers Erlösers nur immerhin wohl bedenken, daß Christus, dessen Ehre sie bestreiten,

Vorrede.

streiten, ihr Herr und Richter sey, vor dessen Angesichte wir einst alle erscheinen werden, um auch von den Gelegenheiten und dem Gebrauche der Mittel zur bessern Erkenntniß der Wahrheit zu gelangen, Rechenschaft abzulegen. Da wird sich zeigen, wer die seyn, die mit aufrichtigem Herzen die Ehre Gottes und die Wahrheit gesucht haben. Gott verherrliche seinen Namen auch durch diese geringe Schrift, und gebe daß die Hoheit des göttlichen Mittlers erkannt und zum Troste vieler immer mit mehr Ueberzeugung geglaubt werde. Geschrieben auf der Friedrich Alexandrinischen Universität den 3. Merz 1775.

Inhalt.

Inhalt.

Das erste Kapitel.

Vorläufige Betrachtung der Art und Weise, wie wir Menschen Gott erkennen, nehmlich durch Vergleichung.

In den allerersten Zeiten war keine andere Art, Gott zu erkennen möglich, als die Vergleichung. Seite 2. Daher war der Anthropomorphismus eine nothwendige Unvollkommenheit der ältesten Religion. S. 4. Auch heut zu Tage ist kein andrer Weg. Selbst diejenigen Philosophen, die alles für Erscheinungen annehmen, haben keine andere Art, Gott zu erkennen. S. 6. Noch weniger die andern Sekten der Weltweisen. Kurz, die ganze natürliche Religion beruht auf Vergleichung. S. 8. Denn kein Geschöpf hat von Gott eine anschauende Erkenntniß. S. 10. Doch diese Erkenntniß von Gott durch die Vergleichung ist richtig und eine sichere Grundlage einer vernünftigen Religion. S. 11. Die Einwendung der Deisten, als verwandelte unsere Religion Gott in einen Menschen, ist aus Mangel der wahren Philosophie entstanden. S. 14. Die Erkenntniß von Gott aus der Vergleichung ist unvollkommen. S. 17. Die menschliche Erkenntniß von Gott ist überhaupt sehr unvollständig. S. 27. Alles kommt darauf an, ob die heilige Schrift lehre, daß in der Gottheit mehr, als ein Subject, befindlich sey. S. 29.

Das

Inhalt.

Das zweyte Kapitel.

Beweis der Gottheit Christi.

I. Der Sohn ist nach der Lehre der Schrift ein vom Vater unterschiedenes Subject. S. 31.

Viele ältere und neuere nehmen nur ein Subject an. S. 32. Dieß ist aber der Schrift entgegen. S. 34. Schon aus der Natur der Namen: Vater und Sohn: ist es klar, daß es verschiedene Subjecte seyn müssen. S. 34. Aber deßwegen sind es nicht zwey Subjecte außer und neben einander. S. 34.

II. Der Sohn wird aber auch in vielen Stellen der Schrift vom Menschen Jesu unterschieden. S. 38.

Christus war nicht ein bloßer Mensch. S. 38. Sohn Gottes ist nicht an allen Orten der Schrift ein bloßer Amtsname. S. 39. Zwar sahen die Jüden Meßias und Sohn Gottes für gleichbedeutende Namen an. S. 40. Allein die Apostel suchten nach Christi Tode diesen Irrthum zu verbessern, S. 43. Sonderlich Johannes. S. 45. Der Socinianismus besteht daher durchaus nicht mit der Schrift. S. 47. Sohn Gottes heißt öfters die ganze Person Christi. S. 48.

III. Der Sohn Gottes ist kein vom Vater gebohrner, oder ausgefloßner Geist, sondern der andere in der einigen ewigen Gottheit, der die unendliche Macht sammt dem Vater besitzt. S. 50.

Er ist nicht ein von dem höchsten Gott unterschiedener Geist. S. 50. Nur der einige Gott ist Schöpfer der Welt ausschließungsweise. S. 51. Nun wird das unmittelbare Schöpfungswerk dem Sohne zugeschrieben. S. 54. Also muß er Gott seyn, S. 61. folglich

Inhalt.

lich allwissend, S. 61. allmächtig und allgegenwärtig.
S. 62. Er ist auch Regent und Richter aller Geister;
dazu werden göttliche Eigenschaften erfordert, wie die
Schrift bezeugt. S. 67. Niemand darf angebetet werden, als der einige Gott. S. 67. Dieß bringt so gar
die Natur der Sache mit sich. S. 70. Der Sohn soll
wirklich angebetet und im Gemüthe gottesdienstlich
verehret werden. S. 71. Auch mit der körperlichen
Andacht darf niemand, als Gott, verehret werden. S.
75. Damit wird Jesus Christus verehret, also ist er
Gott. S. 77. Was heißt also Christi Namen anrufen?
S. 77. Die Taufformel beweist die Gottheit Jesu Christi. S. 79. Daher wird auch Christus im N. T. Gott
genennt. S. 81. Er ist Jehovah. S. 83. Kurze Wiederholung der bisher vorgetragenen Wahrheiten. S. 83.
Schluß auf die Person des heil. Geistes. S. 85. Kurze
Erklärung der Dreyeinigkeitslehre aus diesen
Prämissen. S. 86.

Das dritte Kapitel.

Vertheidigung der Dreyeinigkeitslehre gegen die
Einwendungen aus der Vernunft.

1) Enthält diese Lehre keinen Widerspruch. S. 88.
Warum und in wie weit scheint sie dem natürlichen Menschen eine Thorheit? S. 91. Diese Lehre ist keinem bewiesenen Grundsatze der Philosophie zuwider. S. 94. Wir
lehren nicht, drey Substanzen seyn eine Substanz. S.
95. Zweifel, daß man in der ganzen Natur keine solche Art des Daseyns findet, da drey Subjecte eine
Substanz ausmachen. Einige andre Zweifel dieser Art,
sonderlich der Töllnerische, beantwortet. S. 101 — 110.

)(2) Zweifel

Inhalt

2) Zweifel aus dem innern Verhältniſſe der göttlichen Perſonen. S. 111. Allgemeine Betrachtung zur Auflöſung dieſer Zweifel. S. 112. ꝛc. Zweifel aus der Zeugung des Sohnes beantwortet. S. 113. ꝛc. D'Alemberts hieher gehörige Aufgabe aufgelöſt. S. 126. ꝛc.

3) Zweifel aus der Vereinigung der göttlichen und menſchlichen Natur Jeſu Chriſti gegen ſeine Gottheit, beantwortet S. 131. Z. E. waren in Chriſto nicht zwo Perſonen? Iſt nicht auch der Vater Menſch geworden, da Vater und Sohn zu einer Subſtanz gehören? Hat nicht der Sohn ſich ſelbſt verſöhnt, wenn er Gott iſt? Zweifel aus der Menſchwerdung überhaupt. S. 140. ꝛc.

4) Zweifel aus der Lehre vom Stande der Erniedrigung. Hat der Sohn Gottes ſeine göttliche Macht und Hoheit abgelegt? in wie weit? wie verträgt ſich das mit einer göttlichen Natur? S. 145. Aufräumung einiger Vorurtheile in dieſer Sache. S. 147. ꝛc.

5) Zweifel aus der Lehre vom Stande der Erhöhung widerlegt. S. 153.

Das vierte Kapitel.

Das Syſtem der Socinianer iſt ſchriftwidrig; ihre Einwendungen ſind ungegründet. S. 161.

1) Die Beweisſtellen für die Gottheit Chriſti werden gegen die Verdrehungen der Socinianer gerettet. Joh. 8, 58. Joh. 17, 5. Joh. 1. S. 162. ꝛc.

2) Der Beweis der Gottheit Chriſti aus der Schöpfung der Welt wird vertheidiget. S. 172. ꝛc. Ebr. 1. erklärt. S. 175. Col. 1, 16. 17. erklärt und vertheidiget. S. 188 — 210. eben ſo 1 Cor. 8, 6. S. 211.

3) Die Lehre der Socinianer von der Unbetung Chriſti

Inhalt

Chriſt iſt entweder ſchriftwidrig, oder eine Abgötterey.
Die verſchiedenen Meynungen der Socinianer über die
Anbetung, die man Chriſto erzeigen ſoll. S. 215. ꝛc.

4) Keine Stelle der Schrift widerſpricht der Lehre
von der Gottheit Chriſti. S. 224. ꝛc. Warum noth=
wendig viele Stellen der Schrift der Lehre von der Gott=
heit Chriſti zu widerſprechen ſcheinen müſſen? S. 226.
Aber, ſpricht man, wer von Gott ausdrücklich un=
terſchieden wird, kann nicht Gott ſeyn. S. 231. Wer zu
Gott betet, kann nicht Gott ſeyn. S. 233. Wer ſich
von dem einigen guten Gott ſelbſt unterſcheidet (S.
234.); wer geſteht, daß er geringer, als der Vater, ge=
ringer, als der höchſte Gott ſey (S. 235.); wer die Zeit
des jüngſten Tages nicht weiß (S. 237.); wer nichts
von ſich ſelber thun kann (S. 238.); wem alles vom
Vater übergeben iſt (S. 240.), der iſt nicht Gott. Und
warum erklärt denn Chriſtus ſelbſt nie deutlich, daß er
zur einigen höchſten Gottheit gehöre? (S. 241. ꝛc.) Die=
ſe Zweifel werden an jedem Orte einzeln betrachtet und
beantwortet.

Das fünfte Kapitel.

Vergleichung des Arianismus mit der Dreyei=
nigkeitslehre. S. 245. ꝛc.

Das Syſtem des ſubtilſten Arianismus, ſonderlich
nach der bekannten Schrift des Hrn. Clarke entwor=
fen. S. 246. ꝛc. Dieß Syſtem iſt irrig. Denn durch
daſſelbe ſpricht man in der That dem Sohne die wahre
Gottheit ab. S. 249. Dieß Syſtem enthält eine Art
der Vielgötterey, folglich Abgötterey. S. 250. ꝛc. Es
ſchreibt die Schöpfung der Welt einer endlichen Sub=

ſtanz

Inhalt.

ſtanz zu. S. 252. ꝛc. es verträgt ſich nicht mit der Schriftlehre von der Erniedrigung Chriſti. S. 253. ꝛc. In
der Art, wie die Arianer die Anbetung Chriſti lehren,
liegt eine Hauptſchwierigkeit. S. 257. Hingegen iſt
unſre Lehre von der Anbetung Chriſti der Schrift und
der Vernunft gemäß. S. 262. Die Zweifel der Arianer aus der Zeugung des Sohns. S. 264. ꝛc. Ob der
Vater nothwendig eine ganz andre Subſtanz ſeyn müſſe,
als der Sohn? Ob der Sohn vom Vater die Exiſtenz
habe? Ob der Sohn durch den freyen Willen des Vaters vorhanden ſey? S. 265. Zweifel aus der Subordination, in welcher der Sohn gegen den Vater ſtehen ſoll. S. 266. Ob nur der Vater, nie der Sohn in
der Schrift der höchſte Gott genennt werde? S. 268.
Ob der Name Gott in der Schrift nie mehr, als eine
Perſon, bedeute? S. 270.

Das ſechſte Kapitel.

**Vermuthungsgründe für die Gottheit Chriſti aus
den Schriften einiger der älteſten Kirchenlehrer.**

Allgemeine Betrachtung über die Gedenkungs- und
Lehrart der älteſten Kirchenlehrer in dieſer Materie.
S. 275. Lehre Juſtins des Märtyrers von der Gött-
heit Chriſti. S. 277. Tatians. S. 286. Athenagoras. S. 287. Des Theophilus. *) S. 290. Tertullians. S. 294 — 300. des Irenäus und Clemens
von Alexandrien. S. 301. ꝛc.

Das

*) Diejenige Stelle des Theophilus, welche S. 293. vor-
kommt, wird zwar von einigen angefochten; ich hoffe ſie aber
aus verſchiedenen Gründen vertheidigen zu können. Doch
wenn man ſie auch aufgeben müßte; ſo wären die übrigen
Zeugniſſe ſtark genug.

Inhalt.

Das siebente Kapitel.

Vermuthungsgründe für die Gottheit Christi aus den Bemühungen der Rechtgläubigen gegen die sogenannten Ketzer.

Aus den Streitschriften gegen die Gnostiker S. 308. gegen den Praxeas, Artemon 2c. ebendas. gegen den Noetus und Sabellius. S. 309. gegen den Paul von Samosaten, ebendas. gegen die Arianer. S. 311. Schluß aus allem diesen für die Richtigkeit unserer Lehre. S. 312.

Das achte Kapitel.

Kurze Betrachtung über einige Verirrungen der ältesten Kirchenväter in der Lehre von der Gottheit Christi.

Einige scheinen den Unitariern nahe gekommen zu seyn. S. 314. Andere, und zwar noch weit mehrere, bedienten sich solcher Ausdrücke, welche den Ausdrücken der nach der Zeit entstandenen Arianer sehr ähnlich waren. S. 315. Sie wollten das Geheimniß dieser Lehre durch übel gewählte Gleichnisse aufklären. S. 316. Sie nannten zum Theil den Vater allein den höchsten Gott. S. 317. 2c. Sie stellten den Sohn so vor, als wenn er sein Daseyn vom Vater empfangen hätte. S. 318.

Das neunte Kapitel.

In wie ferne ist die Lehre von der Gottheit Christi den Menschen zur Seeligkeit nothwendig und nützlich? wie auch von der Toleranz gegen die, welche diese Lehre nicht glauben. In diesem Abschnitte sind folgende Fragen und Sätze enthalten:

):(3   1) Kann

Inhalt

1) Kann kein Mensch seelig werden ohne die Lehre von der Gottheit Christi in diesem Leben schon zu erkennen? S. 321. 2) In wie weit kann man sagen, daß es höchst nöthig und nützlich sey, die Gottheit Christi zu erkennen? S. 325. 3) Ist es also nicht gleichgültig, welche Lehre von Christo, es sey die arianische, oder die rechtgläubige, ausgebreitet und andern gelehrt werde? S. 331. 4) Von der Toleranz gegen Arianer, Socinianer, und Freydenker? S. 333.

Das zehnte Kapitel.

Von einigen Regeln der Klugheit im Vortrage der Dreyeinigkeitslehre.

1) Ob es rathsam sey, daß man nur lehre: Es ist ein Gott und Christus der Erlöser der Menschen? S. 342. 2) Ob man die Dreyeinigkeitslehre im Unterrichte des Volks verschweigen soll, weil sie zum Tritheismus leitet? S. 347. Ist es nicht rathsam, daß man Freydenker und Zweifler zu der Zeit, da man sie gewinnen will, mit der schweren Lehre von der Dreyeinigkeit verschone? S. 349. Soll man auch Kinder in der Dreyeinigkeitslehre unterrichten? S. 351. Wie ist die Lehre von der Dreyeinigkeit vorzutragen, damit unstudierte Christen nicht auf den Tritheismus gerathen? S. 354.

Das

Vorläufige Betrachtung

der Art und Weise,

wie wir Menschen Gott erkennen, nehmlich durch Vergleichung.

Ehe ich die wichtige Lehre, deren Wahrheit ich zu beweisen gedenke, selbst vortrage, sehe ich es für sehr nöthig an, überhaupt von der Art und Weise zu reden, wie wir Menschen Gott erkennen. Dieß wird über die ganze Abhandlung einiges Licht verbreiten, und uns gewisse Zweifel desto leichter besiegen helfen. Denn viele Menschen finden unter andern auch deßwegen so große Schwierigkeiten in der Lehre, daß in der ewigen Gottheit einer sey, der ein Vater, ein andrer, der ein Sohn, genennt werden könne; weil sie sich bereden, sie hätten von Gott eben die Art von Erkenntniß, als von sich selbst, oder von andern geschaffenen Dingen. Wie ist ihm denn nun? Auf welche Weise erkennen wir Gott? Die kurze Antwort, welche ich geben würde, wäre

A   diese:

dieſe: bloß durch Vergleichung mit den Kräften, Vollkommenheiten und Eigenſchaften, die wir an uns ſelbſt und andern Menſchen finden. Einigen meiner Leſer möchte dieß genug ſeyn, um mir die daraus zuziehenden Folgen zu zugeſtehen; um andrer willen muß ich dieſen Gedanken etwas genauer betrachten.

Alle Erkenntniß, die wir Menſchen von Gott und ſeinen Vollkommenheiten erlangen, kömmt aus zwo Quellen; entweder aus beſondern Offenbarungen, durch welche Gott ſich dem menſchlichen Geſchlechte in ältern Zeiten auf eine auſſerordentliche Weiſe bekannt machte; oder durch eignes Nachdenken. In beyden Fällen war die Vergleichung das Mittel, dadurch die Menſchen Gott kennen lernten.

Die Sprache der Menſchen in den erſten Zeiten der Welt hatte natürlicher Weiſe nur ſehr wenig Worte; dieſe Worte drückten nicht unſichtbare, ſondern meiſtens ſolche Gegenſtände aus, welche entweder in die Sinne fielen, oder in dem Menſchen ſelbſt befindlich waren. Wenn ihnen nun Gott einen nöthigen Unterricht in Erſcheinungen, oder Geſichten und Offenbarungen ertheilen wollte; ſo war es ſeiner Weisheit gemäß, dieſer ſinnlichen Ausdrücke ſich zu bedienen, um

unſichtbare

unſichtbare Gegenſtände dadurch auszubrücken.
Und da der Menſch auſſer ſich und den Dingen,
die ihn umgaben, nichts kannte: ſo konnte ihm
von der höhern Natur der Gottheit auf keine andre Art eine Vorſtelluug beygebracht werden, als
daß Gott von ſich eben ſo redete, als wenn
er ein Menſch wäre, menſchlich dächte, em-
pfände, handelte. Durch dieſe weiſe Herablaſ-
ſung Gottes, nach der er ſeine Eigenſchaften und
Rathſchlüſſe mit menſchlichen Eigenſchaften und
Gedanken in eine beſtändige Vergleichung ſetzte,
konnten die Sterblichen doch zur nöthigen, obgleich nur ſehr ſchwachen Erkenntniß des unſichtbaren und ewigen Schöpfers gelangen. Das,
was ich jetzt geſagt habe, iſt der Grund der
Bilderſprache, wie der ganzen heiligen Schrift,
ſo inſonderheit der älteſten Offenbarungen, die
uns in Moſis Büchern aufgezeichnet hinterlaſſen
worden ſind. Weit entfernt von der metaphyſi-
ſchen Sprache und Gedenkungsart unſrer Tage,
war das erſte kindiſche Zeitalter der Welt an
keine andre, als ſinnliche Gegenſtände und Worte gewöhnt. Wie konnten nun dieſe ſinnlichen
Geſchöpfe Gott ſich anders, als einen Menſchen
vorſtellen? Daher ſcheint es mir nicht allein eine
Eigenſchaft und ein Merkmal der älteſten Poeſie,

ſondern

sondern auch eine nothwendige Unvollkommenheit der ältesten Art von Gott zu denken und zu
sprechen zu seyn, wenn sich in allen Vorstellungen, die die Menschen vom höchsten Wesen hatten, ein beständiger Anthropomorphismus befindet; wenn Gott, nicht bloß will, sondern gleich
einem Menschen befielt, es werde Licht; wenn
er sich mit sich selbst berathschlagt, um den Menschen, das Meisterstück der Schöpfung, zu bilden;
wenn er nach vollendeter Arbeit alle seine Werke
mustert, und sich an ihrer Güte erlustigt, dann
aber gleich einem Menschen von seinen Geschäften ausruht; wenn er über die hartnäckiche Wi-
dersetzlichkeit der ersten Welt Verdruß empfindet,
und eine bittre Reue fühlt, daß er dieß Geschlecht
gemacht hat; wenn er mit Abraham und seinen
Nachkommen einen Bund schließt, und in diesen
und vielen andern Stellen der Bücher Mosis
vollkommen eben so, wie ein Mensch abgebildet
wird. Solche Vorstellungen von Gott waren in
jenen Zeiten unvermeidlich: man konnte entweder
gar nicht, oder man mußte so von ihm reden.
Hätte Gott sich andrer Worte bedient, als solcher,
die in der menschlichen Sprache jener Zeiten
schon bekannt waren: so hätte ihn kein Mensch
verstanden. Eben so wie einen Amerikaner kein
Euro-

Europäer, der seiner Sprache nicht kundig ist,
verstehen würde, wenn er von amerikanischen Gewächsen und Thieren noch so viel erzehlte. Dann
aber verstehen wir ihn: wenn er sich unsrer Sprache bedient, und die amerikanischen Thiere und
Gewächse mit Thieren und Gewächsen vergleicht,
die wir kennen.

Aus dem, was ich bisher gesagt habe, erhellet
nun, daß die Erkenntniß, welche die ersten Menschen von Gott hatten, von einer ganz andern
Art war, als diejenige, mit der sie sich selbst und
solche Dinge erkannten, die ihre Sinnen berühr-
ten. So schwach indessen diese auf bloßen Vergleichungen beruhende Erkenntniß Gottes war:
so enthielt sie doch Wahrheit genug, um ein
sicherer Grund des Vertrauens und der Liebe zu
Gott, und überhaupt der Religion zu seyn. Doch
davon hernach noch etliche Worte.

Vielleicht aber ist es heut zu Tage möglich,
daß ein tiefsinniger Geist durch scharfes Nachdenken zu einer solchen Art von Erkenntniß Gottes gelangen möchte, die nicht auf bloßen dunklen Vergleichungen der Eigenschaften des höchsten Wesens mit den unsren beruhe? Auch dieß
nicht. Wir sind in der Wissenschaft von dem
Wesen des unsichtbaren Schöpfers kaum einige

A 3   Schritte

Schritte weiter, als die erste Welt. Alles beruht auch bey dem Philosophen auf Vergleichung.

Ich will zuerst von denjenigen Weltweisen reden, die sich am meisten von dem, was körperlich ist, loßgerissen, und mit ihrem Nachdenken sich gleichsam in sich selbst versenkt haben. Sie nehmen an: alles, was ausser uns ist, sind Erscheinungen; wir sehen die Dinge nicht so, wie sie an sich sind; sondern wie sie nach dem besondern Baue unsrer Sinnen auf uns wirken. Wir erkennen also von den Dingen ausser uns nichts mit vollkommner Gewißheit; auch kaum dieß, daß sie da sind. Eins wissen wir: Ich denke: also bin ich. Aber weiß ich alles, was ich zu wissen verlange? Kann ich alles thun, was ich wünsche? Bin ich nicht sehr veränderlich? Hat mein Denken nicht einen Anfang genommen? Ich bin also nicht von mir selbst; ich bin ein Wesen, das von einem Höhern sein Daseyn hat. Und was ist dieß für ein Wesen? Was hat es für Vollkommenheiten? Ich denke: also der, welcher mir die Kraft zu denken gegeben hat, muß auch denken. Ich habe das Vermögen, nach Willkühr und Freyheit mich zu entschließen: also der, von dem ich bin, muß diese Kraft des freyen Willens auch haben. Ich liebe, was recht ist; ergötze

mich

mich) an dem, was gut iſt; ſuche es durch ſchick-
liche Mittel zu erhalten; verabſcheue und fliehe
das Böſe; darauf beruhen in mir die Eigenſchaften, welche man Weisheit, Güte, Gerechtigkeit,
Wahrheit und Treue nennt: ſolche Vollkommenheiten müſſen denn alſo auch in dem ſeyn, dem
ich mein Daſeyn zu danken habe. Hier iſt eine beſtändige Vergleichung, nach welcher der
Menſch Gott ähnliche Eigenſchaften zuſchreibt,
als er in ſich ſelbſt findet. Hat er denn nun aber
erkannt, wie Gottes Natur in ſich ſelbſt iſt?
Davon hat er auch kaum einen Strahl des Lichts.
Er hat von ſich auf das nothwendige Weſen ge-
ſchloſſen: und glaubt in Gott das auf eine unendliche Weiſe zu finden, was er in ſich endlich
und eingeſchränkt antrifft. Dieſe Art zu denken
hat nun zwar ihren guten Grund: aber durch ſie
werden wir doch nicht in den Stand geſetzt, die
Eigenſchaften Gottes zu erkennen, wie ſie an
ſich ſind. Wir ſehen nur Schattenbilder der unendlichen Vollkommenheiten in einem dunklen
Glaße, in uns, die wir uns ſelbſt ſo wenig
kennen.

Nicht viel mehr wiſſen diejenigen von Gott,
welche mit dem größten Theile der Philoſophen
zu geben, daß eine unendliche Menge von Ge-

ſchöpfen

schöpfen wirklich mit uns in Verbindung stehe,
und daß durch ihre Wirkungen auf unsre Sinnen
die Vorstellungen in unsrer Seele sich entwickeln,
deren wir uns nach und nach bewußt sind.
Denn alle diese Geschöpfe zeigen uns nicht, wie
Gott an sich ist; sie geben uns nichts mehr, als
zum Theil eine Veranlassung, zum Theil einen
sichern Grund, Gott mit uns zu vergleichen; und
die Namen, die Menschen tragen, dem höchsten Wesen beyzulegen. Einen Mann, der große
Körper mit leichter Mühe hält, oder in Bewegung setzt, nennt man stark und mächtig: wie
stark und mächtig muß Gott seyn, der so große
Körper, so viele unzählbare Welten mit seiner
Kraft erhält, und ihnen ihre Bewegung giebt?
Wo ein Mensch etwas wirket, da ist er: also
Gott muß überall seyn: denn er wirkt überall.
Einem Manne, der an dem Wohl andrer sich er-
freut und ihnen gutes thut, pflegt man die Eigenschaften der Liebe und Güte zuzuschreiben; so
muß Gott wohl die vollkommenste Liebe und Güte besitzen. So beruht die ganze natürliche Religion auf Vergleichung. Sie sagt uns nichts
mehr, als dieß, daß in Gott etwas seyn müsse,
das dem ähnlich ist, was wir bey Menschen Kraft,
Güte, Liebe, Weisheit, und Gerechtigkeit nennen.

Aber

Aber wie diese Vollkommenheiten an sich, ihrer Natur nach in Gott seyn, das sagt sie uns nicht, das bleibt ein unauflößliches Geheimniß.

Wir wollen diese Wahrheit noch von einer andern Seite betrachten. Für alle, oder wenigstens für die meisten menschlichen Sachen, Eigenschaften und Kräfte hat man in ausgebildeten Sprachen eigene Namen, welche dazu erfunden sind, die Gegenstände von andern zu unterscheiden. Aber für das, was in Gott ist, haben wir keine besondern Benennungen. Man legt den Realitäten in Gott, die unendlich weit von den menschlichen verschieden, auch von einer ganz andern Art und Natur sind, eben die Namen bey, die man zur Bezeichnung menschlicher Sachen und Vollkommenheiten ausgedacht und bestimmt hat; man spricht, er habe Haß des Bösen, Neigung zum Guten u. s. w. eben als wenn Gott eine menschliche Seele wäre. Diese Art zu reden ist wieder eine nothwendige Folge der menschlichen Schwäche und der Hoheit Gottes. Gott wohnt in einem Lichte, dahin niemand mit seinen Augen dringen kann. Oder diese paulinischen Worte nach unsrer Art auszudrücken: wir haben ganz und gar keine anschauende Erkenntniß von Gott; wir können folglich auch keine

neue

neue Namen erdenken, um das auszubrücken,
was in Gott ist. Indessen lernen wir doch den
Schöpfer aus seinen Wirkungen in uns und andern geschaffenen Dingen erkennen. Wir finden,
daß sich seine Natur in eben solchen Wirkungen
äußert, als die sind, welche mächtige, weise,
gütige, und gerechte Menschen hervorbringen;
um dieser Aehnlichkeit willen, welche die Wirkungen seiner unendlichen Kraft mit menschlichen
Wirkungen haben, sodann aber auch, weil unsre Sprache zu arm ist, als daß sie unmittelbare
Namen, für die Eigenschaften Gottes haben sollte, legen wir Gott eben die Eigenschaften bey,
die wir an uns und andern Menschen finden.
Und dieß ist also nothwendig. Denn kein endliches Wesen hat von dem unendlichen eine anschauende Erkenntniß. Auch der Engel muß den
Ewigen so denken, wie er sich selbst findet, und
Gott diejenigen Vollkommenheiten beylegen, die
er an sich wahrnimmt. Denn dazu, daß er Gottes Vollkommenheiten erkennete, wie sie ihrer
innern Beschaffenheit nach in Gott sind, dazu
würde erfordert, daß er selbst an der unendlichen
Natur unmittelbar Theil nähme. Niemand kennet den Sohn, denn nur der Vater; niemand
den Vater, als nur der Sohn. Zwar hat uns
Gott

Gott viel von sich geoffenbart; aber wie? theils durch große Wirkungen, theils durch jene gnädige und weise Herablassung, nach der er in menschlichen Worten von sich, als von einem solchen redete, der einem Menschen ähnlich wäre. Wenn Paulus in den Himmel entzückt wird: so hört und empfindet er unaussprechliche Sachen: noch weit mehr ist Gottes Wesen, so wie es an sich selbst ist, unaussprechlich; nur in dunklen Bildern und schwachen Vergleichungen mit menschlichen Vollkommenheiten können wir seine über alle Gedanken endlicher Wesen erhöhte Natur zum Theil erkennen.

So schwach aber diese Erkenntniß von der Natur Gottes ist; so können wir doch zu einer beruhigenden Ueberzeugung gelangen, daß diese Erkenntniß richtig und eine sichere Grundlage einer vernünftigen Religion sey.

Denn da das höchste Wesen alle reine Vollkommenheiten auf eine unendliche Weise besitzt: so müssen unter denselben gewiß einige seyn, welche den Vollkommenheiten unsres Geistes ähnlich sind. Da Gott der Urheber unsrer Vernunft ist: so muß in ihm eine Vollkommenheit seyn, welche derjenigen ähnlich ist, die man bey Menschen Vernunft nennt. Da uns Gott zu freyen Wesen gemacht, und uns das Vermögen verliehen

liehen hat, nach Einſichten und Wahl zu handeln: ſo kann er ſelbſt nicht nach einer blinden
gedankenloſen Nothwendigkeit handeln. Der
das Auge gemacht hat, ſollte der nicht ſehen?
Der das Ohr gepflanzt hat, ſollte der nicht hören? Ja, wir ſind durch die heilige Schrift von
dieſen ſchon durch die Natur erkannten Wahrheiten noch weit mehr überzeugt worden. Denn ſie
verſichert uns, der Menſch ſey nach dem Bilde
Gottes gemacht; es ſey zwiſchen ihm und ſeinem Schöpfer eine gewiſſe Analogie, oder Aehnlichkeit; ſo daß der, welcher den Menſchen kennt,
einen Abdruck von dem unſichtbaren Bilde der
Gottheit und ihren unendlichen Vollkommenheiten geſehen hat. Sie verſichert uns, daß Gott
den Abglanz ſeiner unendlichen Vollkommenheiten in dem Sohne, in Chriſto, ſeinem Ebenbilde,
der Welt auf das deutlichſte habe erſcheinen
laſſen; ſo daß derjenige, welcher die erhabnen
und liebenswürdigen Eigenſchaften des großen
göttlichen Geſandten betrachtet, in denſelben die
Vollkommenheiten deſſen wahrnimmt, der ſein
Vater iſt: Philippe! wer mich ſiehet, der ſiehet den Vater. Die Schrift bedient ſich daher,
wenn ſie von Gott redet, auch aller der Namen,
die wir einem menſchlichen Geiſte beylegen, und

läßt

läßt uns mit vollkommner Zuversicht schließen,
daß wir nicht irren, wenn wir in dem höchsten
und unbegreiflichen Wesen etwas suchen, das
dem ähnlich ist, was wir Verstand, freye Wahl,
Weisheit und Liebe nennen. Aus diesen hier
kürzlich nur angeführten Gründen (denn eine
weitläuftigere Betrachtung dieser Philosophie über
die Erkenntniß Gottes erlaubt mir jetzt mein
Endzweck nicht) läßt sich beweisen, daß auf den
Grund dieser noch so unvollkommnen Begriffe
vom höchsten Wesen sich dennoch eine vernünftige Religion bauen lasse. Denn, ob wir schon
durchaus keine anschauende Erkenntniß von der
Gottheit erlangen können: so wissen wir doch
dieß: es ist ein Gott; wir haben ihm unser Daseyn zu danken; unfre Schicksale hängen von
ihm ab; er befördert durch die Einrichtung der
Natur unfre Wohlfahrt; er hat mit tugendhaf-
ten Handlungen gute, mit lasterhaften böse Folgen verbunden; er bedarf meiner nicht; er thut
mir alles gute aus freyer Gnade; ich muß mich
also nach den Gesetzen richten, die er in die Natur gelegt, die zu erkennen er mir Verstand gegeben hat; ich kann auch hoffen, daß es mir künftig wohl gehen werde, wo ich diesen Gesetzen
und Vorschriften getreu bleibe. Denn Gott zeigt
sich

sich durch die großen Werke der Natur schon als
den weisesten, den gütigsten, den wohlthätigsten;
er hat sich durch die nähern Offenbarungen in
seinem Worte mir noch weit deutlicher von dieser
Seite gezeigt: auf ihn will ich hoffen, ihm gehorchen und ihn lieben, ihm danken. So wenig ich
von Gott weiß! so ist es doch genug zur Religion.

Die Einwendung der Deisten gegen die christliche Religion, daß sie deßwegen unvernünftig
wäre, weil sie Gott in einen Menschen verwandelte: ist in der That aus Mangel der wahren
Philosophie entstanden, die biß zu den ersten
Quellen menschlicher Erkenntniße hinauf steigt.
Sie wollen, man könne von dem höchsten Wesen nichts mit Gewißheit behaupten, als dieß:
es ist, und es ist unbegreiflich. Sie leugnen
aus diesem Grunde, daß man Gott nach Art
der Christen anbeten und mit Grunde menschlich
von ihm reden könne. Vergessen aber den erhabenen Grundsatz: daß ein jeder Atom ein Spie-
gel der Gottheit sey; daß zwischen den Ursachen
und Wirkungen eine nothwendige Harmonie statt
finde; daß ich aus den letzten auf die ersten mit
Gewißheit schließe, und wenn ich in der Welt
Wirkungen der Weisheit und Güte wahrnehme,

dem

dem Schöpfer diese Eigenschaften mit Recht beylegen könne. Sie spotten über die Schrift, daß
sie an so vielen Orten so gar sinnlich von Gott
rede, ihm nicht nur die reinen Eigenschaften eines Geistes, sondern so gar menschliche Leidenschaften und Gliedmaßen beylege: und verstehen
die Philosophie der Schrift nicht, die durch solche Bilder dem gemeinen Manne nicht nur eine
wohlgegründete, sondern auch lebendige und
wirksame Erkenntniß von Gott beybringt. Denn
ob ich gleich gerne gestehe, daß die reine, von
Bildern entfernte Sprache des Weltweisen, mit
der er von dem Wesen aller Wesen seine Abstra-
ctionen ausdrückt, sehr erhaben und edel sey: so
ist sie doch unverständlich für den größten Theil
des menschlichen Geschlechts; so hat sie doch die
Kraft nicht, welche sinnliche Vorstellungen haben,
unsichtbare Sachen in Leiber zu hüllen, und sie
dem Auge des Verstandes sichtbar darzustellen. Es
mag sehr philosophisch klingen, wenn man etwa
also spricht: das selbstständige Wesen hat die
deutlichste Vorstellung von allen wirklichen und
möglichen Dingen; hat die besten Absichten und
die besten Mittel bey seinen Wirkungen; ist geneigt jeder Kreatur die Vollkommenheiten zu ertheilen, die sie fassen kann, aber auch gewohnt

auf

auf böse Handlungen böse Folgen kommen zu
lassen; dieß alles mag sehr philosophisch von
Gott geredet seyn: aber werden diese Vorstellungen auch dem Verstande des gemeinen Mannes
klar, werden sie ein menschliches Herz zu rühren
kräftig seyn? Wenn hingegen die Schrift etwa
also sagt: Herr, du erkennest mich und forschest
mich; ich gehe, stehe oder liege, so bist du um
mich; es ist kein Wort auf meiner Zunge, das
du nicht alles wissen solltest. Du hast mit Weisheit die Erde gegründet, und den Himmel dir zu
einer Wohnung ausgespannt; du bist aber auch
um mich, hörest das Gebet der Elenden; hörest
das Schreyen der jungen Raben; thust deine
Hand auf, und sättigest alles mit Wohlgefallen.
Du bist mein Vater, mein Freund, mein gütig-
ster Wohlthäter, der mich liebt, der für mich
sorgt, der mit gewaltiger Hand mich jedem Elend
entreißen kann. Du sprichst, so geschiehts, du
gebeutst, so siehts da. Welche starke Bewegungen entstehen nun in der Seele? Wie wird das
Herz zur Verehrung Gottes, zur Liebe, zum Gehorsam gegen ihn kräftig erweckt? Die Bilder-
sprache der Schrift ist das fürtrefflichste Mittel zur
Besserung des menschlichen Geschlechts; sie enthält nichts unrichtiges; sie ist ganz auf die

Aehnlich-

Aehnlichkeit (Analogie) gebaut, die zwischen dem
Schöpfer und seinen Geschöpfen statt finden muß;
sie ist dem Inhalte nach mit der höchsten Philosophie ganz einerley; nur redet sie nachdrücklicher;
giebt dem Geiste mehr Bewegung, mehr Leben,
und ist weit gemeinnütziger für den größten Theil
des menschlichen Geschlechts.

Nachdem nun also kürzlich gezeigt worden ist,
wie die Erkenntniß, welche wir durch das Mittel
der Vergleichung von Gott erhalten, nicht nur
richtig, sondern auch ein sicherer Grund einer
vernünftigen Religion sey: so muß ich nun, meiner Absicht gemäß, auch noch einige Worte von
ihrer Schwäche vorbringen.

Sie ist nehmlich sehr unvollkommen. Denn
die Eigenschaften Gottes sind von einer ganz andern Natur, als die Vollkommenheiten unsres
Geistes, und wir pflegen sie uns doch nach dem
Bilde der unsrigen vorzustellen. Unsre Seele besitzt die Gabe der Vernunft. Wie äußert sich
bey uns diese Kraft? Sogleich nach unsrer Geburt fallen eine Menge Bilder in unser Auge; die
uns umgebenden Körper, Speisen, Getränke,
die Töne, die Strahlen des Lichts berühren unsre Sinnen. Durch diese Erschütterung wird die
Seele gleichsam aus ihrem Schlafe erweckt; sie

B　　　　　　　fängt

fängt an sich ihrer bewußt zu werden; sie lernt
die Bilder und äußerlichen Dinge, die ihr erscheinen, nach und nach unterscheiben; lernt die Sprache, in der diese Bilder ausgedrückt werden; setzt
die Bilder auf verschiedne Weise zusammen; vergleicht sie, urtheilt, schließet. Diese ganze Arbeit verrichtet sie durch Hülfe der Bilder, die sie
vermöge der Sinnen erlangt hat. Ohne Bilder,
Zeichen und Worte kann sie nicht denken. Die
Vernunft ist also in dem Menschen ein Produkt,
das aus der gemeinschaftlichen Zusammenwir-
kung des Leibes und der Seele entspringt; das
tausend Veränderungen in sich schließt; das auf
Erscheinungen beruht; das die Wesen der Dinge
selbst nicht sieht; das weder von einem Körper,
noch von einem Geiste eine vollkomne Erkenntniß hat. Das ist bey Menschen das Vermögen
der Vernunft *). Wenn wir nun Gott einen unendlichen Verstand zuschreiben; wie schwach ist
diese Vergleichung? wie wenig wissen wir nun
von der innern Natur des höchsten Wesens?
Wie unendlich weit ist seine Erkenntniß von der
menschlichen unterschieden? Da ist kein Bild,
keine Erscheinung; er dringt in das Wesen der
Dinge. Da ist keine Vergleichung der Ideen,
kein

*) Ich nehme dieß Wort im weitläuftigen Sinne.

kein Urtheil, kein Schluß; keine Veränderung, und wir reden noch immer sehr menschlich von Gott, wenn wir sprechen: er erkennt alle wirkliche und mögliche Dinge auf einmal.

Wir schreiben dem höchsten Wesen Freyheit zu; und das mit Recht. Aber wie unendlich verschieden muß die Freyheit Gottes von der unsren seyn? Alles ist in Gott nothwendig; auch seine Rathschlüsse gründen sich auf die Nothwendigkeit, daß er nichts anders, als das Beste, beschließen kann. Eigentlich zu reden, ist in Gott kein solcher Rathschluß, wie wir Menschen fassen; denn diese Wirkung des menschlichen Geistes ist stets mit Veränderung verbunden. In Gott ist ein einziges, ewiges, unveränderliches Urtheil, nach welchem er ohne Zwang gerne alles wirkt und geschehen läßt, was zu jeder Zeit für das ganze Gebäude der Welt und das Geisterreich das Beste ist. Dieß ist ein kleiner Schattenriß von der Freyheit Gottes; auch nur in schwachen Bildern entworfen.

So verhält es sich mit allen andern menschlichen Vollkommenheiten, die wir Gott wegen der Aehnlichkeit der Natur und der Wirkungen beylegen. Eine jede unsrer Eigenschaften ist das Produkt einer Natur, die nicht ganz Geist; die

aus

aus Materie und einer denkenden Substanz zusammen gesetzt ist; Gott ist ein purer Geist, folglich sind seine Vollkommenheiten von einer ganz
andern Art, nicht bloß der Größe und den Stufen, sondern dem Geschlechte nach unterschieden.
Das, was ich hier gesagt habe, wird durch ein
Beyspiel in ein größres Licht gesetzt werden. Zwischen den Seelen der Thiere und einem menschlichen Geist ist eine Analogie, oder eine gewisse,
bald nahe, bald mehr entfernte Aehnlichkeit. Sie
haben die Kraft nicht, zu denken, zu schließen, das
künftige oder gegenwärtige aus dem vergangnen
zu beurtheilen: allein sie haben doch in sich etwas, das diesen Kräften des menschlichen Geistes ähnlich ist. Das Pferd läuft in seine alte
Herberge, als wenn es Gedächtniß und Ueberle-
gungskraft besäße. Der Storch lehrt seine Jungen fliegen: eben als wenn er ihre künftigen Be-
dürfnisse zum voraus sähe. Gewisse Wirkungen
der Thiere sind also den Wirkungen ähnlich, welche die Vernunft bey den Menschen hervorbringt.
Daraus schließen wir mit Recht, es müsse in den
Thieren auch Kraft vorhanden seyn, welche derjenigen ähnlich ist, die wir bey Menschen die
Vernunft nennen. Indessen ist es doch gewiß, und hat dieß der scharfsinnige Reima-

rus

rus *) sehr deutlich gezeigt, daß die Kräfte und
Vollkommenheiten der Thiere von den Kräften
und Vollkommenheiten der menschlichen Seele
nicht nur den Stufen nach, sondern der Art nach
unterschieden seyn, daß zwischen beiden zwar eine Analogie und Aehnlichkeit sey, daß aber die
Seele eines Thiers, so lange sie eine thierische
Seele bleibt, nimmermehr eben die Art der
Vollkommenheiten erlangt, welche der menschliche Geist besitzt. Eben so verhält es sich mit
Gott und den Menschen. Eine menschliche Seele mag in ihren Kräften und Vollkommenheiten
noch so sehr erhöht werden: sie bleibt doch eingeschränkt und veränderlich; sie denkt doch nach
und nach, und sieht nicht alles wirkliche und mögliche auf einmal; kurz, sie wird kein Gott, sie
bleibt dem Geschlechte nach, als ein endliches Wesen, von dem unendlichen unterschieden. Aehn-
lich ist sie Gott; gleich kann sie ihm nicht werden.
Dieß ist hoffentlich genug, einzusehn, daß wir
nichts in Gott so erkennen, wie es in Gott ist;
daß alles was wir von diesem an sich unbegreiflichen Wesen verstehen, auf schwachen Vergleichungen beruhe; daß also Gott, wenn er sich uns

B 3   näher

---

*) **Reimarus** über die Triebe der Thiere Cap. 2.
§. 15 u. 15.

näher offenbaren will, als es schon durch die Natur geschehen ist, solche Vergleichungen mit menschlichen Dingen ebenfalls zu Hülfe nehmen müsse, weil für Gottes Eigenschaften keine besondern Namen in menschlichen Sprachen vorhanden sind.

Das, was ich hier vorgetragen habe, ist nun nicht allein aus der Natur der Sache selbst klar; sondern es ist auch die Lehre der Schrift. Wenn Moses den eigentlichen Namen des höchsten Gottes wissen, und mit seiner Natur genauer bekannt seyn will: so bekommt er die Antwort: Der da ist; der stets seyn wird *); das ist mein Name. Als Moses mit dieser Erklärung noch nicht zufrieden, sondern nach der Zeit noch begieriger war, eine tiefere Einsicht in die Natur der Gottheit zu erlangen, die sich ihm durch Erscheinungen und Worte bißher geoffenbart hatte: so wies ihn Gott mit den Worten zurechte: mein Angesicht kann kein lebendiger Mensch sehen **). Ich weiß zwar, daß einige Ausleger dieß von der Herrlichkeit Gottes verstehen, welche die Seeligen im Himmel erblicken, und die kein Sterblicher in diesem Leben zu sehen bekömmt: und

wenn

*) 2 Mos. 3, 14.
**) 2 Mos. 33, 20.

wenn auch dieß nur angenommen wird: so ist
dieß schon für die oben vorgetragenen Sätze Beweises genug. Allein mir deucht, es war noch
etwas mehr, was Moses verlangte. Er hatte
schon samt den Aeltesten die Herrlichkeit Gottes
auf dem Berge in einem ausserordentlichen und
himmlischen *) Glanze gesehn. Jetzt wünscht er
noch weiter zu kommen: er wünscht mit den Eigenschaften und Vollkommenheiten Gottes näher
auf eine anschauende Weise bekannt zu werden.
Aber das war ein unmöglicher Wunsch. Zwar
kann sich Gott in einer noch angenehmern Gestalt der Einbildungskraft eines Menschen offenbaren: allein das ist nun das Wesen Gottes
nicht; das giebt dann nur eine dunkle und unaus-
drückbare Empfindung: soll uns eine deutliche
Vorstellung vom höchsten Wesen gegeben werden; so muß es in menschlichen Ausbrücken, oder
in Vergleichung mit menschlichen Vollkommenheiten geschehn. Darum ist es nicht genug, daß
Moses nur in einer Entzückung den Glanz der
Herrlichkeit Gottes erblickt; es unterrichtet ihn
Gott zu gleicher Zeit mit folgenden Worten von
seiner Natur, die vornehmlich in der Neigung
gutes zu thun besteht: Jehovah ist barmherzig,

B 4   ist

*) 2 Mos. 24, 10.

ist gnädig, ist voll Liebe und Treue *). Dieß ist
unter andern mit eine der vorzüglichsten Ursachen, warum die Israeliten Gott durchaus unter
keinem Bilde vorstellen sollten: weil nichts im
Himmel und auf Erden vorhanden ist, was das
unerklärbare Wesen der Gottheit genau und richtig abbilden könnte; darum behauptet Paulus,
daß Gott durchaus **) unsichtbar sey, oder daß
kein endliches Wesen eine anschauende Erkenntniß von seiner Natur je erlangen werde.

Ich habe die bißher vorgetragene Wahrheit
nicht ohne Ueberlegung von vielen Seiten vorgestellt, und beides durch Vernunft und Schrift zu
bestättigen mich bemüht. Denn so gemein sie
vielen unsrer ältern Theologen ehedem zu seyn
pflegte: so sehr scheint sie mir von manchen in unsren Zeiten vernachläßiget zu werden. Und sie ist
doch von mannigfaltigem Nutzen. Denn, damit
ich hier nur eine Probe von dem Gebrauche derselben gebe, wenn nun die Gegner der reinen christlichen Lehre von der Dreyeinigkeit samt den Naturalisten behaupten, es wäre schwach und unvernünftig, eine Lehre, oder wie man es nennt,
ein Geheimniß zu glauben, das man nicht ganz
verstün-

*) 2 Mos. 34, 6.
**) 1 Tim. 1, 17. 1 Tim. 6, 16.

verstünde: so ist nun die Antwort sehr leicht. Wir
haben auch nicht von einer einzigen Eigenschaft
Gottes einen vollkommnen Begriff. Sie sind
uns alle eben so viele Geheimnisse. Wir wissen,
daß Gott ist: aber nicht wie; wir sind gewiß,
daß Gott Vorstellungen von allen wirklichen und
möglichen Dingen habe; aber nicht, wie; daß
Gott die freyen Handlungen der Menschen von
Ewigkeit zum voraus wisse; aber nicht, auf welche Weise das zugehe, daß er sie weiß; wir sind
überzeugt, daß der Schöpfer, der alles gemacht
hat, auch überall unmittelbar wirke, wer kann
aber begreifen, wie dieß geschehe? Der Naturaliste hat folglich sehr viele Geheimnisse in der Lehre von Gott zu glauben. Und es ist daher sehr
thöricht, die Lehre von der Dreyeinigkeit deßwegen zu verwerfen, weil die Art und Weise, wie
Vater, Sohn und Geist die unendliche Kraft gemeinschaftlich besitzen, nicht ganz vollkommen
deutlich erklärt werden kann. Wie? wenn jemand durchaus leugnen wollte, daß ein Gott,
daß eine Sonne, daß eine Wirkung der Sonnen-
strahlen sey, durch die eine Veränderung in der
Seele des Menschen entstehet, wie? wenn jemand dieß alles leugnen wollte, weil er so vieles
in diesen Dingen nicht erklären kann? Allein,

B 5 spricht

spricht man, davon ist der klare Beweis aus der
Natur da. Und ich antworte, davon, daß Vater, Sohn und Geist, die ewige Substanz ausmachen, davon ist der klare Beweis in der Schrift
da. Alles kommt folglich nur darauf an, ob
diese unsere Lehre Grund in der Schrift habe? Auf welch einen schwachen Grund ist das
Gebäude des ganzen Socinianismus aufgerich-
tet? Denn eben der jetzt widerlegte Satz, das ist
die Grundfeste der genannten Irrlehre. "Wir
können nichts glauben, was wir nicht ganz
begreifen.„ Wie? nichts glauben, was wir nicht
begreifen? Glauben wir nicht, daß der elektri-
sche Funke aus dem Körper hervorspringt? daß
der Magnet das Eisen an sich zieht? daß die
Bilder der sichtbaren Dinge in der Seele eine
Vorstellung, einen Gedanken, eine Entschließung
erzeugen? Begreifen wir auch, wie dieß alles geschieht? Beruht nicht unser Glaube, daß es so
sey, dennoch ganz sicher auf dem Zeugnisse der
Sinnen? und daß in der ewigen Gottheit Vater,
Sohn und Geist sey, das beruht auf dem Zeugnisse Gottes. Wo ist wahre Philosophie? Bey
uns? oder bey den ältern und neuern Soci-
nianern?

Nun

Nun komme ich auf den andern Gedanken, den ich noch zu betrachten habe, nehmlich, daß die menschliche Erkenntniß von Gott sehr unvollständig sey. Der Sinn, in dem ich dieß Wort hier nehme, ist folgender: in dem unendlichen Wesen sind ausser den Eigenschaften, die wir ihm beylegen, noch ungemein viele (Realitäten) Vollkommenheiten, davon wir ganz und gar keinen Begriff haben. Wir wissen von Gott genug, um durch seine Erkenntniß zum Genuße einer unvergänglichen Seeligkeit zu gelangen. Aber wir wissen auch nur so viel von ihm, als hierzu nöthig war, und als uns nach unsrer Natur geoffenbart werden konnte. Immer bleibt zwischen uns und der Gottheit noch ein ungemein großer Abstand. Wir sind eine Gattung von Geschöpfen, die in ihrem gegenwärtigen Zustande nicht allzuviele Vollkommenheiten des Geistes besitzen. Wir wohnen in einem kleinen Winkel der Welt, und sind nur mit einer geringen Anzahl von den Werken Gottes bekannt. Nun legen wir aber (wie oben bewiesen worden ist) Gott nur die Vollkommenheiten bey, die wir entweder an uns finden, oder die wir aus den Wirkungen seiner Kraft in der Natur erkennen. Sind denn dieß aber nun alle beysammen mögliche Realitäten, oder

ober Vollkommenheiten? Wie viel tausend Gattungen von Geschöpfen mag es noch geben, die
einander Stufenweise an Vollkommenheiten über-
treffen, biß die hohe Leiter, die von der Erde biß
in den Himmel reicht, erfüllt ist? Welch ein Abstand? Wie viele Millionen Geister zwischen der
Seele eines Menschen und dem höchsten Geiste
nach Gott? Nun hat Gott allen diesen an Kräften und Eigenschaften so sehr verschiedenen Wesen ihre Natur gegeben; es müssen also in ihm
nothwendig ähnliche Vollkommenheiten seyn.
Da wir nun von den Eigenschaften der übrigen
vernünftigen Geschöpfe in der Welt und in dem
Himmel, (die Engel ausgenommen,) ganz und gar
keinen Begriff haben: so sind in Gott gewiß Vollkommenheiten, die uns gänzlich verborgen sind.
Es ist Geistes Schwäche, wenn man sich einbil-
det, Gott ganz mit seiner kleinen Seele begriffen,
und alle seine Eigenschaften durchstudiert zu haben, wenn man das wohl gelernt hat, was in
den Lehrbüchern der Weltweisen und Theologen
davon gesagt wird. Da hat man vielleicht kaum
den tausendsten Theil von dem erkannt, was in
ihm ist. Da hat man ihn nur aus dem Gesichtspunkte betrachtet, aus welchem ihn Menschen zu sehen im Stande sind. Wird nicht ein
Engel

Engel mehr, als wir, von Gott wissen? nicht
die unendlichen Vollkommenheiten in einem helleren Lichte schaun? Und nun? wie viele Geschlechter von Geistern sind in dem unermäßlichen Gebäude der Welt? Sie alle stellen sich Gott so vor,
wie sie sich selbst finden; sie sehen ihn aus ihrem Standorte; sie lernen ihn aus den Wirkungen kennen, die sie an sich und andern finden.
Und je näher sie dem erhabensten Bilde der Gottheit kommen, desto mehrere Vollkommenheiten
erblicken sie in ihm. Keinen von allen diesen Geistern erschöpft dieß unergründliche Meer. Es
bleiben noch immer unendliche Tiefen der Gottheit allen endlichen Wesen verborgen; viele Vollkommenheiten, von denen sich ein Mensch in dem
gegenwärtigen Zustande ganz und gar keine Vorstellung machen kann. Aus dieser nun bewiesenen Wahrheit folgt, daß man die Realitäten, die
in Gott sind, füglich in zwo Gattungen eintheilen könne. Einige sind so beschaffen, daß wir
etwas sehr ähnliches in dem menschlichen Geiste
finden. Gott hat Verstand, Willen und Freyheit,
Gott ist weise, gütig, barmherzig. Einige sind
von einer solchen Art, daß nichts ähnliches davon in dem menschlichen Geiste gefunden
wird. Wer denn nun aber so schließen wollte:
weil

weil man diese Eigenschaft, diese Realität, diese
Art des Daseyns, nicht in dem menschlichen
Geiste wahrnimmt: so kann sie auch in Gott nicht
statt finden: würde der nicht seine Unwissenheit
verrathen? Und nun, gerade das ist der Fall, in
dem sich die Gegner der Lehre von der Dreyeinigkeit befinden. Sie schließen: die Art des Daseyns, die in einer menschlichen Seele nicht gefunden wird, die ist auch nicht in Gott. Allein
wie kurzsichtig! Die menschlichen Seelen sind so
beschaffen, daß eine jede ihre eigne Kraft hat.
Wir kennen in dem kleinen Umkreiße, den wir übersehen, keine Substanz, in der mehrere Subjecte
dermaßen verbunden sind, und mit einer Kraft
dergestalt wirken, daß sie nur eine Substanz ausmachen. Ist es nun vernünftig, zu sagen, weil
wir diese Art des Daseyns bey uns nicht finden:
so kann sie auch in dem unendlichen Wesen nicht
statt haben? Wie? wenn ich so schlöße: weil
kein Mensch auch nur ein Sonnenstäubchen aus
nichts hervorbringen und schaffen kann: so kann
dieß auch Gott nicht? weil kein Mensch zugleich
im Himmel und doch auch auf der Erde unmittelbar
zu wirken fähig ist; so ist Gott dieß zu thun auch
nicht im Stande? Folgt es nicht vielmehr nothwendig: weil Gott ein Wesen einer ganz andren
unendlich

unendlich höhern Natur und Art, als der Mensch,
ist: so wird vieles in ihm seyn, was bey Menschen nicht ist. Wenn nun Gott selbst bezeugt,
daß seine Natur so beschaffen sey, wie wir glauben, braucht es mehr, um es zu beweisen? Alles
wird folglich nun darauf beruhen, daß wir zeigen, die Stellen der Schrift, auf welche wir unsre Lehre von der Gottheit Christi gründen, seyn
so zu verstehen, wie wir sie auslegen. Ich will
daher, ohne eine systematische Erklärung der Person unsres Erlösers voraus zu senden, so gleich
anfangen unpartheyisch zu untersuchen, was wir
nach Anleitung der heiligen Schrift von ihm zu
halten haben.

Das andre Kapitel.
Beweis
der Gottheit Christi.

I.

Der Sohn ist, nach der Lehre der Schrift, ein
vom Vater unterschiedenes Subiect.

Es sind, so wohl in den ältern, als neuern Zeiten, viele gewesen, welche das unbegreifliche in der Lehre, die wir betrachten, dadurch klar
machen

machen wollten, daß sie annahmen: In der Gottheit sey nicht mehr, als ein Subiect, dem die ewige Kraft zukomme. In der Erklärung dieser Meynung waren sie aber sehr verschieden. Nachdem man anfieng, die platonischen und andre philosophische Meynungen mit den Grundsätzen der christlichen Religion zu vergleichen, oder zu verbinden; so geriethen viele auf den Gedanken, der Sohn Gottes, den Johannes den Logos nennt, sey nichts anders, als der Logos des Plato *). Nehmlich eine Ausgeburt des unendlichen Verstandes; das höchste Ideal aller Vollkommenheit; die aus Gott gebohrne Weisheit. Folglich eine personificierte Eigenschaft Gottes. Diese Weisheit habe sich mit dem Menschen Jesu verei-

*) Es ist höchst wahrscheinlich, daß die Vorstellung von einer aus dem Abgrunde des göttlichen Verstandes gebohrnen Idee des Vollkommensten bey den Helden ursprünglich eine pythagoreische Lehre sey. Timaeus Locens war, wie bekannt, ein eifriger Anhänger der pythagoreischen Lehrsätze. Wenn man nun die Abhandlung liest, in welcher Plato nach dem Vorbilde dieses Philosophen und unter seinem Namen, von der Seele der Welt, und dem Ursprunge derselben redet: so wird man von dem, was ich hier gesagt habe, überzeugt werden. Die genannte Abhandlung steht beym Plato nach der Ficinischen Ausgabe Seite 553.

vereinigt. Aus diesem Grunde sey Christus Gottes Sohn. So ohngefehr lehrte Paul von Samosaten. Andre stellten sich vor, eine von Gott gleich einem Sonnenstrahle ausgehende göttliche Kraft habe sich mit dem Menschen Jesu verbunden, ihn so durchdrungen, und mit solchen Vollkommenheiten begabt, daß er des fürtrefflichen Namens des Sohnes Gottes würdig geworden sey *).

Unter den Neuern aber sind sonderlich diejenigen hieher zu rechnen, welche unter dem Namen der Modalisten bekannt sind **). Ihre Meynung ist folgende: In Gott ist nur ein Subiect. In diesem Subiecte sind drey Arten der Vorstellungen, darauf sich eine dreyfache Art des Daseyns Gottes, oder des Bestehens der göttlichen Natur gründet. Wenn man dieß einige Subiect, das Gott ist, nach der ersten Art betrachtet: so werde es der Vater genennt; nach der andern, der Sohn; nach der dritten, der Geist. – Immer ist nur ein Subiect, in welchem drey Beschaffenheiten, oder auch drey verschiedene Grundrealitäten vorhanden sind.

Von

*) Sabellius dachte so.

**) Z. E. Clericus in den Epistolis theologicis unter dem Namen Liberii de S. Amore.

C

Von allen diesen und andern ähnlichen Vorstellungen, ist die Lehre der Schrift, wie wir sie
erkennen, sehr unterschieden. Denn es werden
Vater und Sohn in der Gottheit in den Reden
Christi selbst und der Apostel so unterschieden, daß
diese Namen unmöglich nur ein Subiect bezeich-
nen können. Dieß ist zuerst aus der Natur dieser Namen selbst klar. Denn so wie Macht und
Weisheit zwo ganz verschiedene menschliche Eigenschaften sind; und wir daher mit Recht
schließen, daß, wenn diese Namen von dem unendlichen Wesen gebraucht werden, sie auch zwo
verschiedene Eigenschaften in Gott anzeigen müssen: eben so kann man mit hinlänglicher Gewißheit schließen: Vater und Sohn sind bey Menschen zwey verschiedene Subiecte, nicht zween
Namen eines und desselben Subiectes: folglich
müssen diese Namen, wenn sie auf die Gottheit
angewendet werden, auch zwey verschiedene Subiecte bedeuten. Wollte man, um diese Wahrheit
umzustoßen, nun weiter gehn, und behaupten,
es folge aus unsrer Lehre, daß Vater und Sohn
zwey Subiecte außer und neben einander, und
daher zwo Substanzen, folglich zween Götter,
seyn müßten: so hat die Schrift dieser unschickli-
chen Folgerung schon vorgebaut. Denn sie ent-

hält

hält Säße, daraus die Lehre fließt, daß es Subiecte in Gott gebe, die nicht, gleich endlichen
Subiecten, außer und neben einander *), sondern
auf eine andre Art vorhanden seyn. Der Vater und der Sohn wirken mit einer in ihnen aufs
genauste vereinigten unendlichen Kraft, nur in einem verschiedenen Verhältniße. Der Vater hat
alles geschaffen durch den Sohn **): beide besitzen die ewige Kraft und Gottheit, durch welche
die Welt vorhanden ist. Es ist folglich schon
selbst aus der Benennung Vater und Sohn klar,
daß der Sohn nicht eine Eigenschaft des ewigen
Vaters aller Dinge, sondern ein Subiect sey,
dem gewisse Eigenschaften zukommen.

Eben dieß erhellet denn aber auch aus den
Beschreibungen, die von diesen beiden Subiecten
in den apostolischen Schriften gefunden werden.
Niemand kennet den Sohn, denn nur der Vater,
niemand kennet den Vater, denn nur der Sohn ***).
Der Name Sohn kann hier so wenig eine Eigen-
schaft der Gottheit, als die menschliche Natur
Christi andeuten. Denn Jesum, den Menschen,
kannte Maria, kannten die Apostel, kannten die
Engel, kannten viele Israeliten. Daraus ergiebt

C 2   sich

*) Dieß wird in der Folge weiter bewiesen werden.
) Joh. 1, 3. *) Matth. 11, 27. Joh. 6, 46.

ſich die Folge, daß Sohn hier ein Subiect einer höhern Natur, das mit dem Vater da iſt,
bedeuten müſſe. Der Logos nehmlich, oder der
Sohn, war vor Erſchaffung der Welt bey dem
Vater, er war gleich einem geliebten Sohne in
des Vaters Schooße *). Daher weiß er, was
in Gott iſt; (welches außer Gott niemand weiß
I Cor. 2, 11.) Daher konnte er es dem menſchlichen Geſchlechte kund machen. Dieſer Logos,
der Sohn, der lange zuvor, ehe der Menſch Jeſus lebte, bey dem Vater war, wurde Fleiſch **),
vereinigte ſich mit der menſchlichen Natur; nahm,
wie die Kinder, Fleiſch und Blut an ***); war,
ehe er Fleiſch und Blut annahm, ſchon da, und
wurde von ſeinem Vater von oben herab in dieſe Welt geſandt ****), damit er in der Vereinigung mit einer menſchlichen Natur unter den
Menſchen erſcheinen könnte †), ein göttliches
Werk auszuführen; nehmlich den Vater dem
menſchlichen Geſchlechte näher bekannt zu machen, ihn zu verherrlichen ††), ihn mit den Sün-
dern (menſchlich zu reden) auszuſöhnen; die
Gläubigen zum Vater zu führen, und einer ewi-

gen

---

*) Joh. 1, 18. **) Joh. I, 14. ***) Ebr. 2, 14.
****) Joh. 3, 13. 16. 31. 1 Joh. 4, 9. 14.
†) I Joh. 4, 9. 1 Tim. 3, 16. ††) Joh. 17, 1-5.

gen Seeligkeit theilhaftig zu machen. Diejenigen, welche in dieser Sache anders denken, und den Vater und Sohn nur für ein Subiect halten, könnten sich zwar etwa auf Christi Worte berufen: Philippe! wer mich siehet, der siehet den Vater ꝛc. *). Allein diese kurze und dunkle Antwort ist aus den vielen und sehr deutlichen Stellen zu erklären, welche beweisen, daß die beiden, Vater und Sohn, unterschieden sind. Der Sohn ist nehmlich das Ebenbild des Vaters **), der Abglanz seiner Herrlichkeit; wer die Eigenschaften des Sohnes kennt, kennt auch die Vollkommenheiten des Vaters. Denn beide haben einerley Natur, gehören zu eben derselben unendlichen Substanz, sind auf das genauste verbunden: Glaubest du nicht, daß der Vater in mir ist, und ich in ihm? Wo der Vater ist, da ist auch der Sohn. Doch ist der Sohn der Vater nicht selbst: sondern der Logos, oder Sohn, war bey Gott, in des Vaters Schooße; wurde vom Vater gesendet, offenbarte in der Welt des Vaters Willen, gieng, (der äußerlichen Offenbarung nach,) wieder zum Vater. Was sollten alle diese Ausdrücke bedeuten, wenn Vater und Sohn nur ein und dasselbe Subiect wären?

C 3   Diese

*) Joh. 14, 9. 10.   **) Ebr. 1, 2.

Diese und viele andre ähnliche Stellen der Schrift machten es denn unwidersprechlich gewiß, daß der Sohn keine Kraft, oder sonst eine Eigenschaft des ewigen Vaters aller Dinge, sondern ein vom Vater unterschiedener, ein andrer, als der Vater sey, der als ein Subiect gewisse Eigenschaften besitze. Wenn ein andres System dieser Lehre, als das, was in der katholischen, evangelischen und reformirten Kirche gelehrt wird, wahr wäre; so würde das Arianische der Schrift näher kommen, als das, von dem wir jetzt mit wenigem geredet haben.

II.

Der Sohn wird aber auch in vielen Stellen der Schrift vom Menschen Jesu unterschieden.

Es hat nicht nur Socin, daß ich die ältern Noetianer übergehe, behauptet, Christus sey ein bloßer Mensch gewesen; sondern es gerathen nicht wenige Männer, die zum Theil einen großen Ruf erlangt haben, nun wieder auf diese Meynung. Die Lehre, von der ich rede, muß ich um einer gewissen Gattung Leser willen mit etlichen Worten erklären.

Jesus

Jesus, spricht man, war ein Mensch, der auf eine außerordentliche Weise, ohne einen leiblichen Vater zu haben, gebohren; zur Führung seines wichtigen Lehramtes mit ungemein großen Erkenntnissen und Gaben des Geistes ausgerüstet; nachdem er sich eine Gemeinde gesammelt, und seine göttliche Sendung theils mit Wundern, theils mit einem blutigen Tode bestättiget hatte, als Herr, König und Regente seiner Kirche zur rechten Hand Gottes erhöht, und für den Höchsten unter allen Regenten (die sonst Söhne Gottes genennet werden,) für den erstgebohrnen, eigenthümlichen Sohn Gottes feierlich erklärt worden ist: Du bist mein Sohn, heute habe ich dich zum Könige eingesetzt, zu einem Gott gemacht. Sohn Gottes ist folglich ein Name des Menschen Jesu, den er wegen seines Amtes führt.

Je weniger unbegreifliches diese Lehre in sich faßt, desto geneigter ist man, sie anzunehmen. Wenn sie nur auch der Schrift gemäß wäre. Um aber zu zeigen, daß beide, die ältern Anhänger und die neuen Vertheidiger dieser Meynung auf dem Irrwege sich befinden, ist nöthig, daß ich kürzlich untersuche, was in den Schriften des neuen Testamentes mit der Benennung Sohn

Gottes,

Gottes, in so ferne sie Christo beygelegt wird,
ausgedrückt werde.

Zuerst war es allerdings ein Name, welchen
die Juden in den letztern Zeiten ihrer Republik
dem ihnen verheißenen Messias beyzulegen pflegten; und es sind daher viele Stellen des neuen
Testamentes, in welchen Sohn Gottes und
Christus oder Messias, nach jüdischem Sprachgebrauche ganz einerley Bedeutung haben. Wenn
Nathanael spricht: Rabbi, du bist Gottes Sohn;
so erklärt er diese Worte selbst, indem er hinzusetzt, du bist der König von Israel, das ist der
Gesalbte, oder Messias *). Wenn die Leute, die
Jesum auf dem Wasser wandeln gesehen hatten,
das Bekenntniß ablegten: Du bist wahrlich Gottes Sohn **)! so redeten sie, wahrscheinlicher
Weise in eben dem jüdischen Sinne. Dieß beweisen unter andern die geringen Wirkungen des
Glaubens, welche ihrem Bekenntnisse nachfolg-
ten. Die Juden zu Christi Zeiten verbanden
nehmlich mit dem Ausdrucke Sohn Gottes, welchen sie dem Messias beylegten, durchaus nicht
den hohen Begriff, welchen die Christen nach Anleitung der apostolischen Schriften jetzt damit
verbinden, ob ich gleich nicht leugne, daß die äl-

tern

*) Joh. 1, 49. **) Matth. 14, 34.

tern Propheten und viele, die zunächst nach ihnen ihre Schriften verstunden, weit höhere Einsichten in die Weisagungen von der Person des
Messias hatten, als die größtentheils unverstän-
digen Jüden der folgenden Zeiten. So viel sich
aus den kleinen Resten der ältern jüdischen
Schriftsteller sehen läßt, so ist man folgenderge-
stalt darauf verfallen, den verheißenen Messias
in der theologischen und dann gemeinen Sprache Sohn Gottes zu nennen. Der andre Psalm
wurde von vielen altjüdischen Schriftforschern
vom Messias ausgelegt. Die Worte beym Jesaia 9, 6. ein Sohn ist uns gegeben, werden so
gar in dem Targum *) vom Messias verstanden.
An beiden Orten wird nun aber der verheißene
Christus als der höchste König auf Erden vorgestellt. Die Juden dachten sich also unter dem
Messias eine erhabne Person, die von Gott dazu
gesandt werden sollte, daß sie das Volk Israel
von seinen Feinden befreyen, und vermittelst dieses Volkes über alle Nationen herrschen, folglich
ein Gott auf der Welt, das sichtbare Bild des
höchsten Gottes auf Erden, oder der Sohn Gottes seyn würde. Daher legten sie viele Stellen
des alten Testamentes, in denen das Wort Sohn

C 5 vorkömmt,

*) In der Chaldäischen Uebersetzung.

vorkömmt, nach dieser Meynung zum Theil richtig, zum Theil aber auch unrichtig aus. Daher
nennten sie die Schechina, oder die Wolken-und
Feuersäule, das sichtbare Bild Gottes, welches
in der Wüste sie leitete, den Sohn Gottes *).
Daher fanden sie in den Worten Hos. 11, 1. ich
habe meinen erstgebohrnen Sohn aus Egypten gerufen, diese Schechina und weiter den
Messias; daher verstunden sie die Worte:
Sprüch. 30, 4: wie heißt er? und wie heißt sein
Sohn? gleichfalls von dem verheißenen Christus **). In diesen Meynungen war denn nun
Irrthum und Wahrheit so vermengt, daß eine
große Verbesserung und genaue Berichtigung
derselben nöthig war. Darinnen hatten sie recht,
daß sie in Christo weit mehr, als einen ordentli-
chen Menschen, erwarteten; aber sie fehlten zuerst
darinnen, daß sie die ganze göttliche Hoheit der
Person des Messias nicht erkannten: sodann,
daß sie sich zum Theil wohl einbildeten, Christus
müsse in einem ähnlichen Glanze, als dort die
Schechina in der Wüste, oder wenigstens in
Ansehen, Kraft und Herrlichkeit auf Erden erscheinen.

Die

*) Siehe das Buch Sohar Genes. fol. 83. Col. 348.
**) S. Sohar Gen. fol. 39. Col. 154.

Die Apostel suchten ihnen daher nach Christi
Tode ihre Irrthümer auch in diesem Stücke zu benehmen. Johannes zeigte gleich zu Anfange seines Evangeliums, wie Jesus Christus in der
That derjenige sey, welcher, zwar nicht in einer
allen Menschen sichtbaren, aber doch seinen
Freunden und Gläubigen wohl bekannten Herrlichkeit eben so unter den Menschen gewohnt habe, wie ehedem die Schechina unter dem Volke
Israel in der Wüste: Das Wort ward Fleisch,
und wohnete unter uns. Wir sahen seine Herrlichkeit, die Beweise seiner erhabenen göttlichen
Eigenschaften; wir erkannten, daß er der Abglanz des ewigen unsichtbaren Vaters, sein Ebenbild, der eingebohrne Sohn Gottes sey *). Eben
dahin zielt Petrus, wenn er versichert, daß er
und die zween Jünger mit ihm, die Herrlichkeit
Christi auf dem Berge gesehen haben **). Paulus giebt die Ursache an, warum Christus nicht
in göttlichem Glanze unter den Israeliten erschienen sey; er versichert, daß die Erniedrigung desselben zur Ausführung des großen Werkes der
Versöhnung der Menschen nöthig war ***); daß
er aber nach dieser Erniedrigung in Kraft und
Herrlichkeit zur rechten Hand Gottes erhöht, und

für

*) Joh. 1, 14. **) 2 Petr. 1, 18. ***) Phil. 2, 6.

für den Herrn aller Herren im Himmel und auf Erden öffentlich erkannt worden ſey; daß ſich alſo die Jüden an ſeiner Niedrigkeit nicht ärgern ſollten, indem er, zur Rechten der Majeſtät Gottes erhöht, größer, als Moſes, als Aaron, als Abraham wäre. Ebr. Kap. I. biß VIII.

Auf dieſe Art zeigen die heiligen Schriftſteller an mehrern Orten, daß unſer Herr, der außerordentliche himmliſche Geſandte ſey, den die Iſraeliten bißher erwartet hätten. Dann aber gehen ſie noch viel weiter, und beweiſen, daß Chriſtus in einem noch weit höhern Sinne der Sohn Gottes genennt werden müſſe, als es die Jüden ſich größtentheils bißher eingebildet hätten, daß er nicht, wie viele unter ihnen meynten, unter die Art himmliſcher Geiſter zu rechnen ſey, die Engel *) hießen; ſondern, daß er der ſey, welcher in dem Namen Sohn Gottes einen Namen (Eigenſchaften und Herrlichkeit) beſitze, der über alle Namen wäre; daß er der eingebohrne Sohn des Vaters, der Logos, der von Ewigkeit bey dem Vater geweſen, der ſelbſt Gott **) zu nennen, der als der Schöpfer der Welt ***), und

der

*) Weil er der Engel des Bundes genennt wird. Malach. 3, 1.

) Joh. 1, 1. *) Joh. 1. Ebr. 1.

der Erhalter aller Dinge, nicht nur von allen andern vernünftigen Kreaturen, sondern auch selbst von den höchsten Geistern, folglich von der ganzen vernünftigen Schöpfung, als eine zu der Gottheit gehörige Person, anzubeten sey *). Diese Absicht, die göttliche Natur Christi zu erklären und zu vertheidigen, hatte sich sonderlich Johannes bey seinem Evangelio vor Augen gesetzt. Daher unterscheidet er auch die in Christo befindliche höhere Natur auf das deutlichste von derjenigen, die er auf der Erde angenommen hatte. Er berichtet es, wie Christus einst sehr deutlich behauptet habe, er sey lange vor Johanne **), ja lange vor Abraham wirklich da gewesen ***); er bedient sich des Ausdrucks sehr oft, daß der Sohn Gottes vom Vater in diese Welt herabgekommen; von Gott (welches menschlich geredet ist) ausgegangen und in diese Welt gekommen ****), folglich ja nicht als ein bloßer Mensch, sondern als der bey dem Vater vor Erschaffung

---

*) Ebr. 1. Joh. 5, 23. ich werde die Auslegung der angeführten Schriftstellen weiter unten hoffentlich biß zur hinlänglichen Berichtigung beweisen und vertheidigen.

) Joh. 1, 15, 30.   *) Joh. 8, 58.

****) Joh. 13, 3.   Joh. 16, 28.

schaffung der Welt vorhandene Logos *) oder
Sohn, betrachtet werden müsse **). Dieser vor
dem Menschen Jesu längst vorhandene Logos,
ward Fleisch, nahm wie die Kinder Fleisch und
Blut

*) Wer mit den Begriffen bekannt ist, welche die jü-
disch orientalische Philosophie mit dem Namen Logos
verbunden hat, der wird auch darinnen einen Beweis
finden, daß Christus nicht nach seiner Menschheit,
sondern um seiner höhern Natur willen Logos genennt werde. Einige nehmlich, welche jener orien-
talisch philosophischen Secte zugethan waren, glaubten, der Logos sey das Urbild der vom Demiurgus
geschaffenen Unterwelt. Alles sey in der Welt nach
jenem erhabenen Ideale gemacht. Eine andre Secte
aber unter den jüdischen Gelehrten, welche die aus-
wärtigen Meynungen nicht so häufig und grob mit
den Lehrsätzen der heiligen Schrift vermengten,
glaubten in manchen Stellen des alten Testamentes, da in der griechischen Uebersetzung λόγος vor-
kam, eine gewisse höhere Natur zu finden, die noch
mehr, als ein gemeiner Engel wäre. Niemand redet mehr von diesem Logos, als Philo. So neñt
er ihn bald τὸν ἄγγελον, ὃς ἔςι λόγος, bald ὑπηρέ-
την τοῦ θεῦ; bald sagt er, der Logos sey das ὄργανον
gewesen, durch welches Gott alles gemacht habe ꝛc.
Siehe de Cherub. Leg. Allegor. Lib. II. an mehrern
Orten.

**) Joh. 1, 1. Die Einwendungen der Socinianer ge-
gen die Auslegung der angeführten Schriftstellen
werde ich in einem eigenen Kapitel widerlegen.

Blut an, erschien *) unter den Menschen, in
der Gestalt des sündlichen Fleisches (Röm. 8, 2.)
war aber durchaus kein gemeiner und bloßer
Mensch, sondern kam, seiner höhern Natur nach,
von oben herab, und hatte bey dem Vater im
Himmel eine Art der Herrlichkeit besessen, ehe die
Welt war. Aus den angeführten und vielen andern ähnlichen Stellen der Schrift ist es, meiner
Einsicht nach, unwidersprechlich wahr, daß der
Name Sohn Gottes Christo vornehmlich deßwegen beygelegt werde, weil er eine höhere Natur, als die menschliche hat, so daß also auch
der Socinianismus durchaus nicht mit der
Schrift besteht; sondern sich auf die gewaltthä-
tigsten Verdrehungen der deutlichsten Lehrsätze der
Apostel zu gründen sucht.

Indem ich die Bedeutung des Ausdruckes
Sohn Gottes untersuche; so wäre schon daraus
ein gewisser Beweis zu führen, daß er zur einigen ewigen Gottheit gehöre. Doch ich will auf
den gewöhnlichen Beweis, den man aus den ihm
beygelegten Namen zu führen pflegt, nicht bauen,
sondern ehe ich näher zur Sache schreite, um einigen Zweifeln vorzubeugen, noch bemerken, daß
diese jetzt betrachtete Benennung in den Schriften

der

*) Ebr. 2, 14. 1 Joh. 3, 8. 1 Tim. 3, 16.

der Apostel nicht selten der ganzen Person Christi gegeben werde, so daß nicht nur der Logos,
oder die höhere Natur in dem Messias, sondern
auch der Mensch Jesus zugleich damit angedeutet werde. So wird, meines Erachtens, im
fünften Kapitel des Evangeliums Johannis dieß
Wort fast in allen Stellen für die ganze Person
Christi genommen. Wenn im 22 V. der Ausdruck steht: alles Gericht hat der Vater dem
Sohne übergeben; so ist der Mensch Jesus zugleich mit eingeschlossen. Das Gerichthalten ist
ein Werk, das dem Sohne besonders zugeschrieben, und das durch die mit ihm verbundene
Menschheit öffentlich ausgeführt werden wird.
Der Vater hat daher dem Sohne auch in so ferne
das Richteramt übergeben, in so ferne derselbe
des Menschen Sohn (der andre Adam) ist;
V. 27. Die Worte des Engels Luc. 1, 35. er
wird Gottes Sohn genennet werden, sind nicht
anders, als so zu verstehen: er wird Gottes
Sohn wirklich seyn, auch nach seiner ganzen
Person öffentlich dafür erkannt, und als der
Messias angenommen werden. Wenn wir demnach zum Schluße kürzlich wiederholen, was die
Benennung Sohn Gottes im neuen Testamente
für Bedeutungen habe, so sind es folgende:

I. Oft

1. Oft wird es von Juden nach ihrem ihnen eigenen Sprachgebrauche genommen; und da ist es eben so viel, als Messias. Von dieser Art sind die Worte Nathanaels: Du bist Gottes Sohn, du bist der König Israels! auch die Worte der Besessenen: Luc. 4, 41.

2. Oft berichtigen die heiligen Schriftsteller die Meynung ihrer Zeitgenossen, und zeigen, daß Christus in einem weit höhern Sinne ein Sohn Gottes sey, als sie sich einbildeten. Von dieser Art sind die Worte Pauli Ebr. 1, 3. durch den Sohn hat er die Welt gemacht; auch im 5. V. zu welchem Engel hat er je gesagt: Du bist mein Sohn?

3. Oft drücken sie die ganze Person Christi damit aus; so daß die Menschheit, weil sie auf eine besondre Weise entstanden, und mit der Gottheit persönlich vereiniget ist, auch an diesem herrlichen Namen Antheil nimmt. Denn gleich wie Adam Luc. 3, 38. ein Sohn Gottes genannt werden kann, weil er keinen leiblichen Vater hatte, von dem er abstammte: so kann aus einem ähnlichen Grunde auch der Mensch Jesus, ein Sohn Gottes genannt werden. Da er nun noch überdieß mit dem eingebohrnen Sohne Gottes eine Person ist: so nimmt seine menschliche Natur an diesem erhabenen Namen einen desto nähern An-

D   theil:

theil. Die Stelle Luc. 1, 35. scheint mir nach
dieser letzten Bemerkung auszulegen zu seyn.

Ich hoffe, diese kurze Betrachtung werde
theils zur Entscheidung eines seit langer Zeit ge-
triebenen Streites über den oft gedachten Namen einigen Nutzen haben; theils aber auch die
Gegner überzeugen, daß der eingebohrne Sohn
Gottes ein andrer, als der Mensch Jesus sey.
Weiter unten werde ich, was ich hier sagte, wider die Einwendungen vertheidigen.

III.

Der Sohn Gottes ist kein vom Vater gebohrner, oder ausgeflossener Geist, sondern der
andre in der einigen ewigen Gottheit, der
die unendliche Kraft sammt dem Vater besitzt.

Da es aus deutlichen Stellen der Schrift
unwidersprechlich dargethan werden kann,
daß Christus eine Natur habe, welche längst vor
der Entstehung seiner Menschheit vorhanden gewesen ist: so sind sehr viele so wohl in den ältern als neuern Zeiten auf die Meynung gerathen,
er sey dieser höhern Natur nach ein von dem
Vater, oder dem höchsten Gott unterschiedener
Geist. Einige haben sich ihn als einen neben
dem Vater von Ewigkeit existirenden Geist vorgestellt;

gestellt *); andre glaubten, er sey vor Erschaffung
der Welt von dem Vater gezeugt, und durch ihn
alle andre Dinge geschaffen worden **); noch andre in den ersten Zeiten des Christenthums hielten ihn für eine erhabne Natur, die nebst andern
ähnlichen Naturen aus Gott ausgeflossen sey ***).
Keine von diesen Lehren stimmt mit der Schrift
überein.

Denn es ist ganz unstreitig, daß in der Schrift
die Schöpfung der Welt als ein Werk vorgestellt
werde, welches dem höchsten Wesen, und sonst
niemanden könne zugeschrieben werden. Dieß lehrt
nicht nur Moses gleich bey dem Anfange seiner
Geschichte, und nachher noch in ungemein vielen
Stellen; sondern die Propheten, David, Salomo, und alle Schriftsteller des neuen Testamentes stimmen darinnen überein, daß nur ein Gott,
und dieser Gott der Schöpfer der Welt sey.
Der Schöpfer der Welt ausschließungsweise:
gleichwie außer ihm kein Gott ist; so ist außer
ihm kein Schöpfer der Welt. "Höre Israel!
„der Jehovah unser Gott, ist nur Ein Jehovah!
„Ich bin der erste und der letzte, außer mir ist

D 2   „kein

*) Z. E. Cudworth, auch Clarke in der Schriftlehre
   von der Dreyeinigkeit.

) Die ältern Arianer. *) Die Gnostiker.

„kein Gott *). Meine Hand hat den Erdboden
„gegründet; meine Rechte hat den Himmel aus-
„gespannt: ich spreche; so steht alles da.„ Hier
ist kein von dem höchsten Wesen verschiedener
Geist, durch dessen Vermittelung die Welt gemacht worden wäre; nein, Gott selbst brachte
unmittelbar durch die unendliche Kraft seines
Willens die endlichen Dinge hervor. „Durch den
„Glauben merken wir, daß die Welt durch Got-
„tes Wort fertig ist **): er sprach; so geschah
„es; er gebot; so stund es da. Der Himmel ist
„durchs Wort des Herrn gemacht, alle sein Heer,
„durch den Geist, (den Hauch) seines Mundes,
„durch den Befehl, der (menschlich zu reden) aus
„seinem Munde gieng ***), das ist, kurz es zu
„sagen, durch Gottes Willen und unendliche
„Kraft„ ****). Was ist nun leichter, aber auch
gewisser, als der Schluß: wer Schöpfer der
Welt ist, der ist Gott, oder gehört zu der einigen ewigen Gottheit.

Nun laßt uns sehen, was die Schrift von
dem Sohne Gottes behauptet. Einige Irrlehrer der ersten christlichen Zeiten hielten, (wie wir

erst

---

*) 5 Mos. 6. Jes. 44, 6. Jes. 48, 12. 13.
**) Ebr. 11, 3. Psalm 33, 9.
) Als er sprach: es werde! *) Ps. 33, 6.

erſt bemerkt haben) dafür, Chriſtus ſey eine der
erhabnen Naturen, die aus dem unendlichen Weſen, als aus der unſichtbaren und unergründli-
chen Quelle des Lichts ausgefloſſen wären; er
aber nicht, ſondern ein andrer Aeon, ſey der
Schöpfer dieſer ſo ſehr unvollkommenen Unterwelt. Dieſe zum Theil jüdiſch, zum Theil orien-
taliſch platoniſchen Chriſten *) waren zwar in ihren Meynungen von den Aeonen, oder aus Gott
gefloſſenen höhern Naturen ſehr verſchieden:
Darinnen aber kamen viele überein, daß ſie den
Eingebohrnen, den Logos, das Phos oder
Licht, die Alithia, oder Wahrheit, den Nun,
oder Verſtand, die Zoe oder das Leben **),
von einander unterſchieden, und entweder der ge-
meinſchaftlichen Kraft und Zuſammenwirkung dieſer Aeonen, oder Einem derſelben, den ſie auch
den Demiurgon, oder Weltſchöpfer nennten, die
weitere Hervorbringung der Dinge in der Welt
zuſchrieben. Johannes widerlegt daher ſogleich
bey dem Anfange ſeines Evangeliums dieſen

D 3 Irrthum

*) Denn der Name Gnoſtiker iſt wohl erſt nach den
Zeiten der Apoſtel entſtanden, das Verderben der
Irrlehren aber regete ſich ſchon zu ihrer Zeit.
1 Tim. 4, 1.
**) Dieß thaten nach der Zeit wenigſtens Cerinthus,
Valentin auch Baſilides.

Irrthum. Er zeigt, daß sich jene Philosophen
von dem Eingebohrnen einen viel zu geringen
Begriff machten; daß sie die Schöpfung fälsch-
lich einem andern zuschrieben; daß alle hohe göttliche Vollkommenheiten (die ganze Fülle, Pleroma) in dem Eingebohrnen beysammen zu finden seyn. Er sey der Logos, der Nus, die Zoe,
die Alithia, die selbständige Weisheit, die Wahrheit, das Leben, das Licht, der Schöpfer der
ganzen Welt; er kenne den Vater allein auf das
genaueste; er habe die Herrlichkeit und die Vollkommenheiten des Vaters, und sey sammt ihm
die Urquelle aller wahren Wohlfahrt und Seeligkeit. Joh. 1, 1 biß 18.

Ich werde die seltsamen, theils scheinbaren
Einwendungen gegen diese Erklärung der Johanneischen Ausdrücke, wie ich schon erinnert habe,
weiter unten anführen und widerlegen. Jetzt
wollte ich nur, meiner Absicht gemäß, den Beweis im Kleinen den Augen unpartheischer Leser
darstellen, damit er desto leichter übersehen werden könnte.

Was Johannes von Christo behauptet, das
lehret Paulus eben so deutlich in vielen Stellen
seiner Briefe. Einige der ersten Christen, die
vorher Jüden waren, hatten, wie mit andern,

so

so auch mit dem großen Zweifel zu kämpfen: ob
die von Gott durch Mosen gestiftete Religion, ob
ein Gesetz, das auf dem Berge Sinai in Gegenwart und vermittelst der heiligen Engel gegeben
worden war, durch Christum aufgehoben werden
könne? Paulus, um diesen Zweifeln entgegen zu
gehen, lehrt sie daher in dem Briefe an die Ebräer,
daß der Stifter der neutestamentischen Religion
das Recht allerdings besitze, die Einrichtung
des alttestamentischen Gottesdienstes aufzuheben.
Denn er sey größer, als Moses, als Aaron, als
Abraham; er sey größer, als die Engel und die
höchsten Geister; er sey der Schöpfer der Welt;
von ihm könne eben so, wie vom Vater, oder
überhaupt von der einigen ewigen Gottheit mit
Recht gesagt werden, was im 102 Psalm geschrieben steht: Du, o Jehovah! hast vom Anfange *) die Erde gegründet, und die Himmel sind
deiner Hände Werk. (Ebr. 1, 10.) **). Denn

D 4   er,

***

*) Eben so wie Johannes: im Anfange war das
   Wort; durch dieß Wort ward am Anfange alles
   gemacht.

**) Wenn ich die Auslegung und Anwendung dieser
    paulinischen Schriftstelle nur so hinschriebe, ohne
    weiter zu beweisen, daß dieß der rechte Sinn der-
    selben sey: so würde ich das, als wahr, voraussetzen,
                                           worüber

er, der Sohn, sey der Abglanz der Herrlichkeit
Gottes, er sey das Ebenbild seines Vaters; er
besitze eben die Eigenschaften, wie der Vater;
durch ihn, als durch das Wort, habe der Vater die Welt gemacht, (Ebr. 1, 2.) und nicht nur
die sichtbare Welt, sondern auch die unsichtbare,
die Engel und alle Geister. Dieß sey nun die
Ursache, warum der Sohn Gottes von allen Geschöpfen unterschieden, und als der sichtbare
Gott auch so gar von allen Engeln angebetet
werden müsse. (Ebr. 1, 6.). Es ist wider alle
Regeln einer gesunden Auslegungskunst, wenn einige behaupten, Paulus sage mit allen diesen
Worten nichts weiter, als dieß: Christus habe
auf Erden eine neue Religion eingeführt, und er
sey alsdann über alle Geschöpfe von Gott erhöht
worden; dieß wird sich in der Folge zeigen.

Den Brief an die Ebräer schrieb Paulus vornehmlich für diejenigen Christen, welche noch sehr
an dem Gesetze Mosis hiengen, und leicht wieder
zum

worüber gestritten wird. Allein ich habe bereits erklärt, daß ich hier die Absicht habe, dem Leser die
Sache kurz und deutlich vor die Augen zu stellen;
in den folgenden Kapiteln werde ich die hier vorgetragenen Auslegungen der Schriftstellen gegen die
Einwendungen derer, die anders denken, retten und
vertheidigen.

zum Abfalle bewegt werden konnten *): allein nun
hatte eben dieser Apostel in Kleinasien andre Irrlehrer zu bestreiten. Dieß waren Leute, welche
die obengenannte orientalische Philosophie, die
Essenischen Meynungen und die verborgene Weisheit (oder so genannte Cabbala) der Juden mit
dem Christenthume zu vereinigen sich bemühten;
es waren zum Theil eben die, welchen nachher
Johannes sein Evangelium entgegenstellte. Diese Leute setzten, wie ich oben erinnerte, Christum
nach seiner höhern Natur unter die Aeonen, oder
erhabenen Naturen, die aus Gott ausgeflossen
wären. Sie behaupteten, er sey entweder nicht,
oder nicht allein Schöpfer dieser Unterwelt, auch
nicht allein Regent derselben; an beiden hätten
Engel, oder gewisse andre höhere Naturen, Theil.
Es wäre also erlaubt, ja sehr nützlich, auch die
Engel **) anzubeten, und als Mittler zu verehren. — Denn auf diese Art würde es geschehen,
daß alle Völker, über welche verschiedene Engel die Aufsicht hätten, endlich zu einer Religion vereinigt, und aus dem Reiche der Finster-
niß ins Reich des Lichts versetzt würden. Diese und andre mit ihnen zusammenhängende Meynungen, sonderlich von Aufrechthaltung des Mo-

D 5 saischen

*) Siehe Ebr. 6, 1-6. **) Col. 2, 18.

faiſchen Geſetzes, (die ich jetzt anzuführen nicht
Zeit habe) widerlegt Paulus in dem Sendſchrei=
ben an die Coloſſer, an die Epheſer und an den
Timotheus, welcher zu der Zeit, da. der erſte
Brief an ihn geſchrieben worden war, in Ephe=
ſus ſich befand. Er zeigt daher (Coloſ. 1, 15.
16.) daß der Erlöſer, der uns aus dem Reiche
der Finſterniß befreyt habe, kein bloßer Menſch,
auch kein endlicher Geiſt, ſondern das Ebenbild *)
des Vaters, als des unſichtbaren Gottes (der
der Welt nicht, wie der Sohn, erſchienen iſt) ſelbſt
wäre; daß er alſo eben die Eigenſchaften, wie
der Vater, beſitze; daß er keine Kreatur, ſondern
der Schöpfer der Welt ſey: denn durch ihn ſey
alles geſchaffen, was oben im Himmel, was un=
ten auf Erden iſt; ſo wohl jenes, das unſichtbare,
(die Engel und Geiſter) als dieſes, das ſichtba=
re, die Körperwelt **), die Menſchen und andre
Geſchöpfe; ſo wohl jene erhabnen Thronen und
Herrſchaften (unter den Engeln, 1 Petr. 3, 21.)
als die Fürſtenthümer und Obrigkeiten (die vor=
nehmſten unter den Menſchen, auch Moſes und
die

*) Col. 1, 15.

**) Welche nach der Einbildung einiger orientaliſchen
Philoſophen, Ein, oder mehrere Aeonen gemacht ha=
ben ſollten.

die ganze jüdische Hierarchie) alles sey durch den Sohn Gottes und zu seiner Verherrlichung geschaffen; er sey das einige Haupt, unter das alle Kreaturen versammlet wären; folglich auch das einige Haupt, an das sich die Gläubigen halten müßten, nicht an die Engel; denn Christus sey der Herr, der Schöpfer und Gott der Engel, der über alle Dinge herrsche, nicht allein in dieser (sichtbaren) sondern auch in der künftigen (unsichtbaren, oberen) Welt *). Diese Grundlehre setzt der Apostel bey den Christen, an die er in seinen übrigen Briefen schreibt, dergestalt schon als gewiß und angenommen voraus, daß er ohne weitern Beweis den Sohn, wie den Vater, den falschen Göttern entgegenstellt, und ihm die Schöpfung der Welt in ganz gleichen Ausdrücken zuschreibt. Denn eben so wie

er

---

*) Es legen zwar auch einige angesehene Theologen die Worte Pauli Colos. I, 16. 17. von der Schöpfung der neuen Welt, oder der Anrichtung der christlichen Kirche auf Erden aus: allein es ist so wohl aus der Absicht, in welcher der Apostel den Brief aufsetzte, als aus Ebr. I. sehr klar, daß der Sinn seiner Worte der sey, den ich ausgedrückt habe; ich werde es weiter unten bey der Widerlegung der Einwendungen noch deutlicher zu zeigen, Gelegenheit haben.

er Röm. 11, 36. überhaupt von Gott schreibt:
von ihm und durch ihn sind alle Dinge; so
schreibt er 1 Cor. 8, 6. Wenn gleich viele sind,
die Götter genennt werden: so haben wir doch
nur Einen Gott, den Vater, von welchem alle
Dinge sind, und Einen Herrn Jesum Christ,
durch welchen alle Dinge sind. Es geschieht
ohne Grund, wenn man hier annimmt, Pauli
Worte seyn vom Sohne anders, als vom Vater
zu verstehen. Denn der Sohn, wie der Vater,
wird den falschen Göttern entgegengestellt, die
nicht der Schöpfer der Welt, die nicht unsre
Herren sind; so das hier eben das ausgedrückt
wird, was der Apostel Ebr. 1, 2. 3. von dem
Sohne gesagt hat: durch welchen Gott die
Welten gemacht hat; eben das, was Johannes
von ihm schrieb: durch dasselbe Wort ist alles
gemacht, was nur je gemacht, oder geschaffen
ist, ohne dasselbe ist nichts gemacht. Und wenn
der Sohn hier der einige Herr genennt wird: so
ist das nach der Schriftsprache gerade eben das,
was sonst von Gott gesagt wird: z. E. die
frechen Sünder verleugnen den einigen Herrn
(δισπότην) Jud. 4. oder auch: bin ich Vater, wo
ist meine Ehre? bin ich Herr, wo fürchtet
man mich?

Wenn

Wenn gleich nun sonst keine Stelle der
Schrift wäre, aus welcher wir die Gottheit
Christi beweisen könnten: so würde diese Lehre
dadurch schon genug bewiesen, daß der Sohn der
eigentliche und unmittelbare Schöpfer der Welt
sey. Denn was wird zur Schöpfung aller Dinge erfordert? Ohne Zweifel dieß: daß derjenige,
welcher dieß große Werk verrichten soll, alle Dinge übersehe, die ihr Daseyn durch ihn empfangen; daß er nicht sie allein, sondern auch alle
andre mögliche Dinge kenne, um aus allen
möglichen, die zu wählen, welche in ihrer Verbindung, die Grundlage zu dem vollkommensten
Werke geben; daß er alle mögliche Verbindungen dieser geschaffenen Dinge übersehe, um sie
in die beste zu setzen; daß er nicht allein mit allen Kräften der einfachen Naturen genau bekannt sey, sondern auch wisse, was für Wirkungen durch ihre Vereinigung entstehen können, und
durch alle Zeiten entstehen werden; daß er die
Geister mit der Körperwelt in eine solche Verbindung setze, damit die körperlichen Dinge mit dem
Zustande der Geister vollkommen harmonieren;
daß er folglich alle Gedanken, Entschließungen,
Begierden und innerlichen Bewegungen aller
Geister und Seelen kenne; daß er wisse, wozu sie
tüchtig

tüchtig seyn; wie viel gutes sie in jedem Falle lei-
sten sollten, wie viel sie gutes wirklich verrichten;
wie viel sie künftig unterlassen werden; damit sogleich in der ersten Anlage der Welt der Grund
zu allen Schicksalen aller Geister gemacht werde.
Dieß, folglich nicht nur was wirklich, sondern
auch was möglich ist, das heißt alles, muß derjenige wissen, der Schöpfer der Welt ist. Denn
wie könnte er sonst aus allem möglichen das
wählen, was das beste ist und werden kann?
Daher wird denn auch diese Allwissenheit, sonderlich das Vermögen, die freyen Handlungen
der Geister und Schicksale ganzer Völker voraus-
zusehn, als ein Unterscheidungszeichen des wahren und einigen Gottes, nur dem Jehovah beygelegt, der Himmel und Erde gemacht hat: „ich
„(Jehovah) habe (was zukünftig ist) verkündiget;
„ich habe es sagen lassen; und es ist kein fremder
„(Gott) unter euch (der dieß thun kann) *). Wer
„ist mir gleich, der da die künftigen Dinge ver-
„kündige? Habe ichs nicht verkündigen lassen?
„Ist auch ein Gott außer mir? **) Der Herr
„(Jehovah) der einige Gott, der die Erde er-
„schaffen hat, dessen Verstand ist unausforsch-
„lich (unendlich).„.

                                          So

*) Jes. 43, 12. **) Jes. 44, 7. 8.

So aber, wie der, welcher Selbstschöpfer der
Welt seyn soll, alles wissen muß; so muß er
auch mit allmächtiger Kraft überall gegenwärtig wirken können. Denn er ist es, der allen
Dingen an allen Orten das Daseyn gab; der
folglich nicht nur an einem Orte, sondern an allen zugleich sich unmittelbar wirksam bewieß; er
ist es, durch den die geschaffenen Dinge die Fortdauer ihres Daseyns erhalten, alle lebendige
Dinge ihr Leben, der folglich auch jetzt, und
künftig zu allen Zeiten mit seiner Kraft überall
unmittelbar wirket und wirken wird. Diese überall gegenwärtige Kraft aber ist ausschließungsweise eine Vollkommenheit des höchsten Gottes.
Dieß sagt die Vernunft *); dieß bestättiget die
Schrift. "Jehovah hat den Himmel ausge-
"spannt, und die Erde an nichts gehängt; er ist
"der Gott, der (menschlich zu reden) Himmel und
"Erde erfüllt;,, **) der nicht nur in der Nähe,
sondern auch in der Ferne ist; in dem alle Geschöpfe leben, weben und sind. Es ist also gewiß,

daß

*) Ich will mich hier der Kürze wegen nur auf den ein-
zigen Reimarus berufen. Siehe die vornehmsten
Wahrheiten der natürlichen Religion die IV. Abhandlung.

**) Jer. 23, 23. 24.

daß der Sohn Gottes, der die Welt gemacht hat und noch erhält, zu der ewigen Gottheit gehöre, weil er mit uneingeschränkter Kraft überall wirkt. Durch ihn sind alle Dinge vorhanden. Daher schreibt auch Paulus: "er trägt „oder erhält alle Dinge mit seinem kräftigen „Worte, mit seiner Allmacht, mit dem Worte, es „werde, und es ward.„ Ebr. 1, 2.

Der Sohn ist aber nicht nur Schöpfer und Erhalter der Welt; sondern auch Regent und Richter: was aus dem ersten folgt, folgt nicht weniger aus dem letzten. Ich habe hier nicht nöthig, zu untersuchen, in welchem Verstande die Worte zu nehmen seyn, mit welchen in verschiedenen Stellen der Schrift gesagt wird, Christo sey alle Gewalt im Himmel und auf Erden gegeben; es sey alles unter seine Füße gethan; so daß keine Kreatur ausgenommen sey, alles, außer Gott, sey ihm dazu übergeben, daß er es als Regent des Ganzen beherrsche. Die Menschheit Christi mag an dieser allgemeinen Beherrschung der Welt Antheil nehmen, wie und auf welche Art es seyn kann *); so ist doch dieß aus den angeführten Stellen der Schrift klar und gewiß; daß Christus Regent der Welt, und eben so

gewiß,

---

*) Davon werde ich weiter unten reden.

gewiß, daß er Richter aller Geister sey: denn
der Vater richtet niemanden, alles Gericht hat er
dem Sohne übergeben *). Nun aber wer ist
wohl geschickt, diese großen Werke auszuführen?
Niemand als der, welcher alle wirkliche und
mögliche Dinge, alle Kräfte der einfachen Wesen, alle Kräfte der aus ihnen entspringenden
Körper kennt; der alle mögliche Verbindungen
übersieht, in welche die unzehlbare Menge der
Atomen, aus denen die Welt besteht, gesetzt werden können; der die Macht besitzt, alle Dinge
jederzeit in diejenige Verbindung zu setzen, welche unter allen für jeden Theil des Ganzen die-
sesmal die beste, und dem Ganzen überhaupt die
zuträglichste ist; der daher auch von allen möglichen und wirklichen Gedanken, Begierden, Affek-
ten und Kräften aller Geister in der ganzen Welt
die genauste Kenntniß hat, um diese Geister und
Seelen (wie viele tausend Millionen mögen ihrer
wohl seyn?) auf das weiseste zum Wohl des
Ganzen zu gebrauchen, sie zu ihrer Glückseelig-
keit zu führen; ihre außerordentlichen Umstände,
oder Schicksale, nach ihrem sittlichen Verhalten
einzurichten; endlich aber einem jeden nach der
strengsten

*) Joh. 5, 22. 1 Thes. 1, 10. 3, 13. Phil. 3, 20.

strengsten Gerechtigkeit gerade das zu geben, was seine Werke, Worte, Gedanken und Begierden, was sein Fleiß oder seine Nachläßigkeit verdienen. Heißt denn dieß nun etwas anders, als der Regent und Richter der Welt kann kein andrer seyn, als der allwissende und allmächtige Gott?

Nie wird daher im ganzen alten Testamente das Amt des allgemeinen Regenten und Richters der Welt einem andern, als Gott beygelegt. "Das sey ferne von dir, daß du den unschul-„digen mit dem schuldigen vertilgen solltest, der „du aller Welt Richter bist„; spricht Abraham zu dem Jehovah, der ihm erschien *). "Erhe-„be dich du Richter der Welt, vergilt den Hof-„färtigen, was sie verdienen. Psal. 94, 2. Wer „thut das, (wer läßt geschehen, was geschieht) „wer rufet alle Menschen nach einander von An-„fang her? Ich bins, der Jehovah, beide der „erste und der letzte **). Dieß spricht der Je-„hovah, der den Himmel geschaffen, der die Er-„de zubereitet hat — ich bin der Jehovah (der „wahre Gott) und ist keiner mehr.„ ***) Nichts ist deutlicher, als daß aus diesen Aussprüchen der

*) 1 Mos. 18, 25. **) Jes. 41, 4.
***) Jes. 45, 18. wie auch Jes. 48, 12. 13.

der Offenbarung folge: daß nur eine ewige unendliche Kraft und Gottheit sey; daß der, welcher Regent und Richter der Welt ist, diese
ewige Kraft und Gottheit besitze, oder als seine
Kraft gebrauchen, und überall damit wirken könne. Das behauptet nun Christus von sich selbst;
diese göttlichen Werke schreiben ihm seine Apostel
zu. "Nichts ist ausgenommen, das Christo
„nicht unterthan sey, nichts, als nur der Va-
„ter *). Wir müssen alle offenbar werden vor
„dem Richterstuhle Christi. Denn der Vater rich-
„tet niemanden, alles Gericht hat er dem Sohne
„übergeben.„ Dieß ist die übereinstimmige Lehre der heiligen Schriftsteller.

Mit diesem Vorzuge der Beherrschung der
ganzen Welt, ist die Ehre der gottesdienstlichen Anbetung unmittelbar verbunden. Es
ist der erste Grundsatz der ganzen geoffenbarten
Religion, daß niemand, als das höchste Wesen,
mit Gebet und Gottesdienst verehret werden
soll. Diese Hauptwahrheit der Religion aufrecht
zu erhalten, sonderte Gott den Abraham und seine Nachkommenschaft von allen andern Völkern
ab; diese Wahrheit bewies er mit den merkwür-
digsten Zeichen und Wundern in Egypten; in

E 2

der

*) 1 Cor. 15, 27.

der Wüste Arabiens und in Canaan; sie machte
er gleichsam zum Fundamentalgesetze des Israe-
litischen Staats. "Alle diese Zeichen hast du ge-
„sehen, auf daß du wissest, daß Jehovah allein
„Gott ist, und sonst keiner *). Daher sollst
„du denn keine andre Götter haben neben mir;
„daher außer mir, dem wahren Gott, keinen an-
„dern anbeten, noch ihm (als einem Gott) die-
„nen.„ **) Dieß Verbot ward durch Mosen sehr
oft und durch alle ihm folgende Propheten noch
öfter wiederholt. Jesaias hat unter andern von dem
40ten Kapitel seiner Weissagungen biß zum 48ten
vornehmlich den Endzweck, den großen Satz zu
befestigen, daß außer Gott nichts angebetet
werden soll; er sieht auch mit heiligem Entzü-
cken die Zeiten voraus, in denen der erhabne
Gesandte Gottes der Welt diese wichtige Wahrheit bekannt machen, und alle Völker zur Anbetung des einigen wahren Gottes vereinigen
würde. Denn Gott allein soll und muß diese
Ehre erzeigt werden: "ich bin Jehovah! das
„ist mein Name; ich will meine Ehre keinem
„andern geben, noch meinen Ruhm den Gö-
„gen„ Jes. 42, 8. und 48, 11. Dieß ist überhaupt

*) 5 Mos. 4, 35. **) 5 Mos. 5, 7-9. oder in mehrern Stellen.

haupt bey allen Propheten der wichtigste Gedanke, daß die Zeiten des Messias als solche vorgestellt werden, in welchen die Verehrung des einigen wahren Gottes bey allen Völkern ihren
Anfang nehmen soll. "Er Jehovah wird alle
„Götter auf Erden vertilgen; es sollen ihn anbe-
„ten alle Inseln der Heiden.„ Zeph. 2, 11. Mich. 4.
Es fehlt demnach so weit, daß dieser Grundsatz
der geoffenbarten Religion von der Anbetung des
einigen Gottes geändert, und im neuen Testamente die Erlaubniß ertheilt worden sey, außer
Gott, noch Jesum Christum, ob er gleich eine
bloße Kreatur wäre, anzubeten, daß vielmehr
die Verehrung des Jehovah das Hauptkennzei-
chen der neutestamentischen Gläubigen seyn sollte. Daher ist denn jenes große Gesetz von Christo und seinen Aposteln sehr oft, bald mit den
mosaischen, bald mit andern Ausdrücken wiederholt worden. Unser Erlöser berief sich darauf
nicht allein in der Versuchung Matth. 4, 10. sondern auch im Unterrichte anderer. Marc. 12, 29.
Matth. 22, 37. Eben dieß war die Lehrart der
Apostel. Es ist ein Gott spricht Paulus, (Röm.
3, 30.), der Jüden und Heiden seelig macht. Es
ist kein andrer Gott, ohne der Einige (1 Cor.
8, 4.) Es ist ein einiger Gesetzgeber, der kann

E 3   seelig

seelig machen und verdammen (Jac. 4, 12.) Wer
die Schriften der Apostel näher betrachtet, wird
finden, wie dieß eine ihrer ersten Absichten gewesen sey, alle Völker zu überzeugen, es sey nur
Ein Gott, der Schöpfer Himmels und der Erden,
dem allein müsse man dienen. Es bleibt folglich
nach den Zeiten Christi, wie zuvor, das alte unveränderliche Gesetz: ich werde meine Ehre keinem andern geben. Jes. 42, 8. Dieß bringt
auch so gar die Natur der Sache selbst mit sich.
Denn, wenn die Menschen ein von ihnen ent-
ferntes und in dem Himmel befindliches Geschöpf anbeten, von demselben Hülfe verlangen,
oder sonst ihre Gedanken vor ihm entdecken sollten: so legten sie ja diesem Geschöpfe das Vermögen bey, auch in den entferntesten Gegenden alles zu sehen, die verborgenen Gedanken der Herzen zu wissen, und die Schicksale der Menschen
nach Gefallen zu lenken. Was wäre dieß anders, als eine Kreatur zu einem Gott machen?

Es bleibt also der Satz wahr und unumstöß-
lich gewiß: wer mit Bitte und Gebet gottesdienstlich verehrt werden soll, der muß Gott seyn, oder
nach dem christlichen Systeme genauer zu reden,
der muß als ein Subiekt zur einigen ewigen
Gottheit gehören. Nun aber hat denn Christus
wohl

wohl auch je von seinen Schülern verlangt, daß
sie ihm göttliche Ehre erzeigen sollen? Aller-
bings. Denn er verlangt, daß ihm eben die
Ehre, als dem Vater, von dem menschlichen Geschlechte gegeben werde. Sie sollen alle den
Sohn ehren, wie den Vater *); demüthige
Hochachtung gegen den Sohn, wie gegen den
Vater im Gemüthe hegen; eben die äußerlichen
Zeichen der Verehrung bey dem Sohne, wie bey
dem Vater gebrauchen, einen, wie den andern,
anbeten. Biß auf die Tage, in denen Christus
lebte, beteten die Israeliten Gott als Einen
an **). Nun aber machte er seine Jünger mit
der innern Beschaffenheit des unendlichen Wesens näher bekannt, und lehrte sie, daß in der
ewigen Gottheit mehr, als einer sey, den sie
gottesdienstlich verehren müßten. Und wie
Moses das Grundgesetz der durch ihn gestifte-
ten Religion also ausdrückte: Höre Israel,
der Herr unser Gott ist ein einiger Gott; so
fügte nun Christus eine deutlichere Erklärung dieses Gebotes hinzu; und machte folgenden Satz
zum Fundamente der bessern Religion: der einige

E 4   ewige

*) Joh. 5, 23. **) Wenige Gläubige ausgenommen,
welche, wie es höchstwahrscheinlich ist, den Engel
des Herrn, als Gott, verehrten.

ewige Gott, den ihr verehren sollt, ist Vater, Sohn und Geist. Gehet hin in alle Welt,
lehrt sie dieß; und taufet sie zur Verehrung des,
der da ist, Vater, Sohn und Geist. Dieß ist
keine unrichtige Erklärung der von Christo festge-
setzten Taufformel, sie wird durch seine eigenen
sonst gebrauchten Ausdrücke, sie wird durch das
Verhalten und die Schriften dererjenigen bestätigt, auf deren Zeugniße und Ansehen unser Glaube beruht. Denn, wenn Christus
Joh. 14, 13. 14. seinen Jüngern folgende Verheißung giebt: Was ihr bitten werdet in meinem
Namen, das will ich thun: so verlangt er
auf das allerdeutlichste die vollkommenste göttliche Verehrung, und giebt eine Verheißung, die
eine uneingeschränkte Macht und die vollkommenste Weisheit voraussetzt. Denn er giebt zu
erkennen, daß er ihre Gebete höre, daß er ihres
Herzens Gedanken und Begierden genau kenne,
daß er die Macht habe, den Zustand der Welt
ihrem Verlangen gemäß einzurichten; daß er bey
ihnen sey, und thun könne, was sie begehren,
kurz, er eignet sich das zu, was niemanden, als
Gott, beygelegt werden kann, was er auch selbst
an einem andern Orte dem Vater mit folgenden
Worten zuschreibt: "So ihr den Vater etwas bit-
„ten

„ten werdet in meinem Namen; so wird ers
„euch geben„ *).

Nur erst sagten wir: wer dem Bittenden an allen Orten alles giebt, der muß überall, wo sie
sind, wirken: auch diese göttliche Vollkommenheit
eignet sich Christus zu. "Wo zween oder drey
„versammelt sind in meinem Namen, da bin ich
mitten unter ihnen„**); "ja ich bin bey euch alle
„Tage biß an der Welt Ende„ ***). Eben die
Ausdrücke, welche sonst von Gott gebraucht werden: ich bin nicht ein Gott, der etwa nur in der
Ferne, oder nur in der Nähe wäre; ich bins, der
Himmel und Erde erfüllet. Jer. 23, 23. 24.
Fürchte dich nicht; ich bin bey dir. Jes. 41, 10.
Ps. 23, 4.

Diese Verheißungen haben die Jünger Christi denn nun auch also verstanden, daß sie mit
ihrem Gebete sich an den Sohn Gottes, wie an
den Vater, selbst wendeten. Auf diese Art richtete der sterbende Stephanus sein Gebet zu Christo: Herr Jesu nimm meinen Geist auf †)! So
bat Paulus den Herrn Christum, daß er ihn von
dem beschwerlichen Leiden, darunter er seufzte,
befreyen möchte ††); aus eben dem Grunde

E 5   seegnete

---

*) Joh. 16, 23.   **) Matth. 18, 19. 20.
***) Matth. 28, 20.   †) Apostg. 7, 52.
††) 2 Cor. 12, 9.

seegnete dieser Apostel bey dem Anfange und dem Schluße seiner Briefe die Christen allezeit sowohl in dem Namen des Sohnes, als des Vaters. Denn diese Seegenswünsche sind ja doch nichts anders, als ein Gebet, in der Gestalt eines Grußes. Und ich kann vollkommen richtig schließen: weil man von keinem andern, als von dem, der Gott ist, die Wohlfart eines Menschen, und noch weniger die Seeligkeit seines unsterblichen Geistes erbitten darf; so muß Christus zur ewigen Substanz und Gottheit gehören, weil Paulus die Seelenwohlfart der ersten Christen von ihm eben so, wie von dem Vater in dem Seegenswunsche verlangt und erwartet. Dieß wird auch durch das Gesetz bestätigt, welches Gott den Jsraeliten gegeben hatte *). Denn er hatte es ihnen ausdrücklich untersagt, den Seegen auf eine andre Weise zu ertheilen, als im Namen Jehovah. Und ob ich gleich nicht behaupten will, daß die dreyfache Wiederholung des Worts Jehovah in den Seegensworten ein deutlicher Beweiß für die Dreyeinigkeit sey; so ist es doch immer eine bemerkenswürdige Sache, daß dieser Name nicht zwey = nicht viermal; sondern eben dreymal wiederholt ward. Wer neben diesen

Seegen

*) 4 Mos. 6, 24.

Seegen die Taufformel stellt; wer mit beiden die
Art des Seegens vergleicht, welchen die Apostel
ertheilen: die Liebe Gottes des Vaters, die Gna-
be Christi, die seegensvolle Gemeinschaft des heiligen Geistes: der wird wenigstens so viel bemerken, daß Sohn und Geist, als göttliche Subjekte,
betrachtet werden müssen.

Der andre Haupttheil der gottesdienstlichen
Anbetung ist die körperliche Andacht, die religiöse Ceremonie: auch mit dieser darf nach der
Lehre der Schrift niemand, als Gott, verehrt werden. Zwar wäre es nicht unerlaubt,
einen Engel, oder einen vornehmen Mann,
der gegenwärtig vor uns stünde, mit
einer ähnlichen Verbeugung des Körpers zu verehren, dergleichen die Menschen sonst beym Gottesdienste gebrauchen. Dieß geschah ehedem von
vielen Israeliten, ohne daß sie deßwegen der Abgötterey beschuldiget werden konnten. Allein die
eigentliche gottesdienstliche Anbetung ist von
dergleichen Merkmalen der Ehrfurcht und Dankbarkeit sehr weit unterschieden. Zuerst schließt sie
folgendes in sich, daß man einem Wesen, welches nicht sichtbar selbst vor uns gegenwärtig
ist, eine solche Verehrung erzeigt, als wenn es
gegenwärtig wäre; und das ist das eigentliche

und

und vornehmste Merkmal des Gottesdienstes.
Sodann daß man den, welchen man auf diese
Weise anbetet, in der Meynung verehrt, als wenn
von ihm ein Theil unsrer Schicksale, oder unser
ganzes Glück abhienge. Eine solche Anbetung
ist Abgötterey, so bald sie einem andern, als
Gott, erzeigt wird. Das war die Art der Abgötterey, mit der sich die Heiden und nach ihrem
Beyspiele sehr oft auch die Israeliten versündig-
ten. Sie stellten sich vor, die Gottheiten, die
sie anbeteten, wären zwar nicht sichtbar da, aber
sie vernähmen doch die Worte, mit denen sie von
ihnen verehret würden; sie wüßten doch, wie ihre Diener sich vor ihnen verbeugten; sie könnten
auch den Lauf der menschlichen Schicksaale lenken. Das ist nun die Abgötterey, welche durch
das Christenthum ausgetilgt werden sollte.
Und, wie nun? eben diese Abgötterey sollte nur
auf eine andre Weise, durch das Christenthum
wieder eingeführt worden seyn? Wenn unser Erlöser eine Kreatur und der Schöpfer nicht selbst
ist; so sind wir noch eben in der Blindheit der
Abgötterey, wie die Heiden; so haben wir nur die
Namen geändert. Nicht mehr Jupiter, Mars,
Moloch, Baal, Odin; das Geschöpf, Jesus Christus, wäre der Gegenstand unsrer Abgötterey; so
verdie-

verdienen wir alle Vorwürfe, womit uns die Ungläubigen lästern. Aber nein! so ist es nicht. Die christliche Religion stößt gegen die Grundsätze der gereinigten Vernunft durchaus nicht an. Wir beugen unsre Knie, und falten unsre Hände vor keinem bloßen Geschöpfe: weil Jesus Christus nach seiner höhern Natur zu der ewigen Gottheit gehört, weil seine Menschheit mit der Gottheit unzertrennlich verbunden ist; darum sollen sich vor ihm alle Geschöpfe bücken *); darum sollen ihn auch die edelsten unter den Kreaturen, die wir kennen, alle Engel Gottes anbeten **), und ihm eben die Ehre erzeigen, welche dem Vater wiederfährt: sie sollen alle den Sohn ehren, wie sie den Vater ehren.

Aus dem, was bißher gesagt worden ist, kann man nun den Sinn der Worte erklären, deren sich Paulus in verschiedenen Stellen von Christo bedient, wenn er sagt, daß die Christen seinen Namen anrufen. Denn obgleich die in dem griechischen befindlichen Worte, auch zuweilen so viel bedeuten, als eines Namen nennen, oder auch nach seinem Namen genennt werden, und folglich in dergleichen Stellen so viel heißen, als ein Bekenner Christi werden, oder ein Christ seyn: so

sind

*) Phil. 2, 9. **) Ebr. 1, 6.

sind doch einige Schriftorte, in denen meiner Ein-
ficht nach ein ganz andrer Sinn befindlich ist.
Dahin rechne ich vornehmlich 1 Cor. 1, 2. da
Paulus die gläubigen Christen solche nennt, die
da den Namen Christi anrufen. Denn den
Namen Gottes anrufen, ist in ungemein vielen
Stellen des alten Testamentes so viel, als Gott
um Hülfe bitten, und ihn durch diese religiöse
Handlung für seinen Gott öffentlich bekennen.
Ich will nur einige davon hersetzen. 1 König. 18,
24. 25. 26. Den Namen Baal anrufen, wird da dem
Ausdrucke, den Namen des wahren Gottes anrufen,
entgegengesetzt. Eben so 2 Kön. 5, 11. Psalm 79,
6. 80, 19. 99, 6. Jes. 64, 7. 65, 1. Klag. 3, 55.
Joel. 2, 32. Zeph. 3, 9. Zachar. 13, 9. Röm. 10,
13. 14. Man muß sehr wider die Wahrheit eingenommen seyn, wenn man aus so vielen Stellen den Sprachgebrauch der Schrift nicht finden
will. In diesen und vielen andern Stellen des
alten Testamentes bedeutet der Ausdruck den Namen Gottes anrufen so viel, als zu ihm beten,
ihm als einem Gott, gottesdienstliche Ehre erweisen. Da denn nun der Sprachgebrauch des neuen
Testamentes nach dem Geständnisse aller guten
Schriftausleger, aus dem alten Testamente vornehmlich zu bestimmen ist: soll man denn nur
hier,

hier, da es auf die Gottheit Christi ankommt, von dieser Regel gänzlich abweichen? Was bedeuten die Worte: (Apostg. 7, 59) Stephanus rief an und sprach: Herr Jesu! nimm meinen Geist auf! Was will Paulus sagen, wenn er Röm. 10, 13. spricht: Wer den Namen des Herrn anrufen wird, wird seelig werden? Wie sollen sie aber anrufen, von dem sie nichts gehört haben? an den sie nicht gläuben? Als Ananias den Saulus ermuntern wollte, er möchte sich taufen lassen; so thut er es mit den Worten: ruf an den Namen des Herrn! Ich weiß, daß dieß den Gedanken in sich begreift: werde ein Christ. Allein, wie sollte Saulus ein Christ werden? Indem er sich entschlöße, den Namen Jesu anzurufen: so wie die Baalspriester den Namen Baal anriefen; so wie die Israeliten den Namen Jehovah anriefen; so sollte der bekehrte Paulus nun sich im Namen Jesu beugen, von Jesu Christo das Heil seiner Seelen bitten und erwarten.

Diese Betrachtung leitet mich gerade hin zu den Worten, mit welchen wir getauft werden, um auch daraus die Wahrheit zu bestätigen, daß Christus auf eine gewisse Weise zur ewigen Gottheit gehören müsse. Auf den Namen des Vaters getauft werden, bedeutet ohne Zweifel so viel,

als

als, ihn für seinen Gott halten; an ihn gläuben, ihn öffentlich mit dem Munde bekennen; auf ihn sein Vertrauen setzen; zu ihm sein Gebet richten; in ihm seine Seeligkeit suchen. Diese Bedeutung haben denn also auch die angeführten Worte, wenn sie von dem Sohne gebraucht werden. Denn wir sollen an den Sohn gläuben, wie an den Vater *); ihn bekennen, wie den Vater **); ihn anbeten, von ihm die nöthige Hülfe verlangen, wie vom Vater. Dieß ist auch aus der Sache selbst klar. Wenn ein Mensch zu einer andern Religion übertrat; so fieng er an, den Namen eines andern Gottes anzurufen. Wenn also ein Jude, oder ein Heide ein Christ wurde: so wurde er verbunden, den Namen des Vaters, des Sohnes und des heiligen Geistes anzurufen; er fieng an, nunmehr den Sohn zu ehren, wie den Vater; an den Sohn zu gläuben, wie an den Vater. (Joh, 14, 1.) Jede andre Art der Auslegung dieser Schriftstelle erschöpft entweder den Sinn Christi nicht, oder ist seiner Absicht zuwider. Denn die Taufe ist offenbar eine Einweihung zu einer gewissen Art des Gottesdienstes. Wie, auf den Namen des Vaters getauft werden, nicht heißt, auf seine Lehre, sondern zu seiner

Anbe-

*) Joh. 14, 1. **) Röm. 10, 9. 10. 11.

Anbetung verpflichtet werden: so heißt auf den
Namen des Sohnes die Taufe nehmen, nicht
bloß, zum Bekenntniße seiner Lehre, sondern zu seiner Anbetung und gottesdienstlichen Verehrung eingeweiht und verpflichtet werden.

Eben deßwegen legen die neutestamentischen
Schriftsteller Christo auch den Namen bey, dadurch der Vater und überhaupt das höchste Wesen von allen andern Dingen unterschieden wird.
Denn der Name (Θεὸς) Gott, wenn er ohne Bey-
satz gebraucht, und den Geschöpfen entgegengestellt wird, hat stets die Bedeutung, daß er das
höchste Wesen (oder nach der neutestamentischen
Schreibart) ein Subiect im höchsten Wesen anzeigt. So wird aber dieser Name Joh. 1, 1.
Christo beygelegt. Im Anfange war das Wort,
das Wort war bey Gott; ja es war nicht nur
bey Gott, sondern gehörte zu der Natur und dem
Inbegriffe der Gottheit: Gott war das Wort,
oder, welches einerley ist, derjenige, der das
Wort (λόγος) genennt wird, ist selbst Gott.
Denn er ist kein Geschöpf. Dieß ist daraus klar,
weil alle Geschöpfe durch ihn gemacht sind.
Folglich ist er der Schöpfer selbst; also Gott:
Dieses Wort vereinigte sich mit dem Fleische und
Blute der Menschen; vor ihm aber wurde ein

F   bloßer

bloßer Mensch hergesandt, das war Johannes.
Dieser Johannes nun gieng vor dem her, der Malach. 3, 1. der Herr des Tempels zu Jerusalem,
ja Jes. 40, 3. Jehovah genennt wird. Bald wird
kommen zu seinem Tempel der Herr, nach
dem ihr Verlangen tragt. Wer ist es denn
nun, der in dem Tempel zu Jerusalem angebetet wurde? Wessen Haus und Tempel war
er? Des höchsten Gottes; des Jehovah, der
Himmel und Erde gemacht hat. Wenn denn
also Christus zu seinem eigenen Tempel gekommen ist; so ist er der Jehovah, der in
demselben verehrt wurde. Und es ist nichts
ungewöhnliches, daß ihm dieser Name des
höchsten Wesens beygelegt wird. Jesaias sah
auch die Herrlichkeit des Jehovah in einer
Entzückung: Jes. 6, 1–11. Johannes aber behauptet, derjenige, den er gesehen habe, das sey
Christus gewesen. Joh. 12, 41. Dieß ist denn
dem Lehrbegriffe der ganzen Schrift gemäß.
Denn der Vater ist es nicht, der sich den Menschen unmittelbar offenbart. Er ist der unsichtbare Gott. Christus ist das Ebenbild des unsichtbaren Vaters; Col. 1, 15. er war es, folglich
auch, den Jesaias gesehen hat. Der aber, den er
sah, der wird von ihm selbst Jehovah genennt.

Folg-

Folglich iſt Chriſtus mit dem Namen Jehovah bezeichnet. Was ſagt denn nun aber
Gott von dieſem Namen? Darf er auch einem
Geſchöpfe beygelegt werden? Durchaus nicht!
Jehovah! das iſt mein Name! und ich will
meine Ehre keinem andern geben, noch meinen Ruhm den Götzen. Jeſ. 42, 8. Jehovah
iſt der wahre Gott, und iſt keiner außer ihm.
5 Moſ. 4, 35. So ſagt Jehovah, der König
Iſrael; der Erretter Iſraels, Jehovah ſagt:
ich bin der erſte, ich bin der letzte, außer mir
iſt kein Gott. Dieſer Jehovah, das iſt der
Sohn, das iſt Chriſtus, der König Iſraels.
O ich bete dich an du allmächtiger! ich werfe
mich mit allen Engeln und Auserwählten nieder
vor deinem Throne: Du biſt der erſte und der
letzte, der da iſt, der da war, der da ſeyn wird!
Jehovah!

Nun wollen wir die Summe der bißher vorgetragenen Gedanken ſammlen, und ſehen, was
zur Erklärung und zum Beweiſe der Gottheit
Chriſti herauskommt.

I.

1. Es iſt nur eine unendliche Subſtanz und
Gottheit. Dieß iſt die Grundlage der
durch die Vernunft erkannten, und durch die

höhere

höhere Offenbarung dem menschlichen Geschlechte mitgetheilten Religion. Diese Wahrheit kann also auch durch das Christenthum nicht umgestoßen, sondern muß vielmehr durch daßelbe bestätiget werden.

2. Die Beschreibungen, welche in der heiligen Schrift von diesem einigen Gott gegeben werden, sind folgende:

a. Er ist der unmittelbare Schöpfer der Welt, der alle Dinge nicht durch ein Werkzeug, sondern durch sein Wort oder mächtigen Willen hervorgebracht hat.

b. Er ist der Erhalter, und Regent aller Geschöpfe, der Richter aller Geister.

c. Er ist allein allmächtig, allwissend, allgegenwärtig.

d. Er darf allein mit Gebeten gottesdienstlich verehrt, und als Gott mit religiösen Ceremonien bedient werden.

3. Nun finden wir aber, daß in den Vorträgen Christi und seiner Apostel alle diese Eigenschaften und Verrichtungen außer dem Vater auch dem Sohne zugeschrieben werden.

4. Wäre der Sohn eine vom Vater verschiedene außer und neben ihm existirende Substanz; so wie ein Engel oder eine menschliche Seele:

Seele: so wären zwo ewige Substanzen, allso zween Götter.

5. Daraus folgt, daß Vater und Sohn keine zwo verschiedene Substanzen seyn können.

6. Doch aber sind sie ganz gewiß zwey verschiedene Subiecte.

7. Allso sind in der ewigen Substanz zwey Subiecte, welche zusammen mit unendlicher Kraft wirken.

Schluß
auf die Person des heiligen Geistes.

8. Der heilige Geist

a. wird in der Taufformel neben Vater und Sohn gesetzt.

b. Er wird Joh. 14. biß 16. Kap. und an vielen andern Orten stets als eine Person vorgestellt, welche den Jüngern Christi die Wohlfahrt des Geistes ertheilen soll.

c. Es wird 1 Cor. 12, 11. von ihm gesagt, daß er einem jeglichen Christen an allen Orten in der Welt die Gaben mittheile, je nachdem er will.

Daraus folgt schon, (wenn auch sonst nicht so viele andre Gründe vorhanden wären) nach der höchsten exegetisch moralischen Gewißheit, daß der heilige Geist das dritte Subiect in der Gottheit sey.

F 3   II. Kur-

II.

Kurze Erklärung

der Dreyeinigkeitslehre

aus diesen Prämissen.

1. Es ist nur eine ewige Substanz.

2. In dieser ewigen Substanz sind drey Subjecte, Vater, Sohn und Geist.

3. Diese drey Subjecte existiren nicht auf die Art außer und neben einander, wie drey endliche Geister, drey Engel, oder menschliche Seelen, sondern sie sind so genau vereiniget, daß sie nur eine unendliche unveränderliche Substanz auss machen-

4. Denn keine wirket in der Welt allein, sondern der Vater wirket alles durch den Sohn und den heiligen Geist.

Allein solch' eine Art der Existenz finden wir ja nicht in der ganzen Natur? Wie können drey Subjecte nur eine Substanz ausmachen? Wie kann denn, wenn sie nur eine Substanz sind, vom Vater nicht, sondern nur vom Sohne gesagt werden, er sey Mensch geworden? Wie kann der Sohn vom Vater gesendet, und als Mittler zwischen Gott und den Menschen gebraucht werden?

Wie

Wie viele Fragen entstehen, wenn wir weiter nachdenken?

Nun so laßt uns denn sehen, ob sie so beantwortet werden können, diese Fragen, daß ein unpartheischer Philosoph sich dabey zu beruhigen im Stande seyn möchte. Wahre Religion ist nie wider allgemein anerkannte Wahrheiten der gereinigten Vernunft.

Das dritte Kapitel.

Vertheidigung dieser Lehre
gegen die Einwendungen aus der Vernunft.

Da die innere Natur des höchsten Wesens endlichen Geistern größtentheils unerforschlich ist und bleiben wird: so wäre es schon sehr vernünftig, die Gottheit Christi zu glauben, wenn es nur sonst mit zwey Dingen seine Richtigkeit hat, nehmlich mit diesen beiden Sätzen: "In den „Schriften des neuen Testamentes ist die Lehre „Christi und seiner Apostel enthalten; Christus aber „und seine Apostel bewiesen die Wahrheit ihres „Vortrags mit Wundern und andern überzeugenden Gründen.„ Denn die Gottheit kennet sich

selbst

selbst doch wohl am besten. Wenn sie uns nun
durch außerordentliche Gesandte entdecken läßt,
daß in ihr drey sind, die durch eine gemeinschaftliche Kraft wirken: so ist es der Vernunft
und der nöthigen Bescheidenheit, mit welcher
Menschen von dem schwachen Vermögen ihres
sehr eingeschränkten Verstandes denken sollten,
doch wohl sehr gemäß, das zu glauben, was
Gott von der innern Beschaffenheit seiner verborgenen Natur uns entdecket hat. Allein wir wollen es doch hiebey nicht bewenden lassen, sondern die Zweifel der Gegner hören. Dieß ist
desto nöthiger, weil eben diese Zweifel mit einander eine Hauptquelle des Unglaubens sind.

Die erste Frage, die denn nun hiebey entsteht, ist folgende: enthält die Lehre von dem
Vater, Sohne und Geiste, in der einigen ewigen Gottheit, keinen Widerspruch? Ist sie
auch der Vernunft gemäß? Einige der ältern
Lehrer haben diesen Knoten nicht aufgelöst, sondern zerschnitten; sie haben den Grundsatz angenommen: "es möchte denn auch gleich immerhin
„seyn, daß die Geheimnisse der Religion mit den
„Grundsätzen der Vernunft stritten; demunge-
„achtet wären wir verbunden, sie zu glauben.
„Denn die Schrift selbst sage, daß die Weisheit
„Gottes

„Gottes den Griechen *) Thorheit sey (1 Cor. 1,
„23.). Die ganze Weltweisheit sey aus der Be-
„trachtung endlicher Dinge abstrahiret; folglich
„könnten göttliche Dinge darnach nicht beurtheilt
„werden; folglich könnte man auch nicht sagen,
„daß die geoffenbarte Religion den Grund-
„sätzen der Vernunft gemäß seyn müsse.„ In
diesem Vortrage ist Wahrheit und Irrthum vermengt; einige Sätze sind unbestimmt, andre unrichtig.

Freylich sagt Paulus, daß das Wort vom
Kreuze den Griechen eine Thorheit sey; aber welchen? denen nehmlich, die durch eine falsche,
zum Theil seltsame Philosophie eingenommen,
die Wahrheiten der christlichen Religion mit ihren vorgefaßten Meynungen nicht reimen konnten. Aus den Worten Pauli folgt also nur, daß
das Evangelium oder, durch manche Irrthümer

F 5   ver-

*) Man sehe *Scherzeri* Collegium Anti-Socinianum
   von Seit. 18. biß 22. Edit. tertiae. *Quenst.* in Theol.
   Didact. Polem. Cap. 18. Sect. 1. Thes. 1. Contra
   iudicium fidei non debet vrgeri iudicium rationis.
   Selbst Abbadie, in seinem Buche von der Gottheit Christi, hat sich zum Theil solcher unbestimmten Sätze bedient, um die Schwierigkeiten zu he-
   ben, welche bey dieser Lehre gefunden werden.
   Siehe Seit. 378. der Roterd. franz. Ausgabe.

verdorbenen Vernunft der Menschen; nicht aber
den wahren auf dem allgemeinen Sinne (Sensu
communi) und gesunden Menschenverstande beru-
henden Grundwahrheiten der Vernunftlehre zuwider sey.

Freylich ist die ganze Weltweisheit nur aus
solchen Grundsätzen zusammen gewebt, welche die
Menschen aus der Betrachtung der Natur, aus
ihrem innern Gefühle, aus der Erfahrung, aus
der Vergleichung verschiedener Dinge sammlen;
daher es denn allerdings auch wahr ist, es sey
nicht erlaubt, so zu schließen; was bey endlichen Dingen nicht angetroffen wird, das ist
auch bey Gott nicht *). Allein keine Wahrheit
kann der andern widersprechen; sie mag nun aus
der Natur geschöpft, oder aus der Offenbarung
gelernt worden seyn. Wie hätte man sonst ein
allgemeines Merkmal, und einen antrüglichen
Probierstein der Wahrheit, oder des Irrthums,
wenn etwas Wahrheit seyn könnte, was einer
allgemein anerkannten Wahrheit widerspräche?
Doch

*) Das scheint mir die wahre Meynung der ältern
Theologen zu seyn, wenn sie behaupten, die aus der
Natur abstrahirten Grundsätze könnten nicht dazu
angewendet werden, daß man Gott darnach beur-
theile. Siehe Quenst. l. c.

Doch ich verirre mich zu weit in der Verfolgung dieser Gedanken von meinem Endzwecke. Ich will die ältern und übrigens in ihrer Art und für ihre Zeiten fürtrefflichen Vertheidiger des christlichen Glaubens nicht widerlegen; sondern die Lehre von der Gottheit Christi, so wie ich sie oben bewiesen habe, vertheidigen. Es scheinen mir auch die meisten derselben mehr unrichtig geredet, als gedacht zu haben. Ehe ich denn also zu den Zweifeln gegen die bißher vorgetragenen Wahrheiten selbst komme, erlaube man mir nur noch einige vorläufige kurze Betrachtungen einzustreuen.

Zuerst gestehe ich es gerne zu, daß die Lehre, Gott habe einen Sohn; dieser Sohn sey gleiches Wesens mit dem Vater, und es seyn doch nicht zween Götter, sondern nur ein Gott, denenjenigen sehr seltsam vorkommen müsse, die entweder in einer andern, als der christlichen Religion erzogen sind, oder in der Jugend schlecht unterrichtet, nachher aber durch Zweifel beunruhiget werden, und ohne einen guten Anführer über diese schwere Materie nachdenken. Solchen Personen muß die Lehre von einer dreyeinigen Gottheit allerdings eine Thorheit seyn. Denn die Natur sagt, wie die Schrift, daß Gott ein Geist sey.

Einen

Einen jeden Geist aber stellt man sich als eine menschliche Seele vor. So geschieht es, daß man sich Gott als eine Seele denkt, die aber mit unendlichen Vollkommenheiten begabt ist. Da wir uns denn aber in unsrer Seele nur eines *) einzigen Subiects bewußt sind, das die Kraft zu denken besitzt; so bilden wir uns ein, dieß werde in Gott auch nicht anders seyn; ohne unser Urtheil behutsam zurück zu halten; ohne uns daran zu erinnern, daß Gott von einer menschlichen Seele unendlich verschieden ist, daß wir von ihm nicht anders als nur durch schwache Vergleichungen eine sehr unvollständige Erkenntniß zu erlangen fähig sind. Was man nie gesehen

oder

*) Ob es gleich noch ganz und gar nicht vollkommen bewiesen ist, ob nicht die Seele des Menschen dergestalt beschaffen seyn möchte, daß eine Monas mit verschiedenen andern in der genausten Verbindung ihr Wesen ausmacht; so aber, daß eine von denselben die letzte ist, in der sich alle Empfindungen sammlen; von der auch alle Bewegungen dann ihren ersten Ursprung nehmen. Dieß wären dann, wo drey solche Monaden zu einer verbunden wären, keine drey Seelen, sondern eine Seele, in der die erste Monas durch die andern mittelbar wirkte. Dieß wäre dann aber vielleicht das schicklichste Bild und Gleichniß, welches man von der Dreyeinigkeit finden könnte.

ober erfahren hat; das zu glauben, ist man gemeiniglich sehr abgeneigt. Noch mehr Schwierigkeit findet man, das zu glauben, wovon man in der ganzen Natur, so weit Menschen sie kennen, kein Beyspiel findet. Ist es nun Wunder, wenn es sehr vielen höchst unwahrscheinlich vorkömmt, daß in der einigen Gottheit einer seyn soll, der Vater, ein andrer, welcher der Sohn ist?

Allein obgleich diese Lehre dem natürlichen Menschen thörigt zu seyn scheint: so darf sie doch keinem festgestellten allgemeinen Grundsatze der Vernunft widersprechen, wo sie vernünftige Menschen glauben sollen. Der Satz, daß eine Sache nicht zugleich diese, und eine andre seyn könne; daß ein Mensch kein Gott, und Gott kein Mensch, daß ein Viereck nicht rund und ein Cirkel kein Viereck sey, dieser Satz ist die Grundlage des menschlichen Verstandes: eine Religion, welche diese ewige Wahrheit umstürzen wollte, beraubte den Menschen der Vernunft; und könnte ihre eigene Göttlichkeit nicht beweisen. Denn auf welchen Grund bauten die ersten Lehrer des Christenthums das Zeugniß der Wahrheit? Ists nicht so, auf diesen Satz: was wir mit unsren Augen gesehen; mit unsren Händen betastet

haben,

haben, das wiſſen wir, das bezeugen wir, darauf leben und ſterben wir *): Chriſtus iſt erſtanden; folglich iſt er der, für welchen er ſich ausgab, der Sohn Gottes. Religion und Philoſophie, die ganze Vernunft, beruht auf dieſem Satze: was dieß iſt, iſt nicht zugleich das Gegentheil.

Wie nun? wenn jemand beweiſen könnte, die Lehre von dem dreyeinigen Gott ſey dieſer ewigen Wahrheit entgegen, oder ſie widerſpräche ſich ſelbſt; hätten dieſe Widerſacher der Gottheit Chriſti dann nicht gewonnen? würde nicht folgen, daß die Schriftſtellen, auf die wir unſer Lehrgebäude gründen, anders auszulegen ſeyn? Laßt uns denn ſehen, ob ſie dieß beweiſen können?

Hier muß ich aber zum voraus ſagen, daß ich nur diejenigen Haupteinwendungen vortragen und widerlegen werde, welche man gegen diejenige Erklärung der Gottheit Chriſti machen kann, die ich oben gegeben habe. Denn es iſt allerdings nicht zu leugnen, daß manche die Lehre von der Dreyeinigkeit ſo ausgedrückt haben, daß ſie von der Beſchuldigung einen Widerſpruch zu begehen, ſich ſchwerlich loßmachen können. Damit

*) 1 Joh. 1, 1.

mit uns denn die oben vorgetragene kurze Erklärung dieser Lehre bey allen Einwendungen vor
Augen schwebe; so wollen wir sie mit zwey Worten wiederholen. Es ist nur eine ewige Kraft
und Gottheit; eine unendliche Substanz. In dieser Gottheit sind drey Subiecte, der Vater, der
Sohn und der Geist, welche die unendliche Kraft
besitzen, und durch dieselbe alles, was in der
Welt ist, gemeinschaftlich hervorbringen, erhalten
und regieren.

Der erste Zweifel, der in einem nachdenken-
den Leser dieser Erklärung entstehen könnte, wäre
etwa dieser: "In der Gottheit sollen drey Sub-
jiecte seyn; drey Subiecte, die denken und wol-
„len; da wären ja allso drey Substanzen und
„nicht eine Substanz; da wären folglich drey
„Götter. „

Ueber Worte zu streiten, ist wenig nütze. Ich
könnte es allso geschehen lassen, daß man sagte,
in der Gottheit seyn drey Substanzen. Dieß
Wort würde denn in einem weitläuftigen Sinne
für Subiect genommen *). Allein in der Weltweisheit wird der Ausdruck Substanz einem solchen

*) So geben einige Theologen zu, in Gott seyn
drey unmittheilbare incomplete Substanzen. Siehe
Schubert von der Dreyfaltigkeit, S. 325.

chen Subiecte beygelegt, welches erſtlich ſeine
eigne Kraft hat, welches ſo dann zweytens außer
und neben allen andern Subſtanzen exiſtiert.
So iſt ein Sonnenſtäubchen, oder Atom, eine
Subſtanz; denn es iſt eine Sache, die ihre eigene beſondre Kraft hat, die außer und neben allen
andern Dingen in der Welt exiſtiert. So iſt die
menſchliche Seele eine Subſtanz; weil ſie ihre
eigne Kraft zu wirken beſitzt, und außer und neben allen andern Seelen und Geiſtern in der Welt
dergeſtalt vorhanden iſt, daß ſie nach ihrem freyen
Willen für ſich allein wirken kann. Dieß letzte
findet ſich aber durchaus nicht bey den Perſonen
der Gottheit. Da ſind wohl drey Subiecte, aber
ſie ſind nicht ſo neben einander, wie drey menſchliche Seelen, ſondern auf eine ganz andre Weiſe vorhanden. Ich kann von der Seele des Petri und Johannis nicht ſagen: da wo die Seele
Petri iſt, iſt auch die Seele Johannis. Nein!
eine jede dieſer Seelen iſt außer der andern da.
Aber wo ich ſchriftmäßig von den Perſonen der
Gottheit reden will; ſo muß ich ſagen: da, wo
der Vater iſt, iſt auch der Sohn; wo der Sohn
iſt, iſt auch der Vater. Philippe! wer mich
ſiehet, der ſiehet den Vater. Glaubeſt du
nicht, daß der Vater in mir iſt, und ich in
ihm?

ihm *)? Alles, was der Vater in der ganzen
Natur wirket, das thut auch der Sohn; (dieß
ist wohl oben hinlänglich bewiesen worden;)
folglich muß der Sohn auch da seyn, wo der Vater ist. Vater und Sohn sind also zuerst deßwegen keine zwo Substanzen, weil sie nicht, wie
zween endliche Geister, räumlich neben einander
da sind, sondern auf eine andre Art existieren.
Sodann aber läßt sich dieß auch aus verschiedenen andern Gründen beweisen, die ich bald anführen werde.

Was aber gegen diese Auflösung des vorgetragenen Zweifels mit einigem Scheine der Wahrheit eingewendet werden könnte, wäre etwa dieß:
"Gott ist das einfacheste Wesen: wenn drey Sub-
„jecte sich in der Gottheit befänden; so würde sie
„gleichsam aus diesen Subjecten zusammenge-
„setzt, und also einem Körper ähnlich seyn.„
Was ist ein Körper? was ist ein zusammengesetz-
tes Wesen? frage ich. Nicht so: eine Sache, die
aus Theilen besteht, welche außer und neben einander da sind, und in einer gewissen Verbindung
stehn? Behaupten wir denn nun etwa, daß die
drey Subjecte in der Gottheit außer und neben

einan-

*) Joh. 14, 9. 10.

G

einander, wie drey Theile eines Ganzen, exiſtie-
ren? Dieß iſt unſre Lehre nicht. Der Vater iſt
nicht außer dem Sohne; da iſt an keine Zuſam-
menſetzung von Theilen zu gedenken. Verſchiedene Dinge (Realitäten) ſind in Gott; nicht aber
verſchiedene Dinge außer einander. Oder iſt
etwa je bewieſen worden, daß in einer einfachen
Natur nicht verſchiedene Realitäten ſeyn können? Giebt nicht jedermann zu, daß etwas wiſſen, etwas wollen, etwas wirken, wahrhaftig
verſchiedene Fähigkeiten und Kräfte ſind? Wird
deßwegen die Gottheit eine zuſammengeſetzte Natur, weil ſie dreyerley Arten der Kraft in ſich
hat? So ſind in der einigen Gottheit drey ſelbſt-
ſtändige Grundkräfte, ohne daß deßwegen aus
ihrer Vereinigung ein zuſammengeſetztes Ding,
oder ein Körper entſteht. Doch ich muß in dieſe
Materie noch etwas tiefer eindringen. Die einfachen endlichen Dinge ſind höchſtwahrſcheinlich
von zweyerley Geſchlechte. Eine Art derſelben iſt
mit Bewußtſeyn ſeiner ſelbſt und mit Willkühr,
oder auch wohl mit vernünftiger Freyheit begabt.
Das ſind die Geiſter und Seelen. Einer andern
Art fehlt es an dieſen Vollkommenheiten. Sie
werden nicht durch ſich ſelbſt, durch Willkühr,
Wahl und Freyheit, ſondern bloß durch äußerliche

liche Umstände (als leblose Dinge) bestimmt.
Wenn viele von dieser letztern Gattung vereiniget
werden: so entsteht daraus das Phänomen, welches wir Körper nennen. Wenn aber gleich mehrere Geister, oder Seelen in eine genauere Verbindung kommen: so wird doch daraus nun kein
eigentlicher Körper; sondern es entsteht nur eine
Vereinigung der Kräfte zu einer Wirkung. Denn
jedes der vereinigten Subiecte hat Freyheit, oder
wenigstens Willkühr (Spontaneität) bestimmt sich
also zum Theil selbst, und ist kein todter Körper,
oder Atom, der nur von außen bestimmt wird.
Gesetzt also, drey Geister vereinigten sich auf das
genauste, so, daß der erste durch den andern, der
erste und andre durch den dritten ein gemeinschaftliches Werk ausführten; so wären da zwar
mehrere, aber sie wären doch nicht eigentlich ein
Körper zu nennen; sondern sie wären vielmehr,
um ihrer genauen Verbindung und gemeinschaftlichen Wirkung willen, als eine Substanz zu betrachten, in welcher verschiedne Subiecte, oder
auch Substanzen sich befänden und eins ausmachten. Indessen blieben drey vereinigte endliche Geister doch immer drey Geister. Denn sie
wären außer und neben einander da; sie wären
nicht nothwendig, sondern nur zufällig ver-

bunden;

bunden; sie könnten sich trennen; jeder wieder
für sich wirken. Die Reihe der Vorstellungen in
dem einen, wäre der Reihe der Vorstellungen in
dem andern nicht gänzlich gleich; sie könnten allso
auch verschiedene Gedanken haben, verschiedene
Rathschlüsse fassen; verschiedene und entgegenge=
setzte Werke vornehmen. Dieß alles findet sich
nun nicht bey den drey Subiecten in der unendli=
chen Substanz. Sie sind nicht zufällig und nach
freyer Wahl, sondern nothwendig aufs genauste
von Ewigkeit zu Ewigkeit so verbunden, daß sie
Eins ausmachen; sie sind nicht so da, daß jeder
in einem besondern Orte eingeschlossen wäre; in
ihnen sind die Vorstellungen (biß auf ein gewis=
ses unterschiedenes Verhältniß, wovon hernach)
vollkommen gleich); darauf gründet sich nur ein
und derselbe ewige Rathschluß, das auszuführen,
was das Beste ist; sie wirken denn auch so zu=
sammen, daß der Vater durch den Sohn und
den Geist nur eine und dieselbe äußerliche Wir=
kung hervorbringt: folglich sind sie nicht als drey
Substanzen neben einander; sondern als drey
Subiecte in einer Substanz anzusehn. Dieß ist
der Grund, warum der Sohn sagen kann: Wer
mich siehet, siehet den Vater; was der Vater
hat, das ist mein; alles, was der Vater thut,

thut

thut auch der Sohn. Die Werke, die ich thue,
thue nicht ich, sondern (ursprünglich) der Vater,
der mich gesandt hat. Denn der Vater wirkt alles in der Welt durch den Sohn.

"Allein, möchte man sagen, solch eine Art der
„Existenz, da drey Subiecte eine Substanz aus-
„machen, findet man doch nicht in der ganzen
„Natur.„

Auch hier muß ich die, welche so denken möchten, nur mit einem kleinen Winke an den Umfang der menschlichen Erkenntnisse erinnern.
Wir finden nichts dergleichen in der ganzen Natur. In der ganzen Natur? — — — Wie groß
ist der Raum, den wir bewohnen, wenn wir ihn
gegen die ganze Welt halten? Wie viel wissen
wir von der Natur der Dinge? Wie existiert ein
einfaches Wesen? wie entsteht aus vielen einfachen Dingen ein Körper? wie wirkt ein Geist in
den Körper? wie ein Geist in den andern? Wo
soll ich anfangen? wo soll ich aufhören, zu fragen? um es uns doch recht fühlbar zu machen,
daß wir von der Natur eines einfachen Wesens
beynahe gar nichts wissen. Und wir sollten uns
erkühnen, zu sagen, in der ganzen Natur sey
kein Beyspiel, da ein einfaches Subiect mit dem
andern dergestalt verbunden wäre, daß sie beide

G 3   nur

nur mit einer Kraft wirken? Doch ich will es zugeben, daß eine solche Art der Verbindung ver-
schiedner Subiecte zu einer Substanz in der ganzen Natur nicht angetroffen werde; was mag
denn nun wohl der Grund seyn, warum dieß
bey endlichen Dingen nicht also gefunden wird?
Ohne Zweifel dieser, weil ein jedes geschaffenes
Ding in einem gewissen Orte sich befindet; weil
dasselbe eingeschränkt außer und neben allen andern da ist: dieser Umstand also, daß endliche
Subiecte stets außer und neben einander seyn
müssen, folgte gerade nur daraus, weil sie endlich sind. Alles aber, was bey geschaffenen Dingen aus ihrer Endlichkeit, oder daraus fließt:
daß sie in einer gewissen Zeit, in einem gewissen
Orte, so groß, oder so klein sind; alles dieß
kann nicht auf Gott angewendet werden, ja das
ist in Gott durchaus nicht zu finden; denn es
folgt aus der Schwachheit, aus der Endlichkeit,
aus den nothwendigen Schranken der Kreatur;
folglich ist der Schluß falsch: endliche denkende
Subiecte können nicht vollkommen zu einer Substanz verbunden werden; also kann dieß in der
unendlichen Substanz auch nicht statt finden.
Dieser Schluß ist durchaus unrichtig. Denn
man wendet das, was aus der Einschränkung
und

und der Schwachheit der Kreatur folgt, auf das
unendliche Wesen an. Wie? wenn ich so schlöße?
Kein Geschöpf kann an mehr, als einem Orte zugleich unmittelbar wirken; folglich kann auch die
Gottheit dieß nicht thun? Würde man nicht antworten: dieß kömmt daher, weil Kreaturen eingeschränkt sind. Eben dieß antworte ich auf den
oben erwähnten Zweifel. Es kommt folglich nur
darauf an, ob in der Schrift hinlängliche Beweise gefunden werden, daß in der Gottheit drey
Subiecte sind, welche die unendliche Kraft besitzen: und da dieß ist; so wird es auch vernunft-
mäßig seyn, dem Zeugnisse zu glauben, welches
Gott von sich selbst ablegt. In Sachen, die man
nicht anschauend und gewiß erkennt, einem weisen und ehrlichen Manne zu glauben, das ist
doch wohl sehr vernünftig?

Allein wenn denn nun auch zugegeben würde,
daß in der Gottheit drey Subiecte so vorhanden
wären, daß sie gemeinschaftlich wirken: so entsteht doch ein neuer Zweifel, ob auf diese Art
dennoch nicht drey Geister in Gott wären?
"Denn, könnte man sagen, der Vater ist ein Sub-
„iect, das Verstand hat, der Sohn auch, und
„was von diesem gilt, nimmt man denn eben so
„von dem heiligen Geiste an; folglich sind drey
G 4   „denken-

„denkende Subiecte da, folglich drey unendliche
„Geister; folglich müßte die Allwissenheit drey-
„mal in drey Subiecten existieren, oder welches
„einerley ist, der unendliche Verstand wäre mehr,
„als einmal da. Das ist doch wohl ein Wi-
„derspruch.„

Vor allen Dingen muß ich meine Leser an
das erinnern, was ich gleich anfangs von der
analogischen Erkenntniß Gottes gesagt habe. Die
Art und Weise, wie der Verstand in den Menschen ist, ist von der Art und Weise, wie der
Verstand in Gott ist, unendlich weit unterschieden. Wir sammlen durch die Empfindung Ideen;
wir setzen Ideen zu Schlüßen zusammen; wir
vergleichen, wählen, wollen: da ist also in unsrer Seele nur eine einzige Reihe von Empfindungen, Ideen, Entschließungen und Gedanken,
die nach und nach entstanden ist, die den Cha-
rakter der Seele ausmacht; dadurch sich eine
Seele von einer jeden andern unterscheidet. Wäre es wohl erlaubt, also zu schließen: weil in der
eingeschränkten menschlichen Seele eine Empfindung nach der andern entsteht, ein Gedanke
aus dem andern sich entwickelt; so muß das in
Gott auch so seyn: denn er ist ein Geist? Wäre
das richtig von Gott gedacht? würde man nicht

antwor-

antworten: Nein! so ist es in Gott nicht. Das folgt aus der eingeschränkten Natur der menschlichen Seele, daß sie ihre Erkenntnisse durch Bilder erlangt, die in die Sinne fallen; daß nicht alle in ihr mögliche Gedanken auf einmal da seyn können, das folgt aus ihrer Endlichkeit; das darf man bey Gott nicht auf eben die Art suchen. Er hat alle seine Vorstellungen auf einmal. Eben so antworte ich auf den jetzt vorgetragenen Zweifel. Daß in einer menschlichen Seele nicht mehr, als eine Reihe von Ideen statt findet, das kommt daher, weil sie nur ein Subiect ist; in Gott sind drey Subiecte, da sind also drey Reihen von Vorstellungen, diese drey Reihen von Vorstellungen machen zusammen das aus, was wir den unendlichen Verstand nennen; der unendliche Verstand existiert also nur einmal, in der ewigen Substanz, oder Gottheit. Alle wirkliche und mögliche Dinge können auf drey verschiedene Arten gedacht werden; der Vater übersieht alles auf die erste Art, der Sohn alles auf eine gewisse Weise, die durch die erste bestimmt wird; der heilige Geist alles auf eine Weise, die durch die beyden ersten bestimmt wird; diese drey Reihen von Vorstellungen sind auf das allergenaufte verbunden; aus ihnen ent-

G 5   springt

springt der einige ewige **Rathschluß**, darauf
der Zustand aller endlichen Dinge sich gründet;
sie äußern sich alle durch eine und dieselbe wirkende Kraft, und machen also den nur einmal
existierenden Verstand der ewigen Gottheit aus.
Da sind also keine drey Geister, denn es ist kein
dreyfacher Verstand in drey außer und neben einander befindlichen denkenden Substanzen vorhanden *).

Diese

---

*) Es ist am sichersten, die Lehre von der Dreyeinig-
keit ohne alle Gleichnisse vorzutragen, und bloß
dem Verstande des Menschen, nicht seiner Einbildungskraft darzustellen. Indessen will ich es doch
nur versuchen, die oben vorgetragenen Gedanken
mit einem Gleichnisse in etwas aufzuklären. Wie?
wenn drey vollkommne Mathematiker am hellen Tage eine große gläserne dreyeckigte Pyramide gerade
unter die Sonne stellten, und von den drey Seiten
die Strahlen der Sonne und der Farben in derselben aus diesem dreyfachen Gesichtspunkte bemerkten.
Ein jeder dieser Männer durchschaute die ganze
Pyramide; ein jeder aber von einer andern Seite; die Sammlung aller ihrer Vorstellungen, machte die ganze Erkenntniß aus, die sie auf eine sehr
vollkommne Weise erlangen. So die drey Subjecte
in Gott. Der Vater übersieht alles; der Sohn
und der Geist übersehen alles; die Sammlung aller
Vorstellungen ist der unendliche Verstand, und die-

ser

Diese Vorstellung von Gott konnte zwar nicht
aus der Natur geschöpft werden; denn in der
Natur, so weit wir sie kennen, scheint keine Art
einer solchen Existenz zu seyn; allein sie kann aus
der Natur auch nicht widerlegt werden: denn diese
enthält keinen Widerspruch. Diese Art der Vorstellung von Gott gründet sich nicht nur auf den
oben angeführten Beweiß, daß der Sohn Gottes,
wie der Vater, alles, was wirklich und möglich
ist, übersehe; sondern sie ist auch den übrigen
Stellen der Schrift gemäß, die vom Vater und
vom Sohne handeln; in denen z. E. gesagt wird,
niemand wisse, was in dem Vater ist, als der
Sohn, niemand was im Sohne ist, als der Vater; der Vater rede durch den Sohn, wirke durch
den Sohn, regiere die Welt durch den Sohn;
denn alles dieß bezieht sich zuerst und vornehmlich
auf das innere Verhältniß des Vaters und
Sohnes.

Aber eben diese Art der innern Bestimmung
der göttlichen Personen führet mich auf eine andre Gattung von Zweifeln, welche gegen die Lehre
von

fer bestimmt die einmal vorhandene unendliche Kraft.
Aber freylich sind die drey Subiecte in der ewigen
Substanz auf eine unendlich nähere Weise zu Eins
verbunden, als drey Seelen, wie ich schon vorher
bemerkte.

von der dreyeinigen Gottheit gemacht zu werden pflegen, oder gemacht werden könnten.
Diese will ich sogleich vortragen, wenn ich nur
erst einige andre Einwendungen berührt habe.
Denn mit vielen Worten sie zu widerlegen, ist
wohl nicht nöthig, und ich würde zu wenig Vertrauen zu meinen Lesern verrathen, wenn ich es
thun wollte.

Denn es ist doch wohl nicht schwer, folgendes Sophisma aufzulösen: "Der Vater ist der
"höchste Gott, der Sohn ist der höchste Gott, der
"heilige Geist ist der höchste Gott: also sind drey
"Götter. „

Der Vater, antworte ich, ist für sich allein
betrachtet keinesweges die höchste Gottheit, oder
die unendliche Substanz, sondern ein Subiect,
eine Person in der unendlichen Substanz, welche
Substanz der höchste Gott ist. Der Sohn, für
sich allein betrachtet, ist nicht die unendliche Substanz; sondern ein Subiect, das mit dem Vater
und dem heiligen Geiste die unendliche Gottheit,
oder der höchste Gott ist. Da ist folglich kein
Widerspruch.

Eben so wenig bedeutet der, vielen wohl sehr
bekannte, Zweifel: "Der wahre Gott ist Vater,
"Sohn und Geist. Nun aber lehren wir, daß
"der

„der Sohn wahrer Gott sey; allso besteht der
„Sohn aus Vater, Sohn und Geist.„

Nein, dieß folgt keineswegs. Der Sohn
ist nicht, für sich allein betrachtet, sondern mit
Vater und Geist der wahre Gott; der Sohn ist
ein Subiect in der ewigen Gottheit, das sammt
dem Vater und Geiste das unendliche Wesen genennt werden muß.

Eben so unbedeutend sind alle andre Einwendungen, die mehr aus dem besondern und sonst
gewöhnlichen sehr scholastischen Vortrage dieser
Lehre, als aus ihrem Inhalte entsprungen sind.
Eine einzige will ich noch anführen, die von einem angesehenen und mir sehr schätzbaren Theologen neuerlich vorgetragen worden ist *). "Die
„erheblichste Einwendung, spricht der seelige
„Mann, (welche gegen die Dreyeinigkeitslehre
„sich denken läßt,) besteht darinnen, daß der Va-
„ter, der Sohn und der heilige Geist jeglicher ei-
„ne besondere göttliche Person, und allso eine
„besondere mit Verstande begabte Substanz seyn,
„und gleichwohl nicht ein jeder derselben sein be-
„sonder Wesen, seinen besondern Verstand, seinen
„besondern Willen, seine besondere Wirklichkeit,
„sondern

_____

*) Siehe des seel. D. Töllners Untersuchungen I. Theil,
S. 29.

„sondern die drey zusammen, ein Wesen, einen
„Verstand, einen Willen und nur eine Wirklich-
„keit haben sollen; wie es scheint drey wahrhaf-
„tig unterschiedene Dinge seyn, folglich jeder sei-
„ne eigene Wirklichkeit haben und nicht haben;
„drey unterschiedene Personen, und auch nicht
„drey unterschiedene Personen seyn sollen." Hier
ist wohl alles in der Kürze zusammengenommen,
was einen Leser auf die Gedanken bringen könnte, die Dreyeinigkeitslehre streite wider die ersten
Grundsätze der gesunden Vernunft. Es ist auch
andem, daß diese Zweifel aus dem Vortrage mancher christlicher Lehrer zu fließen scheinen. Allein
ist denn dieß auch die Lehre der Schrift? oder
wird man dergleichen Widersprüche in der Erklärung dieser Sache finden, die oben von uns an-
genommnen worden ist? So laßt uns denn aus jenen festgestellten und bißher zur Auflösung der
Zweifel angewendeten Sätzen auch hier antworten; und den Töllnerischen Vortrag kürzlich durch-
sehen. Zuerst ist es falsch, daß wir lehren, jede
Person sey eine besondre Substanz; sie ist ein
Subiect in der unendlichen Substanz. Zweytens
ist es falsch, daß in der Gottheit ein dreyfacher
Verstand seyn müsse; nein! eine dreyfache Reihe
Ideen, davon eine durch die andere so bestimmt
wird,

wird, daß sie zusammen den unendlichen Verstand ausmachen; daraus eine dreyfache Neigung zu allen guten, daraus die ewigen Rathschlüsse entspringen. Drittens ist es falsch, daß jede Person ihre besondere Wirklichkeit hat; die drey Subiecte in der Gottheit sind nicht außer und neben einander da; sie wirken gemeinschaftlich mit unendlicher Kraft; so ist nur eine ewige Substanz; nur ein Gott.

Nun wollen wir uns zu einer andern Art der Zweifel wenden, die aus dem innern Verhältnissen der göttlichen Personen zu entstehen pflegen. "In Gott soll ein Vater und ein Sohn "seyn? Ist der Vater nicht mehr, ist er nicht eher, "als der Sohn? Eine Zeugung in Gott, ist das "kein Widerspruch? Wird das göttliche Wesen da-"durch nicht vervielfältigt? entstehen da nicht "zween Götter?„ Diese und andre ähnliche Gedanken sind würdig, näher betrachtet zu werden. Allein ich werde nicht wohl im Stande seyn, deutlich davon zu reden, wenn ich nicht einige allgemeine Betrachtungen voraus schicke.

Zuerst ist beides nöthig und sehr nützlich, noch einmal wohl bemerkt zu werden, daß die Zweifel gegen die Lehre, von welcher wir reden, mehr aus der Art des Vortrags, dessen sich die Theo-

logen

logen bedienten, als aus der Sache selbst entstanden sind. Die Sache selbst ist freylich dunkel, und konnte daher auch den ersten Bekennern
des Christenthums nicht helle seyn. Aber sie
sahen auch in derselben nichts widersprechendes.
Sie waren davon überzeugt, daß nur ein Gott
sey. Sie waren aber auf die drey Namen der
Gottheit, Vater, Sohn und Geist getauft, und
beteten den Sohn, wie den Vater, als Gott und
als den Regenten der Welt an. In dieser heiligen Dunkelheit blieb diese Lehre stehn, biß gewisse Leute anfiengen, das Evangelium mit den
Grundsätzen der Philosophie zu vergleichen, die
in dem zweyten und dritten Jahrhunderte im
Orient die gewöhnlichste war. Das war aber,
theils die orientalische, theils die Platonische.
Und Socin hat nicht unrecht, wenn er an verschiednen Orten seiner Schriften behauptet, man
habe viel Platonismus mit dem Christenthume
vermengt. Plato hatte angenommen, in der Gottheit sey ein gewisser Logos; dieser Logos sey der
Ausfluß des göttlichen Verstandes; das höchste
Ideal der Vollkommenheit, nach dem die voll-
kommnere Oberwelt gemacht worden wäre. Die
platonischen Philosophen, welche häufig zum
Christenthume übertraten, glaubten beym Johanne

hanne ihren platonischen Logos (das Wort, Joh.
1.) wieder zu finden; und verstunden die Zeugung
des Sohnes, nach Maaßgabe ihrer Philosophie.
Die folgenden Lehrer machten sich nach ihrer
Denkungsart wieder eigne Vorstellungen; biß
endlich ein fast allgemeiner Streit darüber entstund, und theils auf der Kirchenversammlung
zu Nicäa, theils in einigen folgenden ein allgemeiner Lehrbegriff festgesetzt, und darinnen folgende Beschreibung von der Zeugung des Sohnes angenommen wurde: Der Sohn ist gezeugt
aus dem Wesen des Vaters, Gott von Gott, Licht
vom Licht, ein wahrer Gott vom wahren Gott;
— — und zwar von Ewigkeit: denn die, welche
annehmen, daß eine Zeit gewesen sey, in welcher der Sohn nicht war, wurden verworfen *).

Man sieht hier nun schon Ausdrücke, welche
einen Widerspruch in sich zu fassen scheinen. Ein
wahrer Gott vom wahren Gott, und aus dem
Wesen des erstern wahren Gottes gezeugt; also
zween, und doch nicht mehr, als ein Gott; und
dieß alles so ohne genaue Bestimmungen hin gesagt, oft mit Fleiß biß zu einem deutlichen Widerspruche

*) Siehe das Nicänische Glaubensbekenntniß in mei-
ner größren Dogmatik, Seite 414.

H

derſpruche übertrieben, als eine ewig zu bewun-
dernde Sache aufgeſtellt, daß drey eins und
eins drey ſey: was mußte daraus werden? Das
geringſte Uebel, welches unmittelbar daraus entſtund, war eine ſchnelle Ausbreitung der arianiſchen Lehre. Und wären die folgenden Jahrhunderte nicht mit der ſchwarzen Finſterniß einer kläglichen Unwiſſenheit immer mehr verdunkelt worden: ſo würde der Unglaube, der nun ſo
ſehr um ſich greift, längſt entſtanden ſeyn. Man
kann alſo mit Recht ſagen, daß eine auf die Religion ungeſchickt angewendete und zum Theil
unreine Philoſophie, die Quelle beides der Irrthümer in der chriſtlichen Religion und des Unglaubens geweſen ſey.

Indeſſen nahmen die Lehrer der Schulen im
neunten, zehenten und den folgenden Jahrhunderten den Ariſtoteles mehr in die Hand. Der
Logos des Plato wurde vergeſſen. Man fieng
endlich an, die Zeugung des Sohnes noch etwas
philoſophiſcher zu erklären. Indeſſen hatte doch
jeder Vortrag ſeine Schwierigkeiten. Um meine
Leſer nicht mit in die Dunkelheiten der mittlern
Zeiten hineinzuführen, will ich nur von einigen
Ausdrücken reden, deren ſich neuere Theologen
bedient haben, wenn ſie von der Zeugung des
Sohnes

Sohnes Gottes redeten. Canz, ein sonst so gründ-
licher Philosoph, schreibt in der unten angeführten Stelle folgendermaßen: "Der Logos, oder der
„Sohn, hat es vom Vater, daß er existiert; den
„Grund seiner Existenz liegt im Vater. Und
„zwar hat er es vom Vater, daß er als eine
„Substanz existiert„ *). Wie weit ist nun zu
dem Schlusse: folglich muß der Sohn dependent,
der andre Gott, die andre ewige Substanz seyn?
Wer kann, wenn er die Canzischen Worte liest,
ohne sehr wohl mit dem sonst reinen Systeme des
seel. Mannes bekannt zu seyn, diese sich selbst
darbietenden Schlüsse von sich weisen?

Es war ein andrer Fehler, daß unsre Theologen sich in dieser Materie sehr oft des Ausdrucks bedienten: der Sohn sey von dem Vater
entsprungen**). Denn so viel man denn auch
dagegen protestiert, man wolle den Sohn in keine vom Vater dependente Kreatur verwandeln:
so scheint es doch vielen ein sicheres Merkmal der

H 2

Depen-

---

*) Habet a patre λόγος, vt exiſtat, tanquam ſubſtantia,
   Canzii Philoſophiae etc. vſus in theologia p. 313.
   §. 399. Et p. 312. §. 398. λόγος a patre in diuinis
   habet quoque, yt exiſtat etc.

**) Quenſt. in Syſt. Theol. P. I. C. IX. Sect. Theſ.
   XVI. Datur inter illas (perſonas diuinas) ordo ori-
   ginis, it. XVI. nota 3. filius a patre producitur.

Dependenz zu seyn, wenn man seinen Ursprung
einem andern zu danken hat. Das erträglichste,
was man sagte, war dieß; daß man die Zeugung also erklärte: der Vater theilt dem Sohne
von Ewigkeit das nehmliche göttliche Wesen mit.
Und wenn man diesen Gedanken nur recht versteht:
so wird man allerdings die Wahrheit der Sache
darinnen finden. Allein die Gegner haben auch
aus dieser Erklärung viele und zum Theil sehr
scheinbare Zweifel gezogen: ich werde hernach
die wichtigsten derselben anführen.

Nachdem wir diese kleine historische Nebenbe-
trachtung geendiget haben: so könnte die Frage
aufgeworfen werden, ob es überhaupt nöthig,
oder auch, ob es möglich sey, eine Sache näher
zu erklären, davon uns die Schrift sehr wenig
gesagt hat? Und freylich wäre es besser gewesen,
man hätte sich von Seiten der Rechtgläubigen
nie genöthiget gefunden, mehr von der Zeugung
des Sohnes Gottes zu sagen, als die Schrift.
Allein die alte Philosophie war nun einmal mit
der Schriftlehre vermengt; viele Menschen geriethen auf mancherley Irrthümer; die Gegner gaben den Lehrern der sogenannten katholischen Kirche viele Widersprüche Schuld: auf diese Art
könnte man die Lehre von dem Vater und dem
Sohne

Sohne biß diese Stunde noch nicht wieder auf ihre erste Simplicität zurück bringen. Ich sehe mich daher nur bloß und allein durch die zu wiberlegenden Einwendungen der Dreyeinigkeits gegner genöthigt, von dieser Zeugung des Sohnes etwas zu sprechen.

Laßt uns einmal das Wort zeugen ein wenig bey Seite setzen, und bloß über die beiden Worte Vater und Sohn unsre Betrachtung so anstellen, als wenn wir von einem theologischen Systeme nie etwas gehört hätten. Vater und Sohn sind menschliche Ausdrücke; wenn sie auf etwas in Gott angewendet werden: so muß man in Gedanken alles sorgfältig entfernen, was bey Geschöpfen aus der Endlichkeit folgt. Dieß ist und bleibt die Grundregel der Erklärungskunst, die bey der Entwickelung des Sinnes der analogischen Ausdrücke der heiligen Schrift stets befolgt werden muß. Mit dieser Richtschnur in der Hand, wollen wir nun eine ruhige Untersuchung anstellen, und sehen, was herauskömmt.

Vater und Sohn drücken bey Menschen nicht zwo Eigenschaften, auch nicht zween Theile einer Sache aus; sondern zwey denkende Subiecte: also in Gott sind zwey denkende Subiecte. Der Vater ist der Zeit nach bey Menschen eher, als

H 3

der

der Sohn da; dieß folgt aber daraus, weil es
Geschöpfe sind, die nach einander entstehen:
dieß kann auf Gott nicht angewendet werden; in
dem Ewigen ist keine Zeit: Vater und Sohn in
Gott sind also der Zeit nach nicht nach einander.
Ein menschlicher Vater und sein Sohn existieren
außer und neben einander; dieß folgt aus ihren
nothwendigen Schranken; sie sind in gewisse
Orte eingeschlossen; das ist nicht bey Gott. Die
Seele eines menschlichen Sohns hat seine Existenz nicht vom Vater; die Theile, aus welchen
der Leib des Sohnes zusammengesetzt ist, haben
ihre Existenz nicht vom Vater; also ein menschlicher Vater enthält in sich keinesweges den
Grund der Existenz derjenigen Kräfte, welche
die Natur des Sohnes ausmachen. Dieß ist ein
merkwürdiger Umstand; den laßt uns in der
Erklärung des Geheimnisses behutsam gebrauchen. Der göttliche Vater also enthält nicht in
sich den Grund der Existenz derjenigen Kräfte,
welche die Natur des Sohnes ausmachen. Der
ewige Sohn hat den Grund seiner Existenz nicht
außer sich; sonst wäre er kein Subiect in der nothwendigen Substanz, könnte auch nicht Gott und
Jehovah genennt werden. Allein ein menschlicher Vater enthält in sich den ersten und vornehmsten

nehmſten Grund, warum die Theile und Kräfte,
aus denen die Natur des Sohnes beſteht, gerade
auf dieſe und keine andre Weiſe da ſind. Eben
alſo in der Gottheit. Der Vater enthält in ſich
den Grund, warum der Sohn, die ewige Kraft,
gerade auf dieſe und keine andre Weiſe beſitzt *). Und das iſt die Zeugung. Alles demnach, was ſich von dieſer Sache mit wenig Worten ſagen läßt, iſt folgendes: In Gott ſind Vater und Sohn zwey Subiecte, beide von
Ewigkeit, beide ſo, daß ſie den Grund ihrer
Exiſtenz in ſich ſelbſt haben, aber ſie ſtehen
mit einander in einem ſolchen Verhältniſſe, daß
in dem erſten Subiecte der Grund liegt, warum
das andre, der Sohn, die ewige Kraft gerade auf dieſe und keine andre Weiſe beſitzt.
Dieß fließt aus den beiden Begriffen Vater und
Sohn; und wenn auch das Wort zeugen nie in
der Schrift anzutreffen, nie von den Perſonen
der Gottheit gebraucht worden wäre: ſo würde
dieß alles doch ſchon aus den beiden von Gott
ſelbſt feſtgeſetzten Namen, Vater und Sohn, mit

H 4   Recht

---

*) Die Art und Weiſe, wie ein Subiect da iſt, heißt
man aber ſeine Subſiſtenz. Alſo enthält der Vater in ſich den Grund, warum der Sohn eben dieſe
Subſiſtenz hat.

Recht geschlossen werden können. Da nun aber
Christus überdieß der eingebohrne Sohn des
Vaters heißt, der als das Ebenbild des Vaters,
als der Abglanz seiner Herrlichkeit vor Erschaffung der Welt, bey dem Vater war: so ist es um
so viel wahrscheinlicher, daß das Wort zeugen
ein solches Verhältniß des Vaters zum Sohne
bedeute, wie wir es erklärt haben.

Wie bewundernswürdig ist die Weisheit Gottes in der Wahl dieser beiden Namen; damit die
zwey ersten Subiecte, in seinem unendlichen Wesen, den Menschen näher geoffenbart werden sollten? Das Evangelium mußte zuerst vornehmlich
dem gemeinen Volke geprediget werden. Gott
hatte aus richtigen Ursachen beschlossen, die
Weisheit dieser Erde auf diese Art zu beschä-
men, damit der Verdacht wegfiele, die christliche
Religion wäre ein Werk menschlicher Klugheit:
Nun aber wie sollten dem gemeinen Menschenverstande so erhabne Begriffe beygebracht werden, als in der Lehre von dem dreyeinigen Gott
liegen? Worte, welche nur den Philosophen bekannt waren, durften nicht gewählt werden. Lange Umschreibungen einer dunklen Sache würde das
Volk nicht gefaßt haben. Die Worte Vater und
Sohn aber waren allen Menschen verständlich,
und

und drückten eben das Verhältniß aus, in welchem die Personen der Gottheit stunden; sie waren außerdem auch dazu bequem, daß durch sie die unendliche Liebe Gottes gegen das menschliche Geschlecht ausgedrückt, und jener erhabne Gedanke würdig genug gegeben werden konnte: also hat Gott die Welt geliebt, daß er seinen eingebohrnen Sohn gab. Stets ist die göttliche Thorheit weiser, als die Menschen sind!

Was hat denn nun aber die Vernunft gegen diese Lehre zu sagen? Ist sie nun noch immer so ärgerlich? fällt in diesem Vortrage das Widersprechende noch nicht weg? Ich hoffe, bey uneingenommenen Gemüthern sollten die Zweifel, welche man hier und da sehr stark fand, so ziemlich ihre Kraft verlieren. Denn so kann man nun nicht sagen: der Sohn müsse den Grund seiner Existenz in dem Vater haben, und könne daher nicht Gott seyn. Dieser große Zweifel, der bey jeder andern bißher bekannten Erklärung der Zeugung des Sohnes, fast unvermeidlich war, fällt nun von sich selbst weg. So kann man auch nicht sagen, der Sohn müsse vom Vater dependent, folglich nicht der höchste Gott seyn. Denn der Sohn besitzt die unendliche Kraft und Gottheit gleich dem Vater; er hat den Grund seiner Existenz in

H 9   sich

sich selbst; er ist also, was das Daseyn anlangt, αὐτόθεος *), selbst Gott, ein Subject des selbstän-
digen Wesens. Nur allein ein gewisses Verhält-
niß bleibt, dadurch er vom Vater verschieden
ist. Die Art des Daseyns, (die Subsistenz)
des Sohnes wird durch den Vater bestimmt;
daraus folgt nicht, daß der Sohn als eine von
einem andern abhängende Natur anzusehen sey.
Nun kann man uns ganz und gar mit keiner
Wahrscheinlichkeit den Zweifel entgegenstellen, die
ewige Zeugung sey an sich ein Widerspruch **),
weil, was einmal gezeugt ist, nicht weiter gezeugt werden darf. Denn niemand wird
leugnen, daß in der Gottheit ewige Verhältnisse seyn können, wenn nur bewiesen ist, daß sich
in derselben verschiedne Subiecte in einem gewissen unveränderlichen Verhältnisse befinden, so
kann dieß Verhältniß gewesen seyn, noch seyn,
und künftig ewig bleiben, wie es von Ewigkeit
war.

*) Dieß behaupten zwar auch die ältern Theologen;
allein sie sagen auch nur, allein der Vater ist (a se
ipso) von sich selbst. Daraus entsteht ein sehr scheinbarer Widerspruch. Siehe *Scherzeri* Coll. Anti-Soc.
p. 144.

**) Ein Zweifel, auf den sonderlich Wissowotius
viel baute, und den Leibnitz nach seiner Art scharf-
sinnig beantwortet hat.

war. Dieß ewige Verhältniß des Sohnes zum
Vater, da die Art seines Daseyns und seiner
Wirkung vom Vater bestimmt wird, heißt die
ewige Zeugung. Nun ist der Zweifel gar nicht
weiter zu machen, der sonst entstand, wenn man
annahm, die Zeugung bestünde darinnen, daß der
Vater dem Sohne das göttliche Wesen mittheile,
und daraus schloß, daß auf diese Art das göttliche Wesen durchaus vervielfältiget werden, und
zweymal daseyn würde. Denn, (ob man gleich
auf diese Einwendung die Antwort nicht schuldig
blieb *), so ist doch durch die obige Erklärung so
gar

*) Der Ausdruck der ältern Theologen, dessen sich
auch Leibnitz in seiner Antwort auf die Zweifel des
Wissowatius bedient hat: Deus pater gengrat ex
sua substantia filium eiusdem substantiae etc. hat
manche Unbequemlichkeiten, und giebt den Gegnern
Anlaß, uns Widersprüche vorzurücken. Daher sind
denn auch die meisten Lehrer endlich dahin gebracht
worden, zu erkennen, der Vater enthalte in sich
nicht den Grund des Daseyns der Existenz des
Sohnes, sondern nur der Art seines Daseyns, oder
der Subsistenz. Dieser Unterschied ist, wie mir
deucht, vollkommen richtig; und gründet sich auf
die natürliche Bedeutung der beiden Namen Vater
und Sohn, wie ich oben nur erst gezeigt habe.
Aber so muß man auch die Zeugung des Sohnes
nach Maaßgabe dieser richtigen Sätze erklären, und
nicht

gar alle Gelegenheit dazu benommen. Zwey
Subiecte, der Vater und Sohn, die auf das ge=
nauste

nicht ſagen, generatio eſt *productio* filii ex ſubſtantia patris. Denn wie muß man alsdann ſich dre=
hen, wenn man zum Exempel folgende Zweifel auf=
löſen will.

Non eſt abſurdum, Deum altiſſimum, aut potius
eum, qui eſt Deus altiſſimus, generari. Sempiter-
nam ſubſtantiam in tempore generari, abſurdum
eſt, non vero eſt abſurdum, eum eſſe generatum
ante datum quodlibet tempus, id eſt, ab aeterno.
Deo altiſſimo, aut potius ei, qui eſt Deus altiſſimus, poteſt quis prior eſſe natura, non tempore,
alius nempe, qui etiam eſt Deus altiſſimus. Nam
non datur alius et alius Deus, ſed alius et alius, qui
eſt Deus.

Quando Deus Deum generat, generat eum, qui eſt
idem numero Deus cum ipſo, etſi non ſimpliciter
ſit idem numero cum ipſo. Non generat eundem
numero Deum, ſed eum, qui eſt idem numero
Deus, licet ſit alia perſona.

Si filius Dei generabatur ex ſubſtantia patris ab aeter-
nitate, aut deſiit generari, aut non deſiit, ſi non,
adhuc generatur, et ita nunquam eſt, ſemper fit:
ſin deſiit generari, finem temporis habet eius generatio. Adeoque et initium temporis, ergo non
eſt aeterna. Reſp. deſiit generari et tamen illa generatio non habet finem temporis, nam et incepit et deſiit generari ante quodlibet tempus. Simul
enim generari incepit et deſiit. Siehe *Carponii*
Reuelatum ſacroſ. Trinitatis myſterium etc. p. 225.

nauste verbunden, nicht außer und neben einander da sind, besitzen die ewige Kraft, und stehen
in einem solchen Verhältnisse, daß das eine durch
das andre auf eine gewisse Weise bestimmt wird.
Da ist keine Verdoppelung des göttlichen Wesens; kein Widerspruch. Endlich kann man auch
die Einwendung ohne viele Mühe beantworten,
welche so laute: "wenn der Sohn vom Vater
„gezeugt ist: so ist er nicht das vollkommenste und
„höchste Wesen; also nicht Gott.„ Denn wir
können gerade hin die Sache umkehren: wer den
Grund seiner Existenz in sich selbst hat, der hat
eine nothwendige Natur, ist also Gott; folglich
ist der Sohn, wie der Vater, Gott: Sodann aber
sind die Worte, das höchste Wesen seyn, wohl zu
betrachten. Der Vater ist zwar der erste in der
ewigen Substanz, aber er macht für sich nicht allein das höchste Wesen aus; sondern ist sammt
dem Sohne und dem heiligen Geiste die ewige
Substanz. Wir geben gerne zu, daß eine gewisse Art der Ordnung oder auch der Subordination zwischen den Subiecten der Gottheit statt
findet: und werden hernach zeigen, daß dieß der
Gottheit Christi keinen Eintrag thue.

Aus dem, was ich bißher gesagt habe, kann
unter andern auch das beantwortet und erklärt
werden,

werden, was der berühmte D'Alembert den Genfer Theologen näher zu entscheiden, zweifelnd vor-
gelegt hat. Dieser Philosoph. hatte nehmlich
dem Genfer geistlichen Ministerium die unartige
Schmeicheley gemacht *), sie wären fast insge-
sammt heimliche Socinianer. Das Ministerium
wollte diese Beschuldigung nicht auf sich kommen
lassen, und gab eine Erklärung ihres Glaubens
an die Gottheit Christi heraus. Diese schien
dem scharfsinnigen D'Alembert weder zurei-
chend, noch deutlich genug zu seyn. Und weil er,
wie man aus seinen Worten und seinen übrigen
bekannten Grundsätzen leicht merkt, für widersprechend hielt, daß man nur einen Gott glauben,
und doch annehmen sollte, der Sohn sey dem Vater in allen Stücken gleich; so legte er den genannten Theologen folgenden Satz zu entscheiden und zu beantworten vor: Ob sie glaubten,
daß Jesus Christus Gott sey, seinem Vater in
allen gleich, und daß er mit ihm nicht mehr,
als einen und denselben Gott ausmache **).

Es

*) In der Encyclopedie Tom. VII. Article Geneve
  p. 578.
**) Die eigentlichen Worte D'Alemberts s. Melan-
  ges de Litterature, d'Histoire, et de Philosophie,
  Tom. V. p. 519. ed. d'Amst. 1768. sind folgende:
  S'ils

Es ist klar, setzt er hinzu, daß man die Gottheit Christi und die Einheit Gottes, (zwo wesentliche Grundwahrheiten des Christenthums) in
der That nicht glaubt, wenn man nicht annimmt,
Christus sey Gott, und zwar seinem Vater so
vollkommen gleich, daß er mit ihm ein Wesen
habe (consubstantiel) und nebst ihm nur einen
Gott ausmache. Denn wenn das Wort seinem
Vater nicht in allen gleich ist; so ist das Wort
nicht Gott, und der Name Gott, den man demselben giebt, wäre nichts, als ein Ehrentitel, nicht
aber ein Name, der ihm wegen seiner Natur zu-
käme.

S'ils croyent, que I. C. est Dieu, *égal en tout* à son
Pere et ne faisant avec lui qu'un seul et même
Dieu.

Il est clair, qu'on ne croit pas réellement la Divinité de I. C. et l'unité de Dieu, (deux points
essentiels du Christianisme) si on ne croit pas, que
I. C. est Dieu, consubstantiel et égal à son Pere et
ne faisant avec lui qu'un seul et même Dieu. Car
si le Verbe n'est pas *égal en tout* à Dieu le Pere,
le Verbe n'est pas Dieu et le titre de divinité qu'on
lui donne ne seroit en ce cas qu'un titre d'honneur
et non de realité, et si le Verbe n'est pas consubstantiel au Pere, et qu'il lui soit égal, il y a plu-
sieurs Dieux. On ne sauroit donc trop inviter les
Ministres de Geneve à s'expliquer sur cet article im-
portant de la religion avec une grande clarté et
sans la plus legere équivoque.

käme (de realité); und wenn das Wort mit seinem Vater nicht ein Wesen ausmacht, doch aber dem Vater in allen Stücken gleich ist; so ist mehr als ein Gott. Man kann denn daher das geistliche Ministerium von Genev nicht genug auffordern, sich über diesen wichtigen Artikel deutlicher und ohne die geringste Zweydeutigkeit zu erklären.,,

Der scheinbare Widerspruch, der, wie uns deucht, der Lehre von der Dreyeinigkeit hier auf eine sehr subtile Art entgegengesetzt wird, oder wenigstens die Schwierigkeit, die aufgelöst werden soll, bestehet darinnen:

1. Der Vater ist der höchste Gott.

2. Der Sohn ist der höchste Gott, seinem Vater in allem gleich.

3. Wie sind nun beide dergestalt ein Wesen (consubstantiel), daß sie nur einen Gott ausmachen; daß nicht zween Götter sind?

Ich hoffe nach den Grundsätzen, die wir hierbey Auflösung der Zweifel gegen diesen Artikel des christlichen Glaubens bißher befolgt haben, sey die Sache in ein größres Licht zu setzen, und ohne daß man einer Zweydeutigkeit nöthig hätte, die Frage zu beantworten.

Wenn

Wenn wir behaupteten, der Vater, allein für sich betrachtet, sey der höchste Gott; der Sohn allein für sich betrachtet, sey der höchste Gott, seinem Vater in allem gleich, so daß sie beide außer und neben einander, als zwo Substanzen existierten; so wäre denn freylich schwer zu zeigen, wie sie beide consubstantiel, oder nur eine Substanz seyn könnten. Allein unsre Lehre ist, damit ich sie in kurzen Sätzen jenen obigen Sätzen entgegenstelle, diese:

1. Es ist nur eine unendliche Substanz und Gottheit.

2. Der Vater allein macht diese Substanz nicht aus; sondern drey Subiecte, Vater, Sohn und Geist, sind so vereinigt, daß sie die ewige Substanz ausmachen.

3. Vater und Sohn sind allso consubstanziel, aus dem Grunde, weil sie beide zu einer und derselben Substanz gehören, weil nicht jeder für sich eine besondre Substanz ist.

4. Vater und Sohn sind auf eine gewisse Art einander gleich.

    a. Der Sohn hat den Grund seiner Existenz in sich selbst, und ist von einer nothwendigen Natur, wie der Vater.

J   b. Der

b. Der Sohn wirkt mit unendlicher Kraft,
wie der Vater;

c. er ist unveränderlich, ewig, allmächtig ꝛc,
wie der Vater; denn der Vater wirkt alles
durch ihn. Daher kann und muß er, wie der
Vater, Gott genennt werden.

5. Allein da die drey Subiecte in der Gottheit wirklich von einander unterschieden sind: so
befindet sich der Sohn in einem solchen Verhältnisse gegen den Vater, daß die Art und Weise,
wie er existiert und wirkt, ihren Grund in dem
Vater hat; daß der Vater alles durch ihn wirkt,
dieß Verhältniß ist keine Unvollkommenheit, weß-
wegen der Sohn in die Reihe der Geschöpfe zu
setzen wäre. Nein! er ist und bleibt ein Subiect
in der ewigen unveränderlichen Substanz, ob er
gleich nicht das erste, sondern das andre Subiect
in derselben ist. Es sind also nicht zween Götter; und der Sohn macht mit dem Vater und
dem Geiste nur eine Substanz und Gottheit aus.

Die einzige Schwierigkeit, welche sich hier
findet, ist, ob drey Subiecte in der ewigen Substanz seyn können? Wer hat denn aber die Un-
möglichkeit dieser Sache bewiesen, oder wer wird
sie beweisen? Deßwegen aber, weil man nicht
ganz vollkommen deutlich machen kann, wie diese

Subie-

Subiecte eine Substanz ausmachen, leugnen, daß es so sey; dieß ist ein Schlußfehler, dessen sich ein jeder Philosoph doch wohl schämen wird.

Eben so leicht sind die übrigen weniger bedeutenden Zweifel zu beantworten, welche man aus dem innern Verhältnisse des Vaters und Sohnes hernimmt. Ich gehe daher weiter zur dritten Art der Einwendungen, die aus der Vereinigung des Sohnes Gottes mit dem Menschen Jesu zu einer Person, oder zu einem Christus entstehen; und die allerdings zum Theil ziemlich wichtig sind.

Damit aber auch hier theils unnöthige Zweifel entfernt, theils die unvermeidlichen leichter aufgelößt werden mögen; so wollen wir die sogenannte Menschwerdung des Sohnes Gottes kürzlich erklären. Der Sohn Gottes ist, wie wir oben bewiesen haben, Schöpfer und Erhalter der Welt; daraus folgt, daß er mit allen Dingen auf eine gewisse Weise verbunden sey. Näher aber war er zum Exempel mit seinen Jüngern und vielen der ersten Christen verbunden, in denen er durch den heiligen Geist viele Gedanken unmittelbar erzeugte *); ihnen Wunderkräfte mittheilte;

J 2

*) Joh. 14, 16. 17. Joh. 16, 13. 1 Cor. 12. wie auch K. 14. Apostg. 2.

theilte; sie nicht selten in den Werken, die zur Pflanzung seiner Kirche abzielten, auf eine außerordentliche Art regierte und leitete. Allein diese nahe Vereinigung dauerte nicht durch jeden Augenblick des ganzen Lebens der Jünger; sie war auch nicht so genau, daß man zum Exempel von Petro hätte sagen können, siehe dieser Mensch, der dieß Wunder gethan hat, das ist der Sohn Gottes. Nein, bey aller und auch der genauesten Verbindung Christus; z. E. mit seinem Freunde Johannes, blieb der letztre doch ein bloßer Mensch, und man konnte mit Recht nicht sagen, dieser Mensch Johannes, das ist der Sohn Gottes. Allein mit Jesu hatte es eine ganz andre Beschaffenheit. Er wurde in der Absicht wunderbarer Weise erschaffen, daß er das heilige Werkzeug seyn sollte, durch welches der Sohn Gottes auf Erden zu reden und zu handeln beschlossen hatte. So wie Gott einst in dem felsigten Arabien durch die Feuer - und Wolkensäule den Israeliten erschien; wie er durch sie und aus derselben redete, in ihr dieß Volk durch die Wüste leitete: so erschien der Sohn Gottes durch den Menschen Jesum den Israeliten, so wohnte er unter ihnen *); so redete, so handelte er durch

densel‹

*) Joh. 1, 14.

denselben dergestalt, daß, wenn man Jesum sah, man sagen konnte, da ist der Sohn Gottes; da geht, da redet der Sohn Gottes. So wie die Seele eines Menschen mit dem Leibe desselben auf das genauste verbunden ist, wie sie ihre Gedanken, ihre Entschließungen, ihre Kräfte durch ihn äußert, durch ihn redet und Werke verrichtet; so der Sohn Gottes durch den Menschen Jesum. Gott wurde also nicht in einen Menschen; der Mensch nicht in einen Gott verwandelt; beide aber waren und sind noch auf das allergenauste zur Verrichtung gewisser großer Werke so verbunden, daß sie nur eins, nur einen Christus ausmachen.

Was ist in dieser Sache, das der menschlichen Vernunft anstößig seyn könnte? Ist es etwa nicht möglich, daß Gott durch einen Menschen unmittelbar gewisse Worte und Werke hervorbringe? oder konnte Gott aus einer Feuersäule reden, und durch einen Menschen sollte er dieß nicht thun können? Wer denkt so unwürdig von dem Allmächtigen, um ihm dieß Vermögen abzusprechen? Aber, und das ist die erste Einwendung, "so waren ja in Christo zwo Personen? "Der Sohn Gottes ist unstreitig eine Person; "der Mensch Jesus bestund aus Leib und Seele,

J 3 „und

„und war folglich ein vollkommner Mensch, eine
„Person. „

Es ist andem, der Mensch Jesus hatte alle
Theile, die zu einer menschlichen Person erfordert werden; aber eine gewisse Beschaffenheit
fand sich bey ihm nicht, die zu einer Person gehört. Derjenige wird eine Person genennt, welcher, für sich allein betrachtet, der Urheber solcher
freyer Handlungen ist, oder künftig werden kann,
die ihm allein zugerechnet werden. Bey dem
Menschen Jesus fand sich dieß nicht. Der Sohn
Gottes, der durch ihn sich der Welt offenbaren
wollte, lenkte seine freyen Handlungen und Worte dergestalt, daß er, der Sohn Gottes, und
nicht der Mensch Jesus, als der erste Urheber
dieser Handlungen betrachtet werden muß;
so, daß dem Sohne Gottes zugerechnet wird, was
der Mensch Jesus gethan hat. Wie der Leib des
Menschen das Werkzeug ist, dadurch die Seele
wirkt; so war der Mensch Jesus das mit Vernunft begabte heilige Wohnhaus und Werkzeug,
dadurch der Sohn Gottes in der Welt seine Werke verrichtete. Beide zusammen machten nur einen aus, der da redete und handelte; dieß aber
war der durch den Menschen Jesum wirkende
ewige Sohn Gottes. Folglich konnte der Mensch
Jesus

Jesus für sich allein nie als eine Person betrachtet werden; weil er nie, für sich selbst, als ein
bloßer Mensch da war. Und gesetzt, man wollte über Worte mit uns streiten; so könnten wir
wohl zugeben, daß man den vollkommnen Menschen Jesum eine Person nennen möchte; aber
weder mit der wahren Philosophie, noch mit
dem Sprachgebrauche in der Welt, stimmte das
überein. Denn so wenig man den Leib eines
Menschen eine Person nennt, und dann auch die
Seele eine Person; sondern beide zusammen, weil
sie nur ein Ich, nur einen Menschen ausmachen;
so wenig kann man mit Recht den Menschen Jesum eine Person nennen; weil er nie für sich allein ein Urheber freyer Handlungen war; sondern stets mit dem Sohne Gottes ein Ich, einen Christus, ausmachte. Und man kann nicht
sagen, daß der Mensch Jesus auf diese Art geringer, als ein andrer Mensch gewesen wäre.
Denn er hatte alle Theile und Kräfte, welche die
Vollkommenheit der menschlichen Natur ausmachen. Ja er hat überdieß durch die besondere
Vereinigung, in der er mit dem Sohne Gottes
nur eine Person ist, die größten Vortheile zu genießen. Denn dadurch vornehmlich geschah es,
daß er von aller, auch der geringsten Gefahr, zu

J 4 sündi-

fündigen frey war; daß er unter dem unmittelba-
ren und seeligsten Einfluße des Sohnes Gottes
stund; daß er mit vielen und großen Kräften
des Geistes ausgerüstet, und endlich auch seiner
menschlichen Natur nach über alle andre Geschöpfe erhöht, zum Herrn und Regenten der ganzen
Welt gesetzt werden konnte.

Nun aber entsteht ein andrer Zweifel. "Va-
"ter, Sohn und Geist sind so verbunden, daß sie
"nur als eine Substanz betrachtet werden müssen.
"Wenn denn also der Sohn Gottes mit dem
"Menschen Jesus zu einer Person verbunden ist;
"so muß auch der Vater und der heilige Geist
"mit ihm zu einer Person verbunden seyn; so hat
"der Vater, wie der Sohn, durch den Menschen
"Jesum der Welt sich geoffenbart; so hat der Va-
"ter sich selbst durch Jesum mit der Welt ver-
"söhnt. Wer von den Theologen giebt aber die-
"se Folgen zu? Es ist also auch dasjenige falsch,
"woraus sie fließen."

Zuerst antworte ich; daß diese hier vorgetragenen Folgen, die aus unsrer Lehre gezogen werden können, nicht alle falsch sind. Allerdings
war der Vater in dem Sohne: denn sie sind beide nur eine Substanz. Wo der Vater ist, da ist
der Sohn; was der Vater wirkt, thut auch der
Sohn.

Sohn. Denn der Vater thut alles durch den
Sohn. Joh. 5, 19. Daher sagte denn auch Jesus mehrmals: wer mich siehet, der siehet den,
der mich gesandt hat, den Vater. Joh. 12, 4. 5.
Joh. 14, 9. Dem allen ungeachtet bleibt es
wahr, daß der Sohn, nicht aber der Vater,
Mensch geworden sey, oder sich mit dem Menschen Jesu, zu einer Person unmittelbar vereiniget habe. Dieß einzusehn, wird uns folgende
Betrachtung Anleitung geben.

Es ist aus vielen Stellen der Offenbarung
theils klar zu ersehen, theils mit leichter Mühe
zu schließen, daß die Personen der Gottheit auf
eine etwas verschiedene Art nach ihren innern
Verhältnissen äußerlich wirken, und daß dieß vornehmlich mit zu dem Unterscheidungszeichen derselben gerechnet werden muß. Daß der Sohn
gleich dem Vater die Welt erschaffen habe, ist
oben bewiesen worden. Aber nie wird in der
Schrift gesagt, der Sohn habe durch den Vater die Welt erschaffen; stets wird die Wahrheit
so ausgedrückt: der Vater schuf die Welt durch
den Sohn. Eben so lesen wir nie, der Sohn
habe den Vater zum Erlöser der Menschen gesandt; stets umgekehrt, der Vater den Sohn.
Der Sohn hingegen sendet den Geist seinen Jün-

J 5   gern:

gern; nicht der Geist den Sohn. Was folgt
hieraus? Ohne Zweifel dieß, daß die Personen
der Gottheit in einem gewissen nothwendigen,
unwandelbaren Verhältnisse stehn; daß sie
nach Maaßgabe dieses Verhältnisses wirken;
daß folglich gewisse Wirkungen einer Person
näher und unmittelbar zugeeignet werden können, die der andern mittelbar zukommen.
Das ist es alles, was wir behaupten, wenn wir
sagen, der Sohn, nicht der Vater, sey Mensch geworden. So wie der Vater durch den Sohn die
Welt schuf; so wirkte der Vater durch den Sohn
in dem Menschen Jesu. Diese Wirkungen aber
werden dem Sohne zugeeignet, weil er dabey
auf eine besondre Weise sich äußerte, weil er,
das andre Subiect der Gottheit, unmittelbar,
der Vater aber mittelbar durch den Sohn mit
dem Menschen Jesu verbunden war. Man be-
denke doch nur wohl, daß in der Gottheit in der
That verschiedene Subiecte seyn; daß aus den
verschiednen Reihen der Ideen in den göttlichen
Personen auch eine etwas verschiedene Art der
Wirkung entspringen müsse; daß übrigens diese
ganze Sache in menschlichen Ausdrücken uns
geoffenbart, und nur durch Vergleichung mit
menschlichen Dingen einigermaßen zu erkennen
gegeben

gegeben werden ſollte; damit wir das allerhöchſte
Weſen nach der wahren innern Beſchaffenheit ſeiner erhabnen Natur, ſo weit es ſeyn kann, erkennen, anbeten und verherrlichen möchten. Wenn
denn nun aber dieß zugegeben wird; ſo bleibt
doch die Folge noch übrig, "daß der Sohn Got-
"tes ſich ſelbſt verſöhnt habe; und das ſcheint
"widerſprechend zu ſeyn.„

Widerſprechend? Wie müßte denn dieſe Ver-
ſöhnung der Menſchen mit dem Sohne Gottes
und durch ihn ſelbſt geſchehen ſeyn? Er der Sohn
Gottes vereinigte ſich mit dem Menſchen Jeſu;
er ließ an dieſer ſeiner Menſchheit zeigen, was
die Sünden der Menſchen für Strafe verdienen;
und was die göttliche Gerechtigkeit fordere; er
gab aber eben durch dieſe Aufopferung ſeiner
menſchlichen Natur zu erkennen, wie ſehr Gott
die Menſchen liebe, wie er bereit ſey, allen die
Sünde zu vergeben und die Strafe zu erlaſſen,
welche ihre Geſinnungen ändern, ihn für ihren
Erlöſer erkennen, und ſeinem erhabenen Bey-
ſpiele zu folgen, ſich beſtreben; er legte durch Jeſum den Grund zu einer vollkommnern Religion
und zur weitern Beſſerung des menſchlichen Geſchlechts; ſo fieng er an durch die mit ſich verbundene menſchliche Natur die verdorbene Welt
wieder

wieder zu erneuern, wird auch durch sie dieß
große Werk so hinaus führen, daß seiner eigenen Weisheit, seiner Güte und also auch seiner
Gerechtigkeit eine Genüge geschieht: so versöhn-
te er die Welt mit sich selbst. Wo ist der vorgegebene Widerspruch? Kann ein weiser und gü-
tiger Fürst, zum öffentlichen Beweise seiner Gerechtigkeit, die Strafe, die einige seiner Unterthanen schuldig sind, nicht auflegen und auch selber zahlen? kann er nicht durch diese edle Handlung das deutlichste Merkmal geben, daß er die
Unterthanen herzlich liebe, das Wohl aller wünsche, die zurückkehrenden Rebellen zu begnadigen
bereit, und nur die zu strafen entschlossen sey,
welche seine Gnade muthwillig verachten? So
versöhnt der gute König die Unterthanen mit sich
selbst: und eben so Christus die Menschen. Kein
Widerspruch, kein heiliger Unsinn in der Religion! nur aber verstehen muß man sie, nur nicht
durch mystische Einfälle und elende Erklärungen
verdunkeln und entweihen.

Die übrigen Einwendungen dieser Art sind
von weit geringerer Stärke; doch werde ich sie
nicht ganz mit Stillschweigen übergehen. "Man
„stellt sich zum Exempel vor, aus der Menschwer-
„dung des Sohnes Gottes folge, daß er der
„Verände-

„Veränderung unterworfen wäre, und da dieß
„wider die Natur der Gottheit ist; so sey unsre
„Lehre den Grundsätzen der reinen Vernunft zu-
„wider.„

Wie denn aber, als Gott den ersten Menschen schuf; wurde seine eigene ewige Natur der
Veränderung unterworfen? Als Gott durch Mosen die Wunder in Egypten verrichtete: wurde
er nun deßwegen veränderlich, weil seine Kraft
sich durch Mosen auf eine besondere Art äußerte?
Der Unendliche bleibt stets, wie er ist und war.
Die Veränderung geht, wenn er auf eine besondere Weise wirkt, außer ihm vor in der Kreatur.
So blieb der Sohn Gottes, wie er von Ewigkeit
war, ob er gleich sich selbst einen Menschen zum
Wohnhause bereitete; ob er gleich durch denselben gewisse Töne, Reden und Werke hervorbrachte. Es waren dieß alles nichts anders, als Aeuße-
rungen der ewigen Kraft, die an sich nothwendig,
und also sich stets selbst gleich, über alle Veränderung erhaben ist. Eben deßwegen aber, weil
zur Wiederherstellung des menschlichen Geschlechts gewisse Veränderungen außer Gott
nöthig waren; weil Gott selbst gewisser schmerz-
hafter Empfindungen nicht fähig ist, weil er, als
Gott, die Strafe seiner ungehorsamen Unterthanen
nicht

nicht tragen; doch aber seine Drohungen nicht unerfüllt lassen, sondern seiner Weisheit, Güte und Gerechtigkeit eine Genüge thun wollte; so schuf er den Menschen Jesum; vereinigte sich mit demselben auf ewig; und führte das große Werk der Versöhnung und Besserung der Menschen durch ihn aus. Er mußte durch Annehmung der menschlichen Natur allerdings seinen Brüdern ähnlich werden, auf daß er barmherzig und ein treuer Hoherpriester werden könnte, zu versöhnen die Sünden des Volks. Ebr. 2, 17.

Endlich so sind auch diejenigen Zweifel von keiner Wichtigkeit, die sich einige machten: "als "wenn es der Gottheit unanständig wäre, mit ei- "nem Menschen, ja so gar mit einem geringen "Menschen, mit einem Juden persönlich sich zu "vereinigen. Zu einem solchen Werke würde Gott "ja eine ganz andre Person erwählt, er würde un- "ter einem weit berühmtern Volke, als die elen- "den Juden waren, ein solch Wunder veranstal- "tet, und dadurch der zu errichtenden Religion ei- "nen bessern Fortgang verschaft haben.„

Die Vorsehung geht denn nun eben immer ihre eigenen Wege; und die eingebildete Weisheit der Menschen findet sich bey näherer Betrachtung

der

der göttlichen Anstalten allezeit beschämt. Eben
dieß nun so sehr verachtete Volk der Jüden war
das geschickteste unter der Sonne, das große
Werk der Besserung des menschlichen Geschlechts
anzufangen. Bey dieser Nation allein ward die
Erkenntniß und die Verehrung des einigen wahren Gottes, die erste Grundlage der vernünftigen Religion, aufrecht erhalten; dieß Volk war
von je her durch die Propheten von dem künftigen Erlöser unterrichtet, und mit großen Erwar-
tungen erfüllt; dieß Volk war zur schnellen Ausbreitung der christlichen Religion über den ganzen bewohnten Erdkraiß hin unter alle Nationen
ausgestreut; gleich einem Saamen, der nur der
Wärme der aufgehenden Sonne und eines wohl-
thätigen Regens bedarf, um schnell aufzukeimen.
Und wenn die Juden in den Zeiten, da Christus
erschien, ohne Kriegsmacht, ohne Gewalt und
großes Ansehen waren: demohngeachtet aber
durch einige Leute von geringer Herkunft unter
ihnen die erstaunenswürdige Revolution angefangen wurde, die die Welt je erlebt hat, die nach
und nach ganz Asien und in neuern Zeiten Europa geändert, die über den letztern Welttheil so
viel Licht und Tugend ausgebreitet hat: so ist es
nun um desto glaubwürdiger, daß nicht Weis-

heit,

heit, nicht Macht und List der Menschen, sondern der gütigen Vorsehung des Vaters aller Geschöpfe dieß große Werk zuzuschreiben sey. Der
Mensch aber, mit welchem sich der Sohn Gottes
persönlich vereiniget hat, wahrlich! das war kein
so geringer verachtungswürdiger Jude, als es
dem ersten Ansehen nach scheinen möchte. Was
ist erhabner unter den Menschen, als eine von
sündlichen Unvollkommenheiten ganz befreyte Natur, eine uneigennützige, unbefleckte Tugend; die
reinste und wärmste Liebe zu Gott und zu allen
Menschen; der edelste Eifer, Unwissenheit, Irrthümer und Laster aus allen Kräften zu bekämpfen, Weisheit und Tugend unter allen Nationen der Erde auszubreiten; keine Gewalt der
Menschen, kein Ansehen, kein Leiden oder Unge-
mach fürchten, in der standhaften Verfolgung der
erhabensten Endzwecke sich selbst unter der männ-
lichen Erduldung des schmerzhaftesten Todes für
das menschliche Geschlecht großmüthig aufopfern:
wo ist was größers unter einem Volke je gefunden worden? und das ist ein nur sehr schwaches
Bild des Menschen Jesu! und es sollte Gott unanständig gewesen seyn, sich mit einem so würdi-
gen Manne näher zu verbinden? Gott? in dessen
Augen nichts klein ist, was die Vollkommenheit
der

der Welt befördern kann; der durch die Wirkung seiner Allmacht einigermaßen mit allen Dingen, mit
dem Wurme, mit dem Staube auf der Erde verbunden ist? Was macht man sich doch von der Vereinigung der göttlichen und menschlichen Natur in Christo für unphilosophische Begriffe? Doch zum Theil
entstehen diese irrigen Meynungen und Zweifel auch
aus einem etwas zu unbestimmten Vortrage der Wahrheit, den man in der Jugend gehört, auch wohl zuweilen von den Kanzeln vernommen hat: und dahin rechne ich manche von denjenigen Einwendungen,
welche man gegen den so genannten Stand der Erniedrigung Christi zu machen pflegt.

Denn man hört es hier und da nur allzu oft,
zumal an dem Weihnachtfeste von den heiligen Red-
nerstühlen, „welch eine unbegreifliche und wunderbare
„Sache es sey, daß der Sohn Gottes seine göttli-
„che Macht und Hoheit abgelegt habe, und ein
„schwaches Menschenkind geworden sey,“ und was dergleichen fromme Sophistereyen und schimmernde Blu-
men einer falschen Beredsamkeit mehr sind. Das ist
denn nun aber die Lehre der Schrift und unsrer Kirche nicht. Die Verfasser der evangelischen Glau-
bensbekenntnisse waren nicht *) so sehr Fremdlinge

in

---

*) Formul. Concord. Epit. S. 610. Rech. Ausg.
wie auch Seite 762. und 63.   K

in der wahren Philosophie, daß sie angenommen hätten, der Sohn Gottes habe durch die Vereinigung
mit Jesu eine Veränderung erlitten. Nein! er
blieb stets der allmächtige, allwissende und erhabene
Gott. Die Erniedrigung, sprechen unsre Theologen,
geht zunächst die menschliche Natur an; diese bediente sich so lang sie sichtbar auf Erden war, nicht
stets der Macht und Herrlichkeit, von der sie Gebrauch machen könnte. Allein eben aus dieser Lehre
nimmt ein Zweifel seinen Ursprung, der selbst einem
angesehenen Theologen, ich meyne den seeligen Töllner, ungemein wichtig und schwer auf zu lösen schien.
„Die menschliche Natur soll sich erniedriget haben?
„und wenn ist dieß geschehen?“ Die allgemeine Antwort in den Compendien ist, so gleich bey dem Anfange ihres Daseyns. Dieß ist schwer zu erklären, spricht der jetzt genannte Lehrer. *) „Wär
„Christi menschliche Seele eine ordentliche menschliche
„Seele; so gelangte sie nicht anders, als nach und
„nach zum Bewußtseyn ihres Zustandes, ihrer Ver-
„hältnisse und Rechte. Folglich verhielt sie sich bey
„den Erniedrigungen, durch welche sie gehen mußte,
„wenigstens eine geraume Zeit, und biß dahin
„bloß leidentlich.“ Das schien denn nun aber
den

*) Theol. Unters. Seite 30.

ben Compendien der Theologie nicht ganz gemäß zu
seyn. Wie aber, wenn es denn nun der Schrift gemäß wäre: sollten wir es nicht glauben? sollten wir
nicht so lehren? Laßt uns die Sache ruhig und ohne
Vorurtheil nach Anleitung der Hauptstelle, worin-
nen von der Erniedrigung Christi gehandelt wird,
überlegen; und sehen, ob etwas darinnen der Vernunft zuwider sey?

Ein jeglicher sey gesinnet, wie Jesus Christus auch war. Hier ist von der ganzen Person
Christi, nicht bloß von dem Menschen Jesu die
Rede. Es ist überhaupt ein Fehler, den man bey
der Erklärung derjenigen Schriftsteller begeht, die
von Christo handeln, wenn man immerhin nur an
eine von beyden Naturen des Erlösers denkt. Der
ganze Christus erniedrigte sich; aber so, wie es
nach den Eigenschaften einer jeden Natur geschehen konnte. Und es ist bloß ein theologisches
Vorurtheil, wenn man glaubt, die göttliche Natur
Christi habe, weil sie unveränderlich ist, auf keine
Weise an der Erniedrigung Antheil nehmen können.
Hätte man doch bey der Person des Sohnes Gottes
zwey Dinge wohl unterschieden, die ewigen Vollkommenheiten, die er als Gott besitzt, und die
äußerliche Herrlichkeit, in der er der Welt er-

K 2 scheint.

scheint. Jene Vollkommenheiten sind unveränderlich.
Wie der Sohn Gottes nicht aufhören kann, das andre Subject in der Gottheit zu bleiben; so kann er
nicht aufhören allmächtig, allwissend, allgegenwärtig zu
seyn. Er hat, da er sich mit dem Menschen Jesu
vereinigte, keine dieser Eigenschaften abgelegt.
Allein der Sohn Gottes hat sich wohl den Geistern im Himmel von je her in göttlichem Glanze geoffenbaret. Wir werden doch nicht annehmen wollen, daß er erst zu der Zeit anfieng sichtbar vor den
Kreaturen zu erscheinen, da er Mensch wurde? Jesaias *) sah Gottes Herrlichkeit in der prophetischen Entzückung; in dieser Majestät erschien er zu
Moses Zeiten auf Sinai; in dieser Herrlichkeit und
in einer noch größern hätte der ewige Sohn denn nun
auch zu des Kaisers Augustus Zeiten auf dem Berge
Zion, oder an einem andern Orte erscheinen, oder er
hätte sich in jenem Glanze der Welt zeigen können,
in dem er vor den Augen seiner Jünger mit Mose
und Elia einst redete. **) Allein ob er wohl in
göttlicher Gestalt war, und schon seit dem Anfange
der Welt von vielen Geistern, als der Ewige und Allmächtige in göttlicher Majestät verehrt und angebetet
wurde: so äußerte er sich nun dieser Herrlichkeit; er

*) Kap. 6, 1 — 6.   **) Matth. 17, 3. 2c.

zog seinen göttlichen Schmuck gleichsam aus; vereinigte sich mit einem Menschenkinde; er erschien als ein gemeiner Mensch unter den Juden; unterwarf diese seine menschliche Natur den gewöhnlichen Gesetzen, nicht nur der Menschheit überhaupt, sondern auch seines Volks und gieng durch den traurigen Weg der Leiden endlich in die vorige Herrlichkeit zurück. Dieß ist die Erniedrigung in so ferne sie die äußerliche Herrlichkeit der göttlichen Natur betrift; von dieser redet nicht nur Paulus in der angeführten Stelle des Schreibens an die Philipper; sondern Christus selbst beziehet sich auf dieselbe, wenn er Joh. 17, 5. spricht: Vater verkläre mich mit der Klarheit, verherrliche mich auch nach meiner menschlichen Natur mit dem Glanze und der Majestät, die ich bey dir hatte, ehe der Welt Grund geleget war; in der ich schon vor meiner Erscheinung in dieser Unterwelt von andern Geistern verehret wurde. Wenn diese, nach meiner Einsicht schriftmäßige, Erklärung der Worte Pauli angenommen wird: so sind nun sehr viele Ausdrücke sonderlich im Johanne leicht zu erklären, die außerdem immer einige Schwierigkeit behalten. Der Sohn Gottes zeigte sich vor seiner Menschwerdung sichtbar in dem Himmel; ist dieß wahr; so kann man also mit Recht sagen: Gott sandte seinen Sohn auf die Erde, um von einem Weibe gebohren zu werden; so konnte Christus selbst von sich im eigentlichen Verstande sprechen, daß er von oben herabgekommen; daß er von Gott ausgegangen und in die Welt gekommen sey, daß er die Welt wieder verlasse und zum Vater gehe: denn alles dieß bezieht sich auf die sichtbaren Erscheinungen des Sohnes Gottes, entweder im Himmel, oder auf Erden. In der göttlichen Natur des ewigen Sohnes selbst gieng durchaus keine Veränderung vor. Doch erniedrigte er sich, indem er in der Gestalt eines gemeinen Mannes unter den Menschen, ja sogar in der Gestalt eines Kindes auf Erden erschien. Unser Herr hätte sich einen vollkommen gebildeten Menschen, gleich dem Adam, erschaffen, demselben vollkommenen Verstand ertheilen, ihn auf einmal mit den herrlichsten Gaben des Geistes versehen, ihn, gleich einem der Unsterblichen ohne Speise, ohne Schlaf, ohne die andern nöthigen Unterstützungen unsrer Schwachheit erhalten können: allein von diesem allen that er nichts. Er lebte, er aß, er schlief, er ermüdete sich, wie ein andrer Mensch; ja er wollte auch, wie ein andres Kind der Menschen nach und nach zum Gebrauche des Verstandes gelangen. Eben so wie die

Kinder

Fleisch und Blut haben, ist ers gleichermaßen theilhaftig worden; er ist in allen Dingen, die Sünde
ausgenommen, seinen Brüdern gleich geworden; er empfieng eben den ersten Unterricht in der
menschlichen Sprache, wie andre Kinder; er nahm,
wie sie, (nur etwas schneller,) an Erkenntniß und
Weisheit zu; *) und hatte also in den ersten Au-
genblicken seines Lebens so wenig den Gebrauch seines Verstandes, als ein andrer
neugebohrner Knabe ihn hat. So sehr erniedrigte sich der Sohn Gottes, daß er auch hierinne
nichts besondres zum voraus haben wollte. Da sich
denn aber die hohen Gaben dieses göttlichen Menschen sehr frühzeitig entwickelten; und er seine nahe
Verbindung mit Gott, seine Gaben, seine Vorzüge
seine große Bestimmung erkennen lernte: so hielt er
es auch, als Mensch, nicht für einen Raub, Gott gleich
seyn; er verlangte nicht zu heftig nach der Offenbarung seiner Herrlichkeit; er blieb lange im Verborgenen; er bediente sich der in ihm wohnenden göttlichen Vollkommenheiten nur selten; er verbot sogar,
daß die Nachricht von seinen Wundern nicht zu schnell
ausgebreitet werden möchte; er ließ von der herrlichen Gestalt, in der er seinen Jüngern einst auf dem

*) Luc. 2, 52.

K 4   Berge

Berge erſchien, vor ſeinem Tode andere nichts wiſ-
ſen; *) ſo war er ſeinem Vater gehorſam biß zum
Tode am Kreuze. Was iſt nun in dieſer ganzen
Lehre von der Erniedrigung Chriſti widerſprechendes?
Und das iſt die reine Lehre der Schrift. Damit
ſtimmen die Grundſätze derer überein, welche unſre
Glaubensbekenntniſſe verfertiget habe. Denn dieſe ein-
ſichtsvollen Männer ſagen wohl, die menſchliche Natur
Chriſti ſey ſogleich von ihrem erſten Daſeyn an die
Wohnung der Herrlichkeit des Sohnes Gottes geweſen; aber ſie ſagen nie, daß das Kind Jeſu, entweder im Mutterleibe, oder ſogleich nach ſeiner Geburt
etwa auf einige Minuten den vollen Gebrauch
ſeines Verſtandes gehabt, den göttlichen Rath-
ſchluß von ſeiner Erniedrigung genehmiget und ſich
der in ihm wohnenden göttlichen Eigenſchaften zu ent-
äußern mit freyer Entſchließung verwilliget hätte;
das ſagen ſie nie; ſie lehren vielmehr, daß die
menſchliche Natur Chriſti durchaus ihre natürliche
Eigenſchaften behalten, und vollkommen andern Menſchen gleich geweſen wäre. **) Und ſo ſtimmen denn
Schrift,

*) Matth. 16, 20. Kap. 17, 9.

**) Credimus quoque, docemus, ac confitemur, af-
ſumtam humanam naturam in Chriſto non tantum
effen-

Schrift, Vernunft und unser Glaube auch in diesem
Stücke vollkommen überein. Christus erniedrigte
sich gleich von seinem ersten Daseyn an: aber jede
seiner Naturen verhielt sich bey diesem Geschäfte, so
wie bey allen seinen Werken, *nach ihrer natürli-*
chen Beschaffenheit.

Eben so wenig ist endlich die Lehre von der **Er-**
höhung Christi wider die Grundsätze einer gereinigten Philosophie. Denn so wenig die göttliche
Natur Christi durch die Erniedrigung an ihren innern unveränderlichen Vollkommenheiten verlohren

K 5 hat:

essentiales et naturales suas proprietates habere et
retinere. Form. Conc. Arr. VIII. p. 764. der Rechenb. Ausgabe. Nec tamen hac vnione et com-
municatione naturarum, vel harum proprietates
confunduntur: sed vtraque natura essentiam et proprietates suas retinet. Ebend. p. 765. Cum autem indubitatum et extra controuersiam positum
sit, quod propria non egrediantur sua subiecta:
hoc est, quod quaelibet natura suas proprietates
essentiales retineat: et illae non ab vna natura se-
parentur, atque in alteram, tanquam aqua de vno
vase in aliud, transfundantur: nulla prorsus fieri
aut constare posset proprietatum communicatio, nisi
illa, de qua diximus, personalis naturarum in
Christo esset vnio et communicatio. Ebend. p. 769.

hat: so wenig hat sie durch die Erhöhung der menschlichen Natur, an innern Vollkommenheiten einen Zuwachs bekommen. Gott bleibt sich immer selbst gleich. Und doch kann man mit Grund der Wahrheit sagen, daß der ganze Christus erhöht worden sey. Denn der Sohn Gottes war es ja, der etwas mehr, als drey und dreyßig Jahre lang auf Erden in dem Menschen Jesu als ein andrer Mensch erschien; der Sohn Gottes war es also auch, der bey seiner Auffahrt in den Himmel in Majestät und Herrlichkeit aufs neue zu erscheinen anfieng. Eben derjenige, der ausgegangen war vom Vater, der gieng, was die sichtbare Erweisung seiner besondern Gegenwart anlangte, nun auch wieder zurück, und umkleidete sich mit der Herrlichkeit, in der er vom Anfange der Welt her vielen Geistern erschienen war. Ja es geht den Sohn Gottes die Erhöhung noch auf eine andere Weise an. Vor der Ausgießung des heiligen Geistes erkannten vielleicht nur sehr wenige Menschen auf Erden, daß in Gott mehrere seyn, welchen die unendlichen Vollkommenheiten zukommen. Nun aber, nachdem sich Christus auf den Thron der Herrlichkeit Gottes gesetzt, die Gaben des heiligen Geistes seinen Jüngern gesandt, und sich der Welt näher geoffenbart hatte: nun fiengen viele Geschlechte

schlechte der Erde an, auch den Sohn als eine be=
sondre Person, wie den Vater zu ehren, und biß
diese Stunde beten ihn viele tausende, als den ewi=
gen und allmächtigen in tiefer Ehrfurcht mit uns an.
Was also die äußerliche Verherrlichung betrift: so
nimmt auch der Sohn Gottes an der Erhö=
hung Theil, die Paulus im Briefe an die Phi=
lipper beschreibt.

Da denn aber die andern Zweifel, welche sich ge=
gen diesen Theil der christlichen Glaubenslehre ma=
chen lassen, mehr die Beschaffenheit der menschlichen
Natur Christi, als seine Gottheit betreffen: so werde
ich übrigens hier sehr sehr kurz seyn. Es scheint
nehmlich, als wenn wir nicht weniger, als die
Socinianer, die menschliche Natur Christi in eine
Gottheit verwandeln und ihr Eigenschaften beylegen
wollten, welche nur allein in dem unendlichen Wesen
seyn können. Aber es scheint auch nur, und
ist in der That nicht so. Die unendlichen Vollkom=
menheiten sind wesentliche Eigenschaften der ewigen
Substanz und Gottheit. *) Diese göttlichen Voll=
kommenheiten können keiner Kreatur, auch dem Men=
schen Jesu nicht so mitgetheilt werden, daß sie
wesent=

*) Form. Conc. S. 769. wie auch 779.

wesentliche Eigenschaften seiner Natur würden. *)
Eine jede Natur in Christo behält ihre natürliche Eigenschaften; allein da die menschliche Natur mit der
göttlichen auf das allergenaueste vereiniget worden:
so äußert **) sich nun die Allwissenheit und die
Allmacht des Sohnes Gottes durch den Menschen
Jesum; so nimmt dieser veredelte, nicht aber in
einen Gott verwandelte, Mensch nothwendig an
den Vollkommenheiten Theil, die seiner göttlichen Natur eigen sind.   Die göttlichen Eigenschaften sind nicht
aus der Gottheit in die Menschheit gleichsam hin-
übergeflossen, als wenn der Sohn Gottes allmächtig wäre, und außerdem auch der Mensch Jesus die
Allmacht besonders für sich empfangen, und gleichen Rang mit der Gottheit erhalten hätte; ***)
nein! durchaus nicht; Die Seele Christi wird
kein unendlicher Geist; sie bleibt ein Geschöpf; †) sie
bleibt veränderlich; sie erkennet alles nach und
nach, nicht wie der unendliche Verstand auf einmal; sie ist auch jetzt noch gewisser heiliger Leidenschaften und solcher Gemüthsbewegungen fähig, wie

jeder

*) Propria non egrediuntur sua subjecta. Ebendaselbst
**) Ebendas. p. 774.
***) Ebend. Libr. symb. Seite 777.
†) Ebendas. Seite 781.

jeder der Seeligen in dem Himmel! kurz, sie ist
eine menschliche Seele und kein Gott. Aber
der Sohn Gottes äußert durch sie seine unendliche
Macht, seine Allwissenheit und Gegenwart; *) auf
diese Art nimmt die menschliche Natur an den göttlichen Vollkommenheiten den genausten Antheil; so
daß Jesus mit Recht sagen kann: mir ist gegeben
alle Gewalt im Himmel und auf Erden.

Alles was sich gegen die bisher vorgetragenen
Wahrheiten etwa noch sagen ließe, wäre dieß: daß
hier und da noch manche Dunkelheiten übrig bleiben; daß man nicht stets zeigen könne, wie die
Sache geschehe, wie es z. E. zugehe, daß der
Sohn Gottes mit dem Menschen Jesu verbunden
sey; wie Jesus an den unendlichen Vollkommenheiten Antheil nehme. Allein, wer ist im Stande, auch
nur eine einzige Eigenschaft Gottes zu erklären, daß
alles biß auf die kleinsten Theile aufgelöst und jede
Frage, die der Vorwitz der Menschen vorbringt,
vollkommen beantwortet werden könnte: sollen wir
nun deßwegen keinen Gott glauben? Wer erklärt
uns alle Schwierigkeiten, die in den Erscheinungen
der Elektricität vorkommen? sollen wir deßwegen
zwei-

*) Ebendas. Seite 779.

zweifeln, ob auch Feuerfunken aus dem menschlichen
Körper wirklich hervorgelocket werden? Wer hat je
eine beruhigende Antwort über die Frage gegeben,
was das Principium der Schwehre sey? sollen wir
deßwegen läugnen, daß die Körper schwehr sind?
"Wenn wir so schließen wollten, sagt einer unsrer
„besten Philosophen, *) ich begreife nicht, wie es
„zugeht, also ist es nicht: so würden wir die offenbar=
„sten Dinge, selbst in der Natur, als Licht, Bewe=
„gung, Fortpflanzung, thierische Fertigkeiten, ja
„unsre eigene Handlungen verleugnen müssen. Und
„gewiß wer die Naturlehre mit der Lehre von
„Gott unpartheyisch vergleicht, der wird in jener eben
„so viel unerforschliches für seinen Verstand, als in die=
„ser finden.„ Das schreibt Reimarus, der in der
Kenntniß der Natur so viele tausend unwissende Zweif=
ler überwog. In der That, der Schluß ist wichtig:
Sehen wir in so vielen natürlichen und körperlichen
Dingen die Art und Weise nicht, wie es zu=
gehe, daß sie geschehen, und glauben sie doch auf
das Zeugniß der Sinne und das Ansehen gelehr=
ter ehrlicher Männer: sollten wir dem Zeugnisse
Gottes von seinem Sohne nicht glauben? Und man
muß

*) Reimarus in den vorn. Wahrheiten der natür=
lichen Religion, Seite 208.

muß überhaupt alles, was Religion ist, verwerfen, wenn man keine annehmen will; die Lehren in sich faßt, welche ihre, ihnen eigenen Dunkelheiten behalten. Der Arianer, der Socinianer, auch der Naturaliste hat ungemein viele Geheimnisse zu glauben. Kann wohl der erste zeigen, wie und auf welche Art einer Kreatur die Schöpfungskraft mitgetheilt werden könne? Kann der andre erklären, wie und auf welche Art die menschliche Seele Jesu so erhöht werden könne, daß sie, als ein zweyter Gott außer und neben dem höchsten Gott, die ganze Geisterwelt auf das vollkommenste beherrsche und regiere? Kann der dritte eine vollkommne Erklärung von der Art und Weise geben, wie der allmächtige Gott entweder von Ewigkeit, oder in dem Anfange der Zeit die Materie aus nichts erschaffen habe? Oder, kann es uns ein Atheiste begreiflich machen, wie die leblose Materie von Ewigkeit durch ihre Kraft da sey, sich selbst in so viele tausend schöne Gestalten zu einer Welt gebildet, und was einige annehmen, so gar die Vernunft in den Menschen erzeugt habe? Wie viele wahre Geheimnisse in der Natur Gottes bleiben allen oben zuerst genannten Partheyen zu glauben übrig, ohne, daß sie die Art und Weise, wie die Eigenschaften und Kräfte in der Gottheit da sind, erklären

und

und beweisen können? Es ist ein Gott: darinnen
stimmen sie alle überein: wie ist er? Darauf ist kein
Mensch vollkommen zu antworten im Stande. Es
kömmt folglich alles darauf an, daß wir, wenn einmal die Authenticität der Schrift bewiesen ist, durch
eine genaue und richtige Auslegung der hieher gehörigen Stellen beweisen, daß die vorgetragene und bißher gegen verschiedene Zweifel vertheidigte Lehre, darinnen enthalten sey. Dieß haben wir in dem zweyten
Hauptstücke zu thun uns bemüht, und jetzt wollen
wir die daselbst vorgetragenen Beweise gegen die Einwendungen unserer Gegner vertheidigen. Denn die
Zweifel, welche aus der Vernunft so wohl gegen die
ewige Gottheit Christi, als gegen die Vereinigung der
göttlichen und menschlichen Natur desselben vorgebracht zu werden pflegen, sind allen Arten unsrer
Gegner gemein. Wenn es denn aber auf die
Auslegung der Schrift ankommt: so gehen die
verschiedenen Partheyen derselben, sonderlich die Socinianer und die Arianer ihren ganz besondern Weg.
Wir müssen denn also einen jeden auf dieser seiner
eigenen Straße verfolgen. Daher werde ich zuerst
die Gründe und Einwendungen der Socinianer, dann
der Arianer betrachten.

Das

Das vierte Kapitel.

Das System der Socinianer ist schriftwidrig und ihre Einwendungen gegen die ewige Gottheit Christi sind ungegründet.

Das System des Socins wird jetzt sehr laut mit vielen feyerlichen Ankündigungen und großem Eifer in verschiedenen Büchern geprediget; ich konnte daher dasselbe um so viel weniger bey meiner Arbeit übergehen; da die oben angeführten Beweise nun gegen die Einwendungen zu vertheidigen sind. Ich werde denn aber den Ungrund desselben nur von der Seite zeigen, da es der Ehre des ewigen Sohnes Gottes zu nahe tritt.

I.

Das erste, was uns hier in die Augen fällt, sind die gewaltsamen Verdrehungen vieler Schriftstellen, in denen jeder unpartheyischer Leser die Wahrheiten findet: Der Logos, oder Sohn Gottes, sey von dem Menschen Jesu unterschieden, und ehe der letzte gebohren wurde, schon lange da gewesen. Die Socinianer hingegen sehen Christum für einen bloßen Menschen an;

L   sie

sie müssen daher nach dieser angenommenen Meynung
die Schrift auslegen, oder vielmehr nach ihren Lehrsätzen verdrehen. Daß in Christo eine höhere Natur
sey, als die menschliche, ist aus den Worten unsres
Herrn: "Ehe denn Abraham war, bin ich, (Joh.
8, 58.) sehr deutlich zu ersehen. Wie außerordentlich gezwungen ist aber die Auslegung, in welcher
Socin, und die seinen, diese leichten Worte verstel-
len? "Ehe Abraham das wird," was ihm ehedem
„von Gott verheißen worden ist, daß er nehmlich der
„Vater vieler Gläubigen seyn soll, ehe Abraham die-
„ses wird, sage ich euch, daß ich's bin, der Meß-
„sias; der Gesandte Gottes.„ *) Wie? ist denn hier
von der Erfüllung der Verheißungen die Rede, welche Gott dem Abraham gegeben hatte? War nicht
die Streitfrage diese: ob Christus schon vor
Abraham gelebt habe? Du bist noch nicht fünf-
zig Jahr alt und hast Abraham gesehen? sprachen
die Juden. Und darauf antwortet unser Erlöser.
Nein! ihr irret euch, wenn ihr glaubt, ich hätte
Abraham, als er auf Erden lebte, nicht gesehen;
denn ehe er war, bin ich. Da denn nun also hier
die Rede durchaus nicht von der Verheißung, daß
Abraham der Vater aller Gläubigen werden sollte,

sondern

*) Dieß sind die Worte Socins im Tom. II. ad
Paraenesin And. Volani. Seite 379.

sondern von dem Alter Christi war, dem man es,
als einem jungen Manne, wohl ansah, daß er noch
keine funfzig Jahre alt seyn könnte: so muß auch
die Antwort Christi nothwendig allso verstanden werden, daß er den Juden zu erkennen geben wollte: ob
er gleich ein junger Mann sey; so sey er doch nach einer
höhern Natur, die in ihm wäre, lange vor Abraham
da gewesen.   Daß dieß die richtige Auslegung der
Worte Christi sey, wird durch dasjenige sehr deutlich
bewiesen, was Johannes, der Täufer, zu wiederholten
malen von unserm Erlöser bezeugt hat.   Dieser
Mann war, wie bekannt, einige Monathe vor Christo gebohren; er war eine zeitlang vor ihm in Ju-
däa, als Lehrer, öffentlich aufgetreten.   Damit denn
aber die Juden einsehen möchten, daß in Christo eine
weit höhere Natur sey, als die menschliche: so sagte
er ihnen, daß Christus auf eine gewisse Art lange
vor ihm, dem Johannes, da gewesen wäre.   "Er
„ist es, sprach er, der vor mir gewesen ist,
„denn er war ehe, denn ich.„   Nichts ist seltsa-
mer, als die Auslegung Socins und seiner Anhänger,
mit der sie diese Worte zu verdrehen suchen. Sie bedeuten so viel, sprechen sie: "Er ist mir vorgezogen worden,
„er, der mich an Vollkommenheiten übertrift.„ *) Ich

L 2   pflege

*) Socin in seinen Werken, Theil 1. Seite 145.
Mihi praelatus est, qui praestantior me est.

pflege in Widerlegung der Gegner nie bitter zu seyn;
aber sollte denn auch dann nicht ein gerechter Unwille in
uns sich regen, wenn man den Worten der Schrift
dermaßen Gewalt anthut, daß auch ein Schüler die
Unrichtigkeit der Uebersetzung einsehen kann? Die
beyden Wörtgen ὀπίσω, nach, und ἔμπροσθεν vor,
zeigen die je etwas anders an, als Ort oder Zeit?
Die Redensart ὀπίσω τινὸς ἐλθεῖν hat die je in der
ganzen Schrift einen andern Sinn, als den, was
die Zeit oder den Ort betrift einem nachgehen?
oder auch nachfolgen? Wenn es aber darauf ankommt, die Gottheit Christi zu bestreiten, so scheut man
sich nicht, Auslegungsfehler wider den Sprachgebrauch
zu begehen, deren sich Anfänger vor den Augen des
Lehrers schämen würden. Eben so ungegründet ist
die Ausflucht einiger neuern, wenn sie sagen: Christus rede hier von seiner Seele und spreche: ehe Abraham war, bin ich, der Seele nach, schon gewesen.
Denn wenn es wahr ist, was die meisten christlichen
Philosophen behaupten, was auch die Schrift zu erkennen giebt, daß alle einfache Dinge, welche in dieser Welt sind, gleich Anfangs ihr Daseyn von Gott
bekommen haben: so ist Abrahams Seele so alt, als
die Seele des Menschen Jesu. Man müßte denn
also annehmen, Christi menschliche Seele habe lange
vor Abrahams Seele sich schon in einem Zustand:

deutlicher

deutlicher Vorstellungen befunden. Wo findet man
aber zu einer solchen Behauptung einen sichern Grund?
Wie stimmt das mit den Aussprüchen der Schrift
überein, die da sagt, daß Christus in allem den
Menschenkindern gleich war, daß er also auch, wie ein
Kind, im Zustande dunkler Ideen sich befand, daß er,
wie jedes Kind, zugenommen habe, wie an Alter, so
an Weisheit, Luc. 2, 52. Hätte vielleicht die Seele
Christi alles vergessen? Auf was für seltsame und
grundlose Gedanken verfällt man, um der Wahrheit
auszuweichen?

Nicht viel besser pflegt man mit der Beweisstelle
Joh. 17, 5. umzugehn. Der Sinn Christi soll dieser
seyn: "Vater gieb mir nun die Herrlichkeit, die du mir
„vor Erschaffung der Welt zu geben beschlossen hast.„
Jene Worte sollen eben das bedeuten, was Paulus
in Ansehung aller Gläubigen 2 Tim. 1, 9. sagt:
daß ihnen die ewige Herrlichkeit vor Grundlegung
der Welt in Christo gegeben, oder zu gedacht gewesen
sey. Allein, Christus spricht nicht: gieb mir die
Herrlichkeit, die du mir zu gedacht, oder zu geben
beschlossen hast: sondern die ich hatte, die ich vor
Erschaffung der Welt besaß. Wo wird je von einem
Gläubigen in der Schrift gesagt, daß er die Selig-
ligkeit schon vor Erschaffung der Welt gehabt, das
ist, genossen hätte? Und unser Herr setzt noch hinzu,

die

die ich bey dir hatte. Bey dir, von dem ich ausgegangen und in diese Welt gekommen bin; *) bey
dir, zu dem ich nun, meiner sichtbaren Erscheinung
nach, wieder zurück gehe. **) Gleich wie ich
nun vor Erschaffung der Welt, als Sohn, bey dir
war; vom Anfange der Welther, als deinen Sohn
mich in Herrlichkeit und Majestät der höhern Geisterwelt geoffenbart; dann diesen äußerlichen Glanz, die
Gestalt der Gottheit, abgelegt; mich mit einer menschlichen Natur vereiniget, auf Erden sichtbar gezeigt,
und das Werk vollendet habe, dazu ich gesandt war;
jetzt aber im Begriffe bin nach überstandenen Leiden
des Todes wieder zu dir zurück zugehn: so bitte ich
dich, laß nun auch meine Menschheit Antheil an jener
Herrlichkeit bey dir nehmen, die ich bey dir hatte, ehe die Welt war. Dieß ist der Sinn der Worte Christi; dieß stimmt nun mit dem überein, was
Paulus sagt: Gott sandte seinen Sohn, um von einem
Weibe gebohren zu werden, (wer dazu gesendet werden soll, daß er gebohren werde, muß vorher schon
da gewesen seyn.) Dieß harmoniert mit den übrigen Ausdrücken, in welchen Christus sehr oft von
sich redet, wenn er sagt, daß er nicht von dieser
Welt, sondern vom Himmel herabgekommen sey, ***)

daß

*) Joh. 17, 8.   **) Vers 11.
***) Joh. III. 13, 31. Joh. VI. 50.

daß er wieder in den Himmel zurück gehen werde,
da er zuvor war.

Allein eben diese letztern sind es, welche den So-
cinianern so beschwehrlich fielen, daß sie, um die
Klahrheit derselben zu verdunkeln, ohne auch nur den
geringsten Schein eines Schriftgrundes vor sich zu
haben, eine besondre Entrükung Christi in den
Himmel erdichteten und vorgaben, er sey zur Zeit
seines vierzigtägigen Fastens zu Gott in den Himmel
aufgenommen, und daselbst mit derjenigen Weisheit
und Wunderkraft ausgerüstet worden, die zu seinen
großen Geschäften auf Erden nöthig war. Wie denn
aber nun? von einer so wichtigen Sache, von einem
so deutlichen Beweise der göttlichen Sendung Christi,
sollte er selbst, sollten Evangelisten und alle übrigen
Apostel in ihren Schriften gänzlich geschwiegen haben?
Daß Elisabeth zu Maria eine Reise gethan hat; daß
das Kind Jesus mit seinen Eltern nach Jerusalem auf
das Fest gezogen ist; das wird vom Luca und Matthäo
umständlich erzählt, und von dieser außerordentlich
wichtigen Begebenheit sollten sie kein Wort hinter-
lassen haben? Und obgleich das ganze christliche Alter-
thum nichts von dieser Sache weiß; so sollen wir sie
doch einem Crell oder Schlichting oder einem andern Socinianer auf sein Wort glauben? So weit
führt der Irrthum, daß, wer sich demselben einmal

L 4   ergebe

ergeben hat, auch offenbare Lügen für Wahrheit an
sehen kann. Denn daß diese vorgegebene Entrückung
Christi in den Himmel eine Erdichtung sey, ist nicht
nur aus den jetzt angeführten Gründen, sondern
auch daraus klar, weil die Herabkunft des Sohnes
Gottes, oder wie die Schrift öfters redet, des Men-
schensohnes, das ist, des Messias, aus dem Himmel
auf die Erde, stets zuerst gesetzt und dann seines
Hingangs zum Vater erst gedacht wird; weil in
diese Welt kommen und gebohren werden, bey Johanne ganz einerley ist; *) weil von Christo selbst,
gebohren werden, und in die Welt kommen, als
gleichgültige Redensarten gebraucht werden: **) ich
bin dazu gebohren und in die Welt gekommen.
Es ist daher in dem ganzen neuen Testamente nur
von einer Ankunft Christi auf Erden und nur von
einem Hingange zum Vater ***) die Rede; und
alle hieher gehörige Stellen haben den Sinn, der bey
Johanne 13, 3. offenbar ist: wie Christus bey seiner
Geburt von Gott gekommen war; so gieng er durch
den Tod wieder zu Gott. Doch es sind nicht alle

Nach-

*) Z. E. Das Wort erleuchtet alle Menschen, die
in diese Welt kommen; das ist, die gebohren werden, Joh. 1, 9.
**) Joh. 18, 37.
***) Die Ankunft zum jüngsten Gerichte ausgenom-
men, über die kein Streit ist.

Nachfolger dieser Männer so einfältig, daß sie ihren Vorgängern alles auf ihr Wort glauben sollten: sie haben selbst Köpfe, um etwas auszudenken, dadurch ihrem Wahne der Schein der Wahrheit gegeben werden möchte. Es gehen daher so wohl ältere, als neuere Socinianer einen andern Weg. Sie nehmen zum Theil an, Christus sey während der vierzig Tage in der Wüste, so wie Moses, bey Gott gewesen, ohne in den Himmel aufgenommen worden zu seyn. Zum Theil betreten sie die Fußstapfen Socins, der die Worte Joh. 1, 1. das Wort war bey Gott, also deutete: "Der Mensch Jesus war im Anfange "des neuen Testamentes bey niemanden, als nur bey "Gott bekannt." Hoffentlich aber darf man diese Deutung nur anführen, um sie zu widerlegen. Allein ich muß doch von diesem wichtigen Schriftorte, bey dem Johannes im 1 Kapitel, und dem Sinne, den ihm die Schüler Socins zu geben pflegen, noch weiter reden, um näher zu den Einwendungen zu kommen, welche sie gegen die oben geführten Beweise für die Gottheit Christi zu machen pflegen.

Wir beweisen unter andern, wie bekannt ist, die ewige Gottheit Christi daraus, weil er Schöpfer der Welt ist: daß er aber Schöpfer der Welt sey, glauben wir in dem Anfange des Evangelii Johannis zu

L 5   fin

finden. *) Dieſer Stelle muß man denn alſo einen ganz andern Verſtand geben, als ſie hat, damit ſie aufhöre, für uns ein ſichrer Beweis zu ſeyn. Socin ſah in ihr folgenden Sinn. "Das Wort iſt der "Menſch Jeſus; er wird deßwegen das Wort ge- "nennet, weil Gott ihn geſandt hat, zu den Men- "ſchen zu reden, und die Lehre von der ewigen Selig- "keit zu verkündigen. Mit dem Anfange ſeines Lehr- "amtes gieng alſo eine neue Periode des menſchlichen "Geſchlechts an, die gar wohl mit einer neuen "Schöpfung verglichen werden mag. Und weil "Chriſtus derjenige Geſandte Gottes war, der den "Grund zu der neuen Religion legte, der auch nach "ſeinem Tode auf den Thron Gottes geſetzt, und "mit der Macht verſehen worden iſt, allen, die "Gott gehorchen, das ewige Leben zu ertheilen: ſo "kann wohl geſagt werden, daß durch ihn die Welt "gemacht, oder neu geſchaffen worden ſey. Denn "es iſt hier nur von der geiſtlichen Welt die Rede, "welche durch das Wort des Evangeliums zu- "bereitet wurde." **) Wie fein dieß alles ausge- dacht

*) Siehe oben Seite 53. 54.
**) Die Hauptſtelle in Socins Werken, in welcher er dieſe Lehren vorgetragen hat, iſt ſeine Erklä- rung des Anfangs des Evangeliums Johannis in dem erſten Theile der Bibliotheca fratrum Polon, Seite 77 — 83.

dacht und wie kräftig ein solcher Vortrag sey, Seelen zu verwirren, die schon durch einen dunklen, oder
widersprechend scheinenden Vortrag der Dreyeinigkeitslehre in Zweifel gestürzt worden sind, ist leicht, zu er-
messen. Ich halte es daher für meine Pflicht, zu zeigen, wie dieß der Sinn der Johanneischen Worte
ganz und gar nicht seyn könne.

Alles kommt hier darauf an, daß bewiesen werde,
Johannes lehre, durch den Logos, oder das Wort,
sey diejenige Schöpfung geschehen, welche Moses in
dem Anfange seines ersten Buches beschreibt. Wir
haben bereits gesehen, daß Johannes Christo durchaus eine höhere Natur beylege, die längst vor seiner
menschlichen vorhanden war. Eben in diesem ersten
Kapitel erzählt der Evangelist, (wie wir es nur erst
bemerkten,) daß Johannes, der Täufer, zu drey wiederholten malen (und wer weiß, wie oft er das nehmliche bey andern Gelegenheiten sagte,) versichert habe, Christus, der nach ihm gebohren war, sey vor
ihm da gewesen. Dieß giebt doch wohl jedem unpar-
theyischen Leser schon Gelegenheit, zu vermuthen, daß
der Ausdruck: Im Anfange war das Wort, von einem andern Anfange, als von dem Anfange der Predigt des Evangeliums zu verstehen sey. Denn Johannes spricht: Lange vor dieser Zeit war der Logos
da, war bey Gott, war selbst Gott. Verglei-

chen

chen wir nun diese Worte mit denen, deren sich Moses bedient, um den ersten Ursprung aller Dinge zu
beschreiben: Im Anfange schuf Gott Himmel und
Erde; und halten die Worte Johannis dagegen:
Im Anfange war das Wort bey Gott, und Alles,
die ganze Welt (v. 3. und 10.) ist durch den Logos
gemacht: so weiß ich nicht, wie jemand auf den Gedanken gerathen könne, es sey von einer andern, als
der ersten Schöpfung aller Dinge die Rede.   Doch
es ist dem heiligen Schriftsteller nicht genug, das, was
er nun von dem Worte, oder dem Sohne Gottes
behauptet hatte, nur einmal zu versichern.   Er setzt
zweytens, sogleich unmittelbar die deutlichste Erklärung seiner Ausdrücke hinzu: Ohne das Wort ist
nichts gemacht von allem dem, das nur je
gemacht ist. Und da alle geschaffene Dinge zusammen genommen die Welt heißen; so bedient er sich
drittens auch dieses Ausdrucks: Die Welt ist durch
dasselbe Wort gemacht. v. 10. Vergebens behaupten
die Socinianer, daß unter der Welt, die neue geistliche Welt, die Kirche Christi, hier zu verstehen sey.
Denn Johannes redet von derjenigen Welt, deren Einwohner größtentheils Christum nicht
für das erkannten, was er war; die Welt,
(die durch ihn gemacht war,) kannte ihn nicht;
sie nahm ihn nicht als ihren Erlöser an.   Folglich

redet.

redet Johannes nicht von dem geiſtlichen Reiche
Chriſti, von der durch ihn erſt neu zuſchaffenden
Welt; ſondern von derjenigen Welt, die ſchon durch
ihn gemacht worden war, von der Welt, die From=
me und Gottloſe in ſich begreift; von der Jeſus
ſonſt zu ſeinen Jüngern ſpricht: in der Welt habt
ihr Angſt; Joh. 16, 33. von der er zu Nicodemo
ſagt: Gott hat ſeinen Sohn nicht geſandt in die
Welt, daß er die Welt richte ꝛc. Joh. 3, 17. Ich
bin vom Vater ausgegangen und gekommen in die
Welt. Joh. 16, 28. Daß dieſe Welt, welche,
als die Verſammlung aller Geſchöpfe, Gott
ihrem Schöpfer entgegen geſtellt wird, hier gemeynt
ſey, iſt viertens daraus zu erſehen, weil ſie Johannes als das Eigenthum des Sohnes Gottes vor-
ſtellt, in welches er kam, das alſo ſchon von ihm
geſchaffen worden war, ehe er nun, als Menſch
ſichtbar in demſelben erſchien; das folglich nicht erſt
durch die Predigt des Evangeliums von ihm zubereitet werden ſollte: er kam (als der Schöpfer) in ſein
Eigenthum, (v. 11.) und man nahm ihn nicht auf.
Er kam ſogar zu ſeinem ihm ganz eigenen Volke, das
er ſich zu ſeinem Dienſte ausgeſondert und bißher mit
Wohlthaten überhäuft hatte: und die ſeinen nahmen ihn nicht auf. Die ſeinen, die zuvor ſchon
durch ihn geſchaffen waren, nahmen ihn nicht auf.

Ich

Ich hoffe, es sey durch diese Gründe hinlänglich erwiesen, daß Johannes dem Sohne Gottes die
Schöpfung der Welt hier beylege, wenn auch sonst
keine ähnliche Schriftstelle zu finden wäre. Diese
Auslegung der angeführten Worte stimmt denn nun
aber mit der Absicht *) des Evangelisten, die er, allem Ansehen nach, wie auch die Geschichte sagt, bey
der Verfertigung seines Buchs sich zum Augenmerke
genommen hatte, und mit vielen andern von ihm
erzehlten Reden Christi auf das vollkommenste überein. Denn nun sieht man, warum Johannes unter
allen andern Evangelisten allein so sorgfältig es bemerkt hat, daß Christus eine Natur habe, nach der
er, vor Johanne und vor Abraham schon da war;
warum er sonderlich die Reden Christi aufbehalten
hat, in denen die deutlichsten Beweise seiner unendlichen
Macht und Herrlichkeit zu finden sind. Z. E.
Wie der Vater stets wirkt; so der Sohn; wie der
Vater die Todten erweckt, so der Sohn; wie der Vater Richter der Welt ist, so der Sohn; ja der Vater hat die Ausführung dieses Gerichtes sogar dem
Sohne überlassen, damit die erhabne Natur und
Gottheit desselben noch deutlcher erkannt werde; damit alle den Sohn ehren, gleichwie sie den Vater
ehren; denn sie nehmen beyde an eben denselben Voll-
kommen-

*) Siehe oben im zweyten Kapitel, Seite 45.

kommenheiten Theil; sie sind nicht außer und neben einander, sondern auf eine ganz andre Weise
dergestalt [da, daß, wer den Sohn siehet, der
sieht auch den Vater; der Sohn und der Vater sind
an Macht einander gleich; sie sind eins. *) Wer diese und viele andre Stellen in dem Evangelio
Johannis mit ruhiger Ueberlegung betrachtet; der
kann in dem Anfange dieses Buches wohl schwehrlich
einen andern Sinn antreffen, als wir darinnen gefunden haben.

Ein eben so deutliches Zeugniß der Wahrheit, daß
der Sohn Gottes Schöpfer der Welt sey, giebt
Paulus im ersten Kapitel des Briefes an die
Ebräer. Allein die Socinianer geben denn auch
dieser Schriftstelle eine andre Bedeutung. Da wir
aber sonderlich im dritten und wenigstens auch höchstwahrscheinlich im zehenten Verse dieses Kapitels den
Beweis finden, **) daß durch den Sohn Gottes
alles erschaffen sey: so will ich sonderlich von diesen
beyden die Auslegungen des Gegentheils anführen
und ihren Ungrund zu zeigen mich bemühen.

Beynahe alle Anhänger Socins stimmen mit ihm
überein, daß die Worte des Apostels also zu geben
seyn: "Gott hat ehedem oft durch die Propheten
„geredet,

*) Joh. 5. und Joh. 10.
**) Siehe oben Seite 54.

„geredet, aber in den letzten Zeiten hat er zu uns
„durch den Menschen Jesum geredet, der in einem
„ganz vorzüglichen Verstande Gottes Sohn ist, durch
„den der unsichtbare Gott den Glanz seiner Herrlichkeit
„gleichsam sichtbar dargestellt und in seinem vortref-
„lichsten Ebenbilde gezeiget; durch den er die alte Re-
„ligion abgeschaft, eine neue Periode der Welt
„angefangen, eine neue Religion gestiftet und das
„Geisterreich, oder die künftige Welt eingerichtet hat;
„(τὰς αἰῶνας ἐποίησεν.) Denn er, der Messias,
„hat sich nicht nur schon auf Erden mit seiner Wun-
„derkraft mächtig erwiesen; sondern er beherr-
„schet (φέρων) auch alle Dinge mit seinem mächti-
„gen Worte.„ Von den Gründen, warum die
Paulinischen Worte also ausgelegt werden sollten,
sind die vorzüglichsten diese: Paulus zeige ja so gleich
im ersten Verse, daß er von einer Veranstaltung
im Geisterreiche, nicht von der ersten Schöpfung der Welt rede; er sage hierauf, Gott habe
Christum zum Erben über alles gesetzt; dieß könne
von keiner göttlichen Person gesagt werden; es sey etwas gewöhnliches, daß die neue Einrichtung der Religion, eine neue Schöpfung genennet werde; das
Wort, welches Luther gegeben hat: er trägt alle
Dinge, könne sehr wohl auch verstanden werden:
er regiert alle Dinge; endlich so gäben die folgenden

Ausdrucke: er habe die Reinigung unsrer Sünden gemacht 2c. sehr deutlich zu erkennen, daß hier von der neuen geistlichen Schöpfung, nicht aber von der ersten Hervorbringung der Kreaturen geredet werde. *) Nun laßt uns sehen, was diesen Gründen entgegen zu setzen sey.

Vor allen Dingen ist die Absicht des Apostels in Betrachtung zu ziehen. Sie ist nicht diese, wie die Gegner wollen, Jesum bloß als einen großen Lehrer vorzustellen, der die vor ihm ehedem lebenden Propheten weit übertroffen hätte; nein! der Apostel hat etwas weit größeres vor Augen. Er will die aus dem Judenthume zur christlichen Religion bekehrten Gläubigen durch die wichtige Vorstellung vor dem Rückfalle warnen, daß sie einen Mittler und Hohenpriester hätten, der weit mehr, als Moses, mehr, als Aaron, größer, als die Engel, höher, als alle Himmel, und von allen Geschöpfen unterschieden wäre. Daß dieß die Absicht des Apostels sey, ist aus dem Innhalte des ganzen Briefes, sonderlich der ersten acht Kapitel so klar, daß es wohl niemand leugnen kann, der sie gelesen hat. Um nun diese Person des neutesta-

*) Diese Auslegung ist am ausführlichsten in dem zweyten Tome der Werke des Crellius, S. 72. 2c. zu finden.

M

testamentischen Mittlers sogleich in ihrer ganzen Größe
den zum Theil im Glauben wankenden Christen vor
die Augen zu stellen: so beschreibt der Apostel eben
so, wie Johannes in dem Anfange seines Evangeliums, Christum nach seinen beiden Naturen, und
nach seinen großen Verrichtungen. Dieser unser Messias, spricht er, ist ein Mensch, und als ein
solcher ist er von Gott zum Erben über alles gemacht:
er ist aber auch der göttlichen Natur theilhaftig, und
nach derselben der Schöpfer der Welt; das Ebenbild
des Vaters, mit eben den Vollkommenheiten, wie
der Vater, versehen, daher auch, wie der Vater, Erhalter und Regent aller Dinge. — Nach beiden
Naturen, als Gott und Mensch, als der Erbe, und
der ewige Sohn, hat er die Reinigung unsrer Sünden gemacht; und dann sich im göttlichen Glanze in den
Himmel erhoben und auch als Mensch die Herrschaft über die ganze Welt angetreten. Weil er denn
nun nicht eine bloße Kreatur; sondern Gott ist: so
gebührt ihm, wie Gott, die Ehre der Anbetung: es
müssen ihn daher alle Engel Gottes anbeten. *)

Diese

*) Damit man desto deutlicher sehe, wie diese Ge-
danken in dem Anfange des Briefes Pauli an die
Ebräer liegen: so will ich sie einzeln vor Augen
stellen.

1. Der Stifter unserer Religion ist größer, als alles:
er ist der Sohn. v. 1.   2. Er

Diese Auslegung, ist, wie doch wohl jeder fühlen
wird, so leicht und natürlich, stimmt auch mit dem
Endzwecke des Apostels so vollkommen überein; daß
sie schon um deßwillen vieles vor sich hat. Allein nun
kommt noch dieß hinzu; daß die Worte: durch welchen
er die Welt gemacht hat, den Sinn nicht vertragen, welchen ihnen die Socinianer beylegen. Denn
es redet Paulus im Griechischen so, daß man unter
dem Ausdrucke τὺς αἰῶνας ἐποίησε, durch welchen er
die Welten gemacht hat, durchaus alle Dinge und
nicht bloß die neue Einrichtung der Religion, oder
die Periode der neuen christlichen Welt verstehen
muß.

M 2

2. Er ist ein Geschöpf, von Gott zum Erben über
alles bestimmt; v. 2.

3. Er ist aber nach seiner höhern Natur wahrer
Gott. Denn

a. durch ihn ist die Welt erschaffen. v. 2.

b. Er hat eben die Vollkommenheiten, wie der
Vater; in ihm sehen wir das sichtbare Bild des
Vaters; v. 3. Abglanz ꝛc.

c. Er ist Erhalter und Regente der Welt. v. 3.
er trägt alle ꝛc.

4. Nach beiden Naturen brachte er als ein göttlicher Hoherpriester sein Opfer. v. 3. Reinigung ꝛc.

5. Nach beiden Naturen beherrscht er die Welt. v. 3.
Hat sich gesetzt ꝛc.

6. Daher muß er auch sogar von den Engeln göttlich verehret werden. v. 6.

muß. Zwar gebe ich gerne zu, daß bey den Juden die Zeit des Messias, und das von ihm zu errichtende Himmelreich, die **künftige Welt** genennt werde. Allein es heißt dieß neue messianische Reich, nie die **Welten:** Die Juden theilten nehmlich die ganze Zeit und die in derselben befindlichen Dinge in zween große Abschnitte. Die Zeit vor dem Messias ist die gegenwärtige Welt; die Zeit nach der Erscheinung des Messias, zuweilen auch die Ewigkeit, ist die zukünftige Welt. *) Beide zusammen werden die **Welten** genennet, die alle geschaffene Dinge in sich begreifen. Daher denn auch πρὸ τῶν ἀιώνων so viel heißt, als vor Erschaffung aller Dinge. Es ist folglich der Gedanke, welchen Paulus mit diesen Worten ausdrückt, eben der, den wir bey dem Johanne **) gefunden haben: durch ihn ist alles gemacht, was je gemacht ist, ohne den Sohn Gottes hat kein Geschöpf das Daseyn erhalten. Dieß ist desto gewisser, da Paulus in eben dem Briefe, ***) dessen Anfang wir betrachten, die Schöpfung aller Dinge mit denselben Worten ausdrückt, deren er hier sich bedient: Durch den Glauben merken wir, daß die **Welten** (ἀιῶνες) durch Gottes Wort gemacht worden sind, daß alles, was man siehet, (die ganze (Schöpfung)

*) Luc. 18, 30. Ebr. 6, 5.
) Kap. 1.   *) Ebr. 11, 3.

Schöpfung) aus nichts worden ist. Diese unsre
Meynung erhält drittens eine neue Unterstützung durch
die folgenden Ausdrücke: **er, der Sohn, trägt
alles mit seinem mächtigen Worte.** Daß
unter dem Worte *alles* die ganze Schöpfung zu
verstehen sey, geben selbst diejenigen unter den Soci-
nianern zu, welche annehmen, Christus beherrsche
beides die Geister und Körperwelt. Und wir beweisen, daß dieser Gedanke wahr sey, durch viele andre
Stellen der Schrift. Denn nur eine hier anzuführen *), Paulus lehrt 1 Cor. 15, 27. 28. daß
Christo alles, nur Gott selbst ausgenommen; so unterworfen sey, daß er es als Regente beherrsche.
Daß aber zu einem solchen allgemeinen Regimente
des ganzen der Besitz der höchsten Vollkommenheiten, die Erkenntniß alles dessen, was wirklich und
möglich ist, die Kraft an allen Orten zu wirken u. s. w.
erfordert werde, ist an sich klar. Wenn Christus ein
Geschöpf ist, und nicht seiner höhern Natur nach zur
ewigen Gottheit selbst gehört: so kann er jene Vollkommenheiten nicht besitzen. Oder kann vielleicht der
ewige Gott einen andern Gott schaffen? So weit
geht die Philosophie der Socinianer. Sie haben
zween Götter **).

M 3   Wir

*) Mehrere siehe oben im zweyten Kapitel.

**) Die Worte Socins sind folgende: Duos deos
sum-

Wir müssen nun noch eine andere Betrachtung hinzusetzen. Das Wort (φέρω) welches Luther, er trägt, gegeben hat, wird zwar für verschiedene hebräische Ausdrücke gesetzt. Doch aber heißt es in ungemein vielen Schriftorten so viel, als etwas halten, tragen, bringen, wie man ein Brandopfer auf die Hände nimmt und zum Altare trägt *), wie man ein Geschenk trägt, und einem andern darbringt, wie der Baum, die von ihm hervorgebrachte Frucht trägt. In einem ähnlichen Sinne ist das Wort ohne Zweifel auch hier gebraucht. Der Schöpfer ist es, von welchem alle Dinge ihren Ursprung nehmen; der ist es auch, der sie durch seine Kraft erhält. Kreaturen müssen sich öfters viel bemühen, wenn sie etwas erhalten und tragen wollen; aber der Schöpfer wirkt mit seinem mächtigen Worte. Bloß auf seinen Willen erhalten die Kreaturen, ihr

bestän

summos, quorum ne alter ab altero minime pendeat, eiue sit subordinatus, plane abominatur vniuersa scriptura s. Sed vnum, ex quo, alterum, per
quem, cum dependentia huius ab illo, ad eumque
subordinatione, non modo non abominatur, sed
partim praedicit, partim praedicat tota scriptura s.
vide in biblioth. Fratr. Polon. T. I. p. 285.

*) 2 Mos. 39, 33. 3 Mos. 5, 7. 11. 18. 4 Mos.
7, 3. Es ist mehr, als funfzig andern Orten der
Schrift.

beständiges Daseyn und Leben; er spricht, so geschiehts; er gebeut, so steht es da. So trägt und erhält der Sohn die von ihm geschaffene Welt durch sein Wort.

Diese Gedanken werden denn nun in eben diesem Kapitel im zehenten Verse noch einmal ausgedrückt. Von dem Sohne (kann gesagt werden): Du Herr, „hast vom Anfange die Erde gegründet, die Himmel „sind deiner Hände Werk. Sie werden vergehen, du „aber bleibest 2c.„" Um die Stärke dieses Beweises zu entkräften, geben die Socinianer vor, Paulus führe diesen Theil des 102. Psalmes nur in der Absicht an, um mit den letztern Worten: Du aber bleibest, wie du bist, das zu bestättigen, was er vom Reiche des Messias nur erst gesagt hatte, daß es ewig und unvergänglich sey. Einige unsrer Theologen sind, ohne Socinianer zu werden, eben der Meynung zugethan. Andre sehen diese Stelle so an, als wenn sie einen Beweis abgeben sollte, der Sohn sey größer, als die Engel; denn die Engel würden unter die Geschöpfe gezählt, die Gott am Anfange mit Himmel und Erden hervorgebracht habe. Der Sohn aber sey kein Geschöpf. Wenn dieß letztere wahr ist: so bleibt die Auslegung des andern und dritten Verses, die wir nur erst betrachtet haben, ungestöhrt; Paulus widerholt es noch einmal,

M 4   daß

daß der Sohn kein Geschöpf, wie die Engel, sey. Allein es ist der Ort nicht, viele Meynungen der Theologen zu sammlen; ich will vielmehr diese Stelle unpartheyisch betrachten.

Der hundert und zweyte Psalm ist allem Ansehen
nach von einem Propheten während der Zeit gemacht,
in der Jerusalem, von Babyloniern zerstöhrt, in der
Asche lag *). Der Verfasser des heiligen Liedes redet in der Person eines Israeliten, der über das
Schicksal seines Volks betrübt, die Erfüllung der
Verheißungen wünscht, welche Gott durch die Propheten Jesaias, Jeremias, und andere gegeben hatte,
daß Jerusalem wieder erbauet; die Israeliten dahin
versammlet, der Name Gottes unter den Heiligen
verherrlichet und bey der Erscheinung des Messias
allen Nationen die wahre Religion bekannt gemacht
werden möchte; damit die Heiden den Namen
Jehovah fürchten, und alle Könige auf Erden deine Ehre, v. 16. Ach möchte ich dieß doch
erleben! ruft der Prophet aus! Mein Gott, nimm
mich nicht weg in der Hälfte meiner Tage. v. 25.
Du bist ja der ewige Gott! du kannst mich erhalten; du kannst dein Reich wieder herstellen. Du
bist der allmächtige Schöpfer; du hast vorhin die
Erde gegründet, die Himmel sind deiner Hände Werk.
v. 26.

*) Siehe v. 14. und 15.

v. 26. Zwar wird dieser sichtbare Bau des Himmels
und der Erde vergehen; Du wirst ihn einst in einer
schönern Gestalt erneut herstellen. Aber du blei=
best ewig, und dein Reich ist ewig. Du bleibest,
wie du bist.

Nun frägt sichs: wie kann Paulus die Stelle aus
diesem heiligen Liede, die offenbar überhaupt auf
Gott geht, und Gott theils, als den Schöpfer,
theils als den Regenten und Beschützer seines Volks
betrachtet, wie kann Paulus diese Stelle auf den
Sohn anwenden, und sprechen: aber von dem Soh=
ne kann und darf man sagen: Du, Herr, hast vom
Anfänge die Erde gegründet. Ich antworte auf die=
se Frage: Wer ist denn der Schöpfer Himmels und
der Erde? Wem hat Johannes im ersten Kapitel
seines Evangeliums, wen hat Paulus in dem zweyten
und dritten Verse des Kapitels dieses Briefes an die
Ebräer, als den Schöpfer und Erhalter der Welt,
vorgestellt? Ist es nicht der Sohn, durch den
alles geschaffen ist? Kann der heil. Geist, der den
Propheten des alten Bundes trieb, wohl nur
allein den Vater gemeynt haben, wenn er den
Propheten regierte, daß er schrieb; Du Jehovah
hast die Erde gegründet? Wenn aber diese Worte
im Psalm vom Sohne, wie vom Vater, und über=
haupt von Gott geschrieben stehen, soll sie Paulus

M 5 nicht

nicht auf den Sohn anwenden, soll er nicht allso
schreiben können? O ihr Christen aus den
Ebräern! stehet doch ja im Glauben an euren Erlöser feste. Laßt euch nicht durch die,
so vielen zum Aergernisse gereichende Niedrigkeit Christi, nicht durch die Würde Moses,
nicht durch das äußerlichglänzende Aaroni-
tische Priesterthum, nicht durch den Gedanken, das Gesetz sey durch Vermittelung der
Engel gegeben, Christus aber sey ein Mensch,
er könne eine von Gott gestiftete, durch Vermittelung der Engel angerichtete Religion
nicht abschaffen; laßt euch durch diese Zweifel nicht irre machen, denn Christus ist kein
bloßer Mensch, er ist der Sohn Gottes. Das
sichtbare Ebenbild der unsichtbaren Herrlichkeit des Vaters, er ist es, durch den der Vater
alles erschaffen hat; der nicht nur, wie die
Engel, ein Gesandter Gottes, sondern sein
Sohn zu nennen ist, (v. 4. 5.) den alle Engel anbeten müssen; dessen Reich und Herrschaft folglich alle Dinge unter sich begreift
und ewig währt. (v. 8.) Kurz, von dem
das mit vollkommnem Rechte gesagt werden
kann, was der Psalmist überhaupt von Gott
geschrieben hat: Du Herr! hast vom Anfange
die

die Erde gegründet, und die Himmel find
deiner Hände Werk.

Das ist der wahre Sinn des Apostels; und ich
bin davon so lebendig überzeugt, daß ich hoffe, diese
Erklärung werde sich durch ihre Leichtigkeit empfehlen,
und wohl vertheidigen laſſen. Denn so ſieht man
nun, aus welchem Grunde Paulus dieſe Stelle vom
Meſſias gebrauchen konnte, ob ſie gleich durch den
Pſalmiſten überhaupt von Gott geſchrieben war;
nun erkennet man, daß er die ganze Stelle zur
Erklärung ſeines Sinnes nöthig hatte; denn er wollte die beiden Gedanken mit biblischen Worten
ausdrücken, 1) daß der Sohn Gottes Schöpfer der
Welt, und 2) ſein Reich (nicht wie die Juden
glaubten, ein irrdiſches und alſo vergängliches,) ſondern ein unſichtbares und ewiges ſey; welches er ſo
lange beherrſchen werde, biß daß alle ſeine Feinde
zum Schemel ſeiner Füße gelegt werden; welches er
alsdenn dem Vater zwar übergeben wird, *) das
aber doch an ſich immer und ewig bleiben ſoll.
Es iſt alſo, wenigſtens nach meiner Einſicht, gewiß,
daß Paulus den Sohn Gottes in dem erſten Kapitel des Briefes an die Ebräer, als den Schöpfer und
Regenten der ſichtbaren und künftigen oder unſichtbaren Welt vorſtelle.

Und

*) 1 Cor. 15, 24.

Und nun fragt sichs weiter, wie doch wohl die
Worte eben dieses Apostels Colosser 1, 16. und 17.
zu verstehen seyn; ob auch darinnen ein Beweis liege,
daß Christus nach seiner göttlichen Natur Schöpfer
und Erhalter der ganzen Welt sey? *)

Die Gegner glauben in den Worten Pauli: Christus ist das Ebenbild des unsichtbaren Gottes, der Erstgebohrne aller Kreaturen. Denn
durch ihn ist alles geschaffen, was im Himmel und auf Erden ist, beide das sichtbare
und unsichtbare u. s. w. folgenden Verstand zu
finden. "Der Mensch Jesus ist seinen Gesinnun-
„gen, seinem heiligen Willen, nicht seiner Natur
„nach, das Ebenbild Gottes; er ist der Erstgebohrne
„der neuen Schöpfung, und als der Erstgebohrne der
„Be-

*) Es sind verschiedene Theologen unserer Zeit,
welche die Stelle von der geistlichen Schöpfung,
oder Anrichtung der neutestamentischen Religion
verstehen. Hoffentlich werden diese Gelehrten,
und mir zum Theil sehr verehrungswürdigen Männer, mir die Gerechtigkeit wiederfahren lassen, daß
ich sie nicht deßwegen unter die Socinianer zehle,
weil ich hier wider eine Meynung dieser Secte
disputiere, und die gedachte Auslegung bestreite.
Sie bedienen sich ihrer Einsicht und ihrer Freyheit, gleichwie ein jeder rechtschaffener Theologe
thun soll.

„Beherrscher seiner Brüder, der Christen; durch ihn
„sind sie bekehrt und zu neuen Kreaturen gemacht,
„das ist, geschaffen worden. Nicht allein aber unter
„dem menschlichen Geschlechte hat Christus wichtige
„neue Veränderungen hervorgebracht, sondern auch
„sogar in der unsichtbaren Geisterwelt. *) Man
„kann also auch sagen, daß das unsichtbare durch
„ihn geschaffen worden sey. Denn er hat den En-
„geln neue Verordnungen und Aemter gegeben: so
„ist er denn das Oberhaupt der ganzen neuen
„Schöpfung, und erhält auch alles in seiner
„Ordnung, es bestehet alles durch ihn.„ Der
Hauptbeweis, auf welchem diese Auslegung beruhet,
ist folgender: Christus werde ja hier nicht Gott,
sondern das Ebenbild Gottes; ja er werde ausdrücklich eine Kreatur, der Erstgebohrne aller Kreaturen,
genennet; er werde als der Erlöser, das ist, der große
Lehrer der Menschen beschrieben, durch den alles wieder hergestellt, Juden und Heiden zu einer Kirche
vereiniget, und ein neues geistliches Reich gegründet
worden sey, welches in der heil. Schrift sonst auch
die neue Schöpfung genennet werde.

Es kommt hier eben so, wie bey den Worten
Pauli Ebr. 1, 2. 3. darauf an, ob von der ersten,
durch Mosen beschriebenen, oder von der neuen
Schöp-

*) Siehe Crell in seinen Werken, Tom. I. S. 527. ꝛc.

Schöpfung des geistlichen Reiches Jesu die Rede sey.
Und um dieß auszumachen, müssen wir die Absichten,
welche der Apostel bey Verfertigung dieses Schreibens
vor Augen gehabt haben mag, mit einigen Wörten
wiederholen. Der heilige Schriftsteller hat es mit
zweyerley Gegnern zu thun. Zuerst mit solchen,
welche darauf umgiengen, das mosaische Gesez auch
denjenigen Christen aufzudringen, die zuvor Heiden
waren. Dahin gehen die Ausdrücke in den beiden
ersten Kapiteln, daß in Christo beides Heiden und
Juden mit Gott versöhnt wären, daß das mosaische
Gesez nur den Schatten von den künftigen Gütern
gehabt habe, welche beide Völkerschaften durch Christum ihr gemeinschaftliches Haupt empfangen sollten. Dann aber hatte er die Colosser noch vor gewissen Irrlehrern zu warnen, welche die unreine
orientalische Philosophie, *) mit dem Jüden-
thume vermengt, in die christliche Religion einmischen
wollten. Diese lehrten unter andern, es seyn auch
die Engel im Himmel einigermaßen als Mittler anzusehen. Man müsse also auch ihnen eine gewisse
Art der Verehrung erzeigen, damit sie unser Wohl
befördern möchten. Gegen diese ist dasjenige geschrieben, was wir im 18. und 19. Verse des zweyten
Kapitels lesen: Lasset nicht zu, daß euch jemand

*) Colos. 2, 8.

mand des Kleinods beraube. Denn es sind
Leute, welche sich in einer übertriebenen De=
muth und in der Beobachtung eines Dienstes
etwas zu seyn dünken, welchen sie den En=
geln zu erzeigen glauben, davon sie doch
nicht einmal rechte Begriffe haben, sondern
sind ohne Ursache aufgeblasen in ihrem eitlen
Sinne, halten sich nicht an das Haupt, an
welchem der ganze Leib der christlichen Kir=
che in seinen Gliedern, Fugen und Gelenken
sein göttliches Wachsthum erhält.

Der Apostel hatte also nicht nur gegen den Eifer
für das Gesetz; sondern auch gegen die allzu große
Ehrfurcht gegen die Engel zu streiten, und die
Colosser zu warnen, daß sie nicht Christum, als ei=
nen von den Aeonen betrachten möchten, die nach
der jüdisch orientalischen Philosophie aus Gott aus=
geflossen und im Reiche des Lichts oder auch im
Pleroma befindlich wären. Diese beiden Absichten
verliert (wie der aufmerksame Leser dieses Briefs
finden wird) der Apostel fast nie aus den Augen.
Sie sind daher auch in der Stelle verbunden, die
wir betrachten. Er zeigt in derselben: Christus sey
mehr, als die Engel und alle Kreaturen; er sey
der Schöpfer und Erhalter der Welt; (durch ihn
ist alles geschaffen) daher sey er denn auch fähig
gewesen,

gewesen, eine hinlängliche und ewiggeltende
Versöhnung zu stiften. Er sey auch die edelste
Kreatur, der Erstgebohrne, der Regent aller geschaffenen Dinge, sie mögen sichtbar oder unsichtbar,
sie mögen noch so hoher und fürtrefflicher Natur seyn;
er ist aller Herr und Regent, und vereinigt sie alle
unter seinem Scepter. Gleichwie er aber auf diese Art
alles unter sich, als dem Oberhaupte der
Schöpfung verbindet: so habe er auch durch seinen
Tod den Grund zur Vereinigung der Juden und
Heiden gelegt, habe die Scheidewand zwischen beiden, das mosaische Gesetz, niedergerissen, und
aus beiden einen Leib gemacht, an dem er das
Haupt ist.

Dieß ist, so viel ich sehen kann, der wahre Sinn
dieser Stelle. Auf diese Weise geht der Apostel beiden Arten der Irrlehrer entgegen; beschreibt nach seiner ihm gewöhnlichen Methode die Hoheit der Person Christi nach ihren beiden Naturen, und
warnet die Christen nicht nur vor Abfall, sondern
auch vor Vermischung mit dem Judenthume, eben so,
wie im Briefe an die Ebräer, durch die Vorstellung,
daß sie einen über alles erhabenen göttlichen Mittler
haben, der der Regente der ganzen Welt sey.

Wiewohl diese Auslegung schon in sich selbst einen
starken Beweis ihrer Richtigkeit zu haben scheint: so
will

will ich ſie doch nun weiter zu beſtättigen ſuchen.

Zuerſt iſt es ganz offenbar, daß Chriſtus, als das ſichtba-
re Bild der Gottheit, folglich als der im Fleiſche erſchienene
Sohn Gottes, als der Schöpfer und Herr der Welt ſogleich Anfangs beſchrieben werde. Er iſt das Ebenbild
des unſichtbaren Gottes. Eben ſo, wie Paulus
Ebr. 1, 3. ihn geſchildert hat. Er iſt der Abglanz der
Herrlichkeit des Vaters, das Ebenbild ſeines Weſens.
Und wie er ihn an dem erſt gedachten Orte des
Schreibens an die Ebräer, ſogleich nach dieſer Benennung, als den Schöpfer und Erhalter der ganzen
Welt vorſtellet: ſo auch hier: Durch ihn iſt alles
geſchaffen. Allein, ſpricht man, wird denn Chriſtus nicht auch der Erſtgebohrne vor allen Kreaturen
genennt? und führt uns dieß Wort Kreatur (κτησις)
nicht auf die neue *) Schöpfung, die durch ihn ver-
anſtaltet worden iſt? Ich antworte: wenn da ſtünde: der Erſtgebohrne aller neuen Kreaturen; ſo wäre ein ſtarker Vermuthungsgrund vorhanden, warum
wir an die neue Schöpfung gedenken ſollten. Allein
es heißt der Erſtgebohrne aller Kreaturen. Dieſe
Worte können auf eine zweyfache Art betrachtet und
ausgelegt werden. Zuerſt können ſie ſo viel heißen:
er iſt auch nach ſeiner Menſchheit das vorzüglich-
ſte

*) 1 Tim. 4, 4. Col. 1, 23. 2 Petr. 3, 4.

N

ste Geſchöpf, der fürtreflichſte unter ſeinen
Brüdern, der, gleich den Erſtgebohrnen, das Regiment über alle ſeine Mitbrüder, über die ganze Familie Gottes führt. Und dieß iſt diejenige Deutung,
welche heut zu Tage bey angeſehenen Theologen den
meiſten Beyfall gefunden hat. Es ſcheint mir auch
allerdings, dieſer Gedanke ſey mit in den angeführten
Worten enthalten. Denn es iſt bey den Juden etwas gewöhnliches, denjenigen den Erſtgebohrnen zu
nennen, der vor andern Menſchen den Rang, und
über ſie das Regiment hat. Daher wird im 89. Pſ.
v. 28. vom Meſſias (oder wie einige meynen
vom Salomo) geſagt: ich will ihn zum erſten Sohne
machen, zum allerhöchſten unter den Königen
der Erden.

Zweytens ſcheint aber hier Paulus noch auf etwas
andres zugleich mit geſehen zu haben, was die
Schrift ſonſt, zwar nicht ſo ganz ausdrücklich ſagt,
doch aber vermuthen läßt; was auch einige der
älteſten Kirchenlehrer auf eine gewiſſe Art behauptet
haben. Der Sohn Gottes nehmlich war zwar, als
Sohn, von Ewigkeit bey dem Vater, und ſtund
gegen ihn in dem Verhältniſſe, das wir oben beſchrieben haben. Allein, als Gott die Geiſterwelt ſchaf-
fen wollte: ſo war nöthig, daß er ſich derſelben durch
ein äußerliches Zeichen ſeiner Herrlichkeit zu erkennen
gab.

gab. Ehe denn also noch ein Geist dachte, ehe sonst noch eine Kreatur gebildet und lebendig vorhanden war: so umgab der Vater den Sohn mit jenem herrlichen Glanze, in welchem er den vernünftigen Geschöpfen nachher erschien. So wurde der Sohn der erste unter allen Geschaffenen, der vorher unsichtbar in Gott ewig da war, der mit einigen subtilen Theilen der neugeschaffenen Natur umgeben, jetzt gleichsam gebohren und sichtbar dargestellt wurde; der aber weit über alle Kreaturen erhaben, kein eigentliches Geschöpf, sondern der Sohn war; durch den nun weiter alle Kreaturen, Daseyn, Bildung, und Leben erhielten; der sie als der Erstgebohrne alle beherrschte; der von allen Engeln und andern Geistern, die ihn kennen lernten, als das sichtbare Ebenbild des unsichtbaren Vaters angebetet und verehret wurde. So war das Wort Gott, und war von Ewigkeit in Gott; so wurde das Wort, um sich den Geschöpfen sichtbar darzustellen der Erstgebohrne der Kreaturen; so war er auch hernach, als Mensch, der Erstgebohrne von den Todten; so hatte er bey der ersten Schöpfung, so hatte er bey der andern und geistlichen Schöpfung, so hatte er in allen den Vorgang. *) Ich werde weiter unten Gelegenheit haben, diese Erklä-

N 2 rung

*) Colof. 1, 15. biß 18.

rung der Paulinischen Worte auf die Lehre von der
Erniedrigung Christi anzuwenden; und man wird
wahrnehmen, wie fruchtbar dieser Gedanke zur Auf=
lösung der Schwierigkeiten sey, die man in vielen
Stellen der Schrift findet, wenn man ihn verwirft.
Jetzt aber will ich nur einige Gedanken der alten
anführen, die wo nicht ganz, doch wenigstens
zum Theil, mit dem, was ich sagte übereinstimmen.

Tertullian im Buche gegen den Praxeas *)
drückt sich vom Vater und Sohne und ihrem Daseyn,
vor Erschaffung der Welt also aus: Als Gott das=
jenige, was er durch die Vernunft und den Logos der
Sophia (der selbstständigen Weisheit) ausdrückt, derma=
ßen bilden wollte, daß es sein Wesen und seine Gestalt
bekäme; so brachte er aus sich zuerst den Logos
(Sermonem) hervor, der in sich seine eigene Ver=
nunft hatte, damit durch den Logos, durch welchen
alle Dinge ausgedacht und geordnet, ja so zu reden,
in Gottes Gedanken schon gemacht waren, nun auch
geschaffen würden. Und damals erhielt der Logos
auch selbst seine äußerliche Gestalt und seinen
Schmuck (speciem et ornatum) seinen Ton und
seine Stimme, indem Gott (durch ihn) sprach: es
werde Licht. Dieß ist die eigentliche (äußerliche)
und vollkommene Geburt des Logos, da gieng er

aus

*) Seite 420. der Basel. Ausg. v. 1528.

aus Gott hervor, und wurde von ihm gemacht, wie er unter dem Namen der Weisheit (beym Salomo Sprüch. 8.) den Gedanken ausdrückt: Der Herr hat mich gemacht, am Anfange seiner Wege. *) Damals wurde er nehmlich gebohren, damit durch ihn andre Dinge gemacht werden könnten, (generatus ad effectum, wie er hinzusetzt) da er (Gott der Vater) die Himmel bereitete, war ich bey ihm. So machte sich Gott einen, der ihm gleich (parem) war, den Sohn, der durch den Ausgang vom Vater (sichtbar) entstund, der der **Erstgebohrne**, vor allen andern Dingen gebohren ist; der daher der **Eingebohrne** genennet wird, — zu dem der Vater spricht: du bist mein Sohn; heute habe ich dich gezeuget, noch vor dem Morgensterne habe ich dich gezeuget.„

Tertullian mischt wohl sonst manche Vorstellungen in seinen Vortrag, die auf falsche Schriftauslegungen bey ihm gegründet sind; er hat auch kurz vor dieser Stelle, da er von der Zeugung des Sohnes redet, sich dergestalt ausgedrückt, daß man wohl sieht, es sey ihm in dieser Materie noch vieles dunkel gewesen, und er habe von dem *ewigen Daseyn* des Sohns

N 3 als

*) Diese Schriftstelle mag so zu verstehen seyn, oder nicht, genug das Dogma bleibt eine Lehre der ersten Kirche.

als eines Subjectes, nicht aufs genaueste gedacht:
allein das hindert nicht, daß er nicht ein Zeugniß davon
ablegen könnte, was man zu seinen Zeiten von der Geburt
des Sohns vor der Bildung der Kreaturen gelehrt,
und wie man das verstanden habe, wenn man den
Sohn, den Erstgebohrnen nannte. Denn Tertullian war es nicht allein, der so von dieser Materie
dachte und schrieb. Theophilus, der beynah vierzig
Jahre vor ihm schrieb, und der schon ums Jahr
hundert und funfzig biß hundert und achtzig nach
Christi Geburt, als ein gelehrter Christ, bekannt gewesen zu seyn scheint, drückt eben diesen Gedanken auf
dieselbe Art aus. Er behauptete, die Stimme, welche mit Adam im Paradiese geredet habe, sey der
Logos, Gottes Sohn, gewesen. Denn setzt er hinzu: "Dieser Logos ist zwar allezeit in dem Herzen
Gottes da gewesen. (ἔχων οὖν ὁ Θεὸς τὸν ἑαυτοῦ λόγον
ἐνδιάθετον ἐν τοῖς ἰδίοις σπλάγχνοις spricht er ein wenig vorher n. 22. Buch. II. Denn ehe Gott etwas
machte, hatte er den Logos zum Rathgeber, weil er,
(der Logos) der Verstand und die Klugheit selbst ist.
Da Gott aber dasjenige schaffen wollte, was er in
seinem Rathe ausgedacht hatte; so machte er den
Logos, den er aus sich hervorbrachte, προφορικὸν
πρωτότοκον πάσης κτίσεως, den Erstgebohrnen aller Kreaturen, er selbst aber (leerte sich vom Logos
nicht

nicht aus?) trennte sich vom Logos nicht also, daß
er etwa demselben nicht mehr bey und in sich gehabt
hätte, sondern er gebahr ihn aus sich und gieng alles
mit mit ihm um. Das lehrt uns nun die Schrift,
das lehren uns alle die, welche vom heiligen Geiste
getrieben wurden, (πάντες δὲ πνευματοφόροι), und
unter diesen Johannes, wenn er spricht: Im Anfange
war das Wort, und das Wort war bey Gott. Damit zeigt er an: zuerst sey nur Gott allein gewesen,
und der Logos in ihm. (ἐν αὐτῷ) Hernach aber
setzt er hinzu: Und Gott war das Wort; alles
ist durch dasselbe gemacht; und ohne dasselbe ist nichts
gemacht.*)

Es ist offenbar, daß Theophilus behaupte, der
Logos sey so alt, als Gott; folglich ewig. Und es
scheint mir auch nicht, als wenn er unter dem Logos
in Gott (ἐνδιάθετῳ) bloß die Eigenschaft Gottes
verstehe, welche wir Verstand nennen. Denn der
Verstand Gottes kann ja nicht gebohren werden;
Gott kann mit seinem Verstande nicht als mit einer
Person umgehen. Dieser Logos fieng an, spricht er,
sichtbar zu erscheinen, das ist nun die Geburt des
Logos (προφορικός.) Nun war der Sohn vom Vater so deutlich unterschieden, daß die geschaffenen

N 4 Geister

*) Theophilus ad Autolycum Lib. II. n. 22. p. 305.
der Ausgabe ex congreg. S. Mauri.

Geiſter den unſichtbaren Vater im ſichtbaren Sohne
als den Abglanz ſeiner Herrlichkeit, als den Erſtgebohrnen aller Kreaturen anbeten konnten. Ich läug-
ne nicht, daß die alten Kirchenlehrer Platoniſche und
jüdiſche Einfälle zuweilen mit dieſer Lehre vermengt
haben; ich werde nachher ſelbſt bemerken, wie durch
dergleichen Vorſtellungen der Grund zur Arianiſchen
Lehre gelegt wurde. Aber dieß ſcheint mir doch auch
wahr zu ſeyn, daß dieſe Gedanken zum Theil ihren guten Grund in der Schrift haben. Und da
ſie den Lehren des andern Jahrhunderts gemein ſind:
ſo ſcheint mir dieß eine Erklärungsart zu ſeyn, die
aus den älteſten Zeiten des Chriſtenthums her-
kömmt.

Ich will zum Beweiſe nur noch eine Stelle aus
dem Athenagoras anführen, der, wie bekannt, noch
eher, als Theophilus lebte. Was der Sohn ſey, will
ich kurz ſagen: er iſt (πρῶτον γέννημα) der Erſtgebohrne des Vaters. Nicht, als wenn er gemacht
(oder geſchaffen) wäre. Denn da Gott ewig iſt;
ſo hatte er den Logos ſtets in ſich, weil er von
Ewigkeit vernünftig war λογικὸς ὤν); ſondern (deßwegen wird er der Erſtgebohrne genennt,) weil er
(προελθὼν) hervorgieng, (aus dem Vater, nehmlich) indem er die Vorſtellung (das Urbild) und
die Kraft war (ἰδέα καὶ ἐνέργεια) nach welcher und

durch

durch welche die ungebildete wüstliegende Materie,
in der grobe und feine Theile unter einander lagen,
gebildet werden sollte. Dieß bezeugt selbst der heil.
Geist; denn so spricht er: Der Herr hat mich gemacht im Anfange seiner Wege. *)

Hier ist denn nun freylich auch der Platonische Logos, das Urbild der Welt, wie es Philo **)
öfters nennt, mit den Wahrheiten der Schrift wieder
etwas vermengt; allein der bey den ältesten Kirchenlehrern überall vorhandene Grundsatz ist mitten unter
diesen Nebenideen doch wohl zu erkennen, daß der
Logos ewig sey, vor der Bildung der Geschöpfe
aber sichtbar zu werden anfieng, indem er aus dem
Vater gleichsam ausgieng, und mit Licht und Herrlichkeit umgeben, als der Erstgebohrne erschien.

Wie diese bißher angeführten Kirchenväter reden;
so Justin ***), so Irenäus, so nach der Zeit Clemens von Alexandrien und Origenes.

Doch ich will von diesem Abwege, auf welchem ich
mich von meinem Ziele ein wenig entfernt habe, wieder zurück eilen, und zum Schlusse dieser kleinen Be-

N 5   trachtung

---

*) Athenagoras in legatione pro Christ. n. 10. eben-
   derf. Ausgabe, p. 287.
**) Sonderlich in der Abhandl. de mundi opificio.
***) Z. E. Im Dialogo, n. 61.

trachtung die Meynung, welche ich hier vortrug, in der Kürze zusammen fassen.

1. Der Logos war ewig in Gott. Joh. 1, 1.

2. Er war so genau mit dem Vater verbunden, als der Verstand eines Geistes mit dem Geiste.

3. Aber er stund mit dem Vater in dem Verhältnisse, daß in dem Vater der Grund lag, warum der Logos an der göttlichen Natur eben auf diese Art theilnahm. Dieß Verhältniß ist die ewige Zeugung. Folglich kann der Logos schon um dieses innern Verhältnisses willen, in welchem er gegen den Vater steht, Sohn genennt werden. So wie ein Sohn, noch ehe er durch die Geburt auf der Welt sichtbar erscheint, doch schon Sohn ist.

4. Allein er trägt diesen Namen noch um einer andern Ursache willen. Er wurde vom Vater vor der Bildung aller geschaffenen Dinge mit Glanz und Herrlichkeit umgeben und sichtbar dargestellt; so war er der Erstgebohrne aller Geschöpfe. Der Regente seiner Brüder. Darum heißt er das Ebenbild des unsichtbaren Gottes. Colos. 1, 15. Darum heißt er der Abglanz der Herrlichkeit des Vaters, Ebr. 1, 2. 3. Darum steht Joh. 17, 5. Vater

ter, verherrliche mich wieder mit der Herrlichkeit,
die ich bey dir hatte, ehe die Welt war,
Doch weiter unten mehr von diesem letzten
Gedanken. Jetzt muß noch aus andern Grün=
den gezeigt werden, daß Paulus Colos. 1, 16. 17.
nicht von der neuen Schöpfung, oder der
Errichtung der Kirche, Christi auf Erden al=
lein, sondern auch, und zwar vornehm=
lich von der ersten Schöpfung rede, die
Moses beschreibt: Und da liegt denn selbst in
dem Zusammenhange der Paulinischen Ausdrücke
ein starker Grund für diese Behauptung.

Es ist den Ebräern etwas ganz gewöhnliches, die
ganze Schöpfung mit den Worten Himmel und
Erde zu beschreiben. Zwar will ich hier nicht weit=
läuftig darüber eine Untersuchung anstellen: ob Him=
mel und Erde nicht an manchen Orten etwas anders
bedeuten, und z. E. das Judenthum und Heiden=
thum anzeigen möchten. Dieß könnte vielleicht auch
hier seyn, wenn, wie im folgenden 20. Verse von der
Versöhnung der Menschen mit Gott unmittelbar die
Rede wäre. Allein in diesem sechszehenten Verse, in
dieser Stellung der Gedanken und Verbindung der
Worte, da ist der Ausdruck: Himmel und Erde von
der Sammlung aller geschaffenen Dingen zu ver=
stehen.

ſtehen. Dieß erhellt nicht nur aus dem oben angeführten Endzwecke des Apoſtels, ſondern auch vornehmlich aus den beiden Namen, damit Paulus Chriſtum, als das oberſte Haupt der ganzen Schöpfung,
beſchreibt; dieß erhellt ſonderlich aus der Eintheilung
aller Kreaturen in ſichtbare und unſichtbare.
Denn man wird keine Stelle in der Schrift finden,
in welcher Juden und Heiden, das ſichtbare und
unſichtbare genennt werden. Noch weniger können
unter den ſichtbaren die jetzt lebenden und unter
den unſichtbaren die künftigen Geſchlechter der
Menſchen verſtanden werden, indem dieß ganz wider
allen Sprachgebrauch iſt. Sondern ſichtbar wird,
nach der Art, wie die Schrift redet, für das genommen, was in dieſer Welt iſt, unſichtbar, was
im Himmel iſt. So wie der Apoſtel an einem andern Orte ſpricht: daß wir unſer Abſehen nicht auf
das ſichtbare, ſondern auf das unſichtbare gerichtet
haben. Chriſto nur, dem Ebenbilde Gottes, iſt beides,
die ſichtbare und unſichtbare Welt, unterworfen, oder,
wie dieſe Wahrheit ſonſt ausgedrückt wird: mir iſt
gegeben alle Gewalt im Himmel und auf Erden;
in der ſichtbaren und unſichtbaren Welt. In dem
Namen Jeſu ſollen ſich beugen alle Knie derer, die im
Himmel und auf Erden und unter der Erden
ſind, (in der ſichtbaren und unſichtbaren Ober- und

Unter-

Unterwelt.) Alles ist Christo, dem Erstgebohrnen, unterworfen, so, daß nur Gott auszunehmen ist *); übrigens aber sind ihm auch unterthan die unsichtbaren Geschöpfe, nehmlich, die **Engel, die Gewaltigen** und die **Kräfte.** 1 Petr. 3, 22. Das ist der Gedanke, den Paulus nun auch Colos. 1, 16. weiter hinzusetzt: Was wollt ihr, o ihr Colosser, zu dem Engelsdienste euch bereden lassen? Unser göttlicher Mittler ist Schöpfer und Regente der gewaltigsten Geister, wie aller andern erhabenen Kreaturen unter Engeln und Menschen. Wenn man annimmt, es sey hier bloß von der Vereinigung der Juden und Heiden, nicht von höhern Geistern die Rede: so kann man diesen Worten ganz und gar keinen erträglichen Sinn geben. Denn was soll dieß nun heißen: durch Christum sind die Thronen, die Herrschaften, die Fürstenthümer geschaffen? Es kann nicht so viel seyn, als die heidnischen und jüdischen Obrigkeiten sind durch Christum angeordnet. Denn es soll ja, nach der Meynung der Gegner, von der geistlichen Schöpfung und nicht von einer leiblichen Anordnung und Einsetzung die Rede seyn. Es kann auch nicht den Sinn haben: die Könige, Fürsten, Hohenpriester und Gewaltigen der Juden und Heiden sind durch Christum bekehrt worden: denn von

den

*) 1 Cor. 15, 27.

den Großen der Welt glaubte damals noch fast keiner
an ihn. (1 Cor. 1, 26.). Es bleibt folglich dieß
noch immer das aller wahrscheinlichste, daß unter den
Thronen, Herrschaften, Fürstenthümern und Obrigkeiten entweder die fürtreflichsten Geschöpfe der unsichtbaren Geisterwelt allein, oder die vornehmsten
unter den Menschen zu gleich mit zu verstehen seyn,
und daß der Apostel behaupte, der eingebohrne Sohn
Gottes sey aller Herr, denn er sey der Schöpfer
aller. Alles ist durch ihn geschaffen, darum ist er
auch vor allen; auch vor den höchsten Geistern. Zu
welchem Engel hat Gott je gesagt, du bist mein
Sohn? setzt Paulus Ebr. 1. hinzu, nachdem er den
Sohn Gottes, eben so wie hier, als den Schöpfer,
Herrn und Erhalter aller Dinge beschrieben hatte.
Eben dieß ist auch hier sein Gedanke. Es ist nehmlich den heiligen Schriftstellern etwas ganz gewöhnliches, die höchsten Engel als mächtige Fürsten vorzustellen. Dieß beweist zu erst und vornehmlich der vorhin schon angeführte Ausdruck Petri 3, 22. Er,
Christus, ist in den Himmel eingegangen, und es
sind ihm daselbst unterthan die Engel, die Gewaltigen, die Kräfte. Dieß ist aus der Stelle Daniels klar,
da Michael ein Fürst unter den Engeln genennt wird.
Dieß ist aus dem gemeinen Sprachgebrauche der Juden bekannt genug. Denn sie theilten die Engel in
ver-

verschiedene Ordnungen und Claſſen ein, und ſtellten
ſich dieſelben als ein wohlformirtes Kriegsheer Gottes vor. Dieß iſt unter andern eine Haupturſache,
warum die Engel δυνάμεις genennt werden. Doch
ich muß bey dieſer Gelegenheit auf eine ſonſt eben
nicht bemerkte höchſt wahrſcheinliche Quelle dieſes
Namens zurück-gehen, und dieſe Sache etwas näher
betrachten. Gott hat im alten Teſtamente den Bey-
namen: Herr Zebaoth; Herr der Heerſchaaren.
Dieß Wort Zebaoth iſt von den griechiſchen Ueberſe-
tzern des alten Teſtamentes δυνάμεις überſetzt *) worden, weil ſie die Gewohnheit haben eine Armee eine
δύναμιν (Kriegsmacht) zu nennen. Da nun z. E.
Pſ. 102, 21. (nach dem Hebräiſchen 103, 4.) dieſe Kräfte ſo angeredet werden: Lobet den Herrn, ihr
ſeine Engel, ihr ſtarken Helden; lobet den Herrn,
alle ſeine Kräfte; ſo wurde es nach und nach gewöhnlich, die Engel als mächtige Fürſten, als Helden, als Herrſcher und Gewaltige **) vorzuſtellen.
Nachdem die Juden mit der griechiſchen, ſonderlich

Plato-

---

*) Z. E. Pſ. 45, 7. 11. Pſ. 47, 7. Pſ. 68, 8.
Pſ. 79, 5. 8. Es iſt der Gedanke noch weit älter.
1 Moſ. 32, 1. Dem Jacob erſchienen die Engel, und
er ſagte: das ſind Gottes Heere. Da iſt ſchon
das Kriegsheer des Herrn der Heerſchaaren.

**) Dieſer Sprachgebrauch wird durch alle Kirchen-
ſcribenten des zweyten Jahrhunderts beſtättigt.

Platonischen Philosophie bekannt wurden: so fiengen
sie an, von dem Zustande der unsichtbaren Geisterwelt
noch mehr zu philosophiren. Endlich entstund aus
der Vermischung der orientalischen und Platonischen
Weltweisheit mit dem Judenthume die Lehre: es sey
erlaubt, auch jenen starken Helden und Die-
nern des höchsten Gottes eine Art des Dienstes zu erzeigen, und sie zu verehren; so etwa,
wie man die Minister eines Königes verehrt, wenn
man die Gnade ihres Herrn zu erlangen wünscht:
dieser Irrthum nun fieng den christlichen Colossern an,
zu gefallen und wider denselben schrieb Paulus unter
andern auch seinen Brief, wie wir schon oben bemerkten, und zeigt den Christen, ihr Erlöser sey

   1. das Oberhaupt der ganzen Schöpfung,
      denn er sey der Schöpfer, folglich müsse nur
      er, nicht die Engel angebetet werden.

   2. Er sey auch nur ihr einiger Mittler, ihr ei-
      niges geistliches Oberhaupt; der Heiden und
      Juden zusammen zu einer Gemeinde vereiniget
      habe; an dieß ihr Haupt müßten sich die
      Gläubigen halten, nicht an die Engel, Colos.
      2, 18. 19. Doch ich muß nun in der Erklä-
      rung dieser Stelle weiter fortfahren.

Nachdem denn nun der Apostel im 16. Verse die
Hoheit des göttlichen Mittlers aus dem großen Werke

                           der

Schöpfung gezeigt hatte: so setzt er eben so, wie Ebr. 1, 3. auch dieß hinzu, daß er der Regent und Erhalter aller Dinge sey. Er ist vor allen, hat vor allen den Vorzug; und es besteht alles in ihm. Das Wort, dessen sich der Apostel bedient, und das Luther bestehen ausgedrückt hat, zeigt die Fortdauer einer Sache an. Dein Reich wird nicht bestehen, spricht Samuel zu Saul, als er den bekannten Ungehorsam gegen seinen Gott begangen hatte. *)

Der Gottlose verläßt sich auf sein Haus und wird doch nicht bestehen, keine glückliche Fortdauer haben. Wenn denn also der Apostel spricht: alles bestehet durch ihn; so ist der Sinn offenbar dieser: alles, was der Sohn geschaffen hat, bekommt auch die Fortdauer seines Daseyns von und durch ihn. Er trägt und erhält alle Dinge mit seinem kräftigen Worte. Daß dieß der wahre Sinn der Paulinischen Wörte sey, ist unter andern auch daraus klar; weil die gelehrten Juden mit diesen Ausdrücken: durch Gottes Wort besteht alles, den Gedanken damals zu geben pflegten: Gott hat alles erschaffen, und erhält alles. Dieß ist

aus

*) 1 Sam. 13, 14. So auch 1 Sam. 20, 31. Hiob 8, 22. Sprüch. 20, 28.

O

aus Sirach, 43, 28. sehr deutlich zu sehen. Und
eben dieser Sprachgebrauch ist schon bey dem Aris-
toteles: ἐκ θεῦ τὰ πάντα καὶ διὰ θεῦ ἡμῖν συνέστηκεν.
Aus Gott ist alles geschaffen; alles bestehet durch
ihn. (im Buche von der Welt, Kap. 6.

Das einzige, was mit einigem Scheine des Rechts
gegen diese Erklärung eingewendet werden möchte, ist
dieses, daß Paulus nun im folgenden 18. Verse hinzusetzt: er, Christus, ist das Haupt des Leibes.
Denn da der Leib ohne allen Zweifel die Kirche ist;
so scheint Himmel und Erde im 16. v. auch wohl
die Kirche Christi zu seyn.

Allein ich sehe nicht, wie dieß folge. Sollte
denn der Apostel nicht nach und nach von zwo verschiedenen, zwar doch sehr genau zusammenhängenden Wahrheiten reden können? sollte er nicht Christum zuerst, als Gott und Schöpfer der ganzen
Welt, dann als Erlöser des menschlichen Geschlechtes vorstellen können? Hat er nicht Ebr. 1, 2. 3.
eben auf diese Weise beide Wahrheiten auf das genauste verbunden, und gesagt: Der Sohn Gottes,
der das Ebenbild des Vaters, der Schöpfer und Erhalter der Welt ist, hat die Reinigung unsrer Sünden durch sein Blut gemacht, und hat sich dann zur
Rechten Gottes gesetzt, da ihm alle Dinge, auch die
Engel, unterthan sind. Eben das ist der zusammen-
gesetzte

gesetzte Gedanke, den der Apostel auch hier an die Coloſſer ſchreibt; und ich bin gewiß, daß, je mehr man beide Stellen der Briefe an die Ebräer und Coloſſer mit einander vergleichen, und die Abſicht des Apoſtels, wie auch ſeine **Manier, eine Wahrheit an die andre in Parentheſen anzuſchließen**, dabey ſtets vor Augen haben wird; deſto mehr wird man einſehen, daß im 16. uud 17. Verſe des 1. Cap. an die Coloſſer, Chriſtus als Schöpfer der ganzen Welt, im vorhergehenden und nachfolgenden aber als Erlöſer der Juden und Heiden vorgeſtellt werde. Beide Säße ſind auf das genauſte verbunden; beide faßt er nicht nur, wie ich jeßt zeigte, Ebr. 1. Coloſ. 1. ſondern auch Röm. 1, 3. 4. Röm. 9, 5. 1 Tim. 3, 16. und an vielen andern Orten in eine Rede zuſammen.

Nun hätten wir noch die Beweisſtelle aus dem erſten Briefe Pauli an die Corinther im achten Kapitel im ſechſten Verſe wider die Einwendungen der Gegner zu vertheidigen. Allein ich werde hier ſehr kurz ſeyn. Wenn die drey bißher betrachteten Schriftſtellen die Wahrheit beſtättigen, Chriſtus ſey Schöpfer der ganzen Welt, folglich gehöre er nach ſeiner höhern Natur zur höchſten Gottheit: ſo iſt die Sache, über die wir ſtreiten, ſo gut ausgemacht, als wenn wir Legionen Beweisgründe vorgebracht hätten.

O 2

ten. Jedoch die Schriftstelle ist an sich werth, daß wir den oben *) angegebenen Sinn derselben bestättigen.

Denn die Gegner glauben, in diesen Paulinischen Worten vielmehr einen starken Beweis gegen die Dreyeinigkeitslehre, als einen Bestättigungsgrund für dieselbe zu finden. Sie sagen, "es sey deutlicher, „als an je einem Schriftorte hier gesagt, daß Gott „der Vater unsres Herren Jesu Christi, der einige „wahre Gott, und dieser einige wahre Gott der „Schöpfer aller Dinge sey; daß er aber Jesum ge- „sandt, ihn zum Herrn und Christ gemacht, und „durch ihn das menschliche Geschlecht erneuert, oder „durch ihn alles neu geschaffen habe. So hätten wir „also nur einen Gott, den Vater; und nur einen „Herrn, Jesum, den Gesalbten Gottes." Was ha- ben wir nun dagegen zu sagen?

Es ist eine bekannte Sache, daß derjenige, als wah- rer Gott, vorgestellt wird, welchen die heiligen Schriftsteller den falschen Göttern entgegen se- ßen. Dieß ist die Art des Vortrags, dessen sich alle Propheten im ganzen alten Testamente bedienen, und die sonderlich Jesaias von dem 41. Kapitel seiner Weißagung biß zum 48. ungemein oft anwendet, um den Gedanken auszudrücken, Jehovah sey der höchste Gott.

*) Siehe S. 60.

Gott. Wovon war denn nun in dem Orte, welchen wir betrachten, 1 Cor. 8, 4. 5. 6. die Rede? Der Apostel handelt davon, daß ein Götze nichts sey; daß kein andrer Gott sey, als der einige, der habe alle Speisen geschaffen, alle Speise sey folglich gut, wenn sie zu Ehren des Schöpfers genossen werde. Es war also hier durchaus nicht von der Erlösung durch den Tod Christi; nicht von der Erneuerung der Welt; sondern von der Schöpfung die Rede, dadurch sich Gott als Urheber und Herr aller Kreaturen von den Götzen unterscheidet. Wer ist denn nun dieser Urheber und Herr aller Dinge? der Apostel antwortet: obgleich viele sind, die Götter genennt werden, Götter, die man am Himmel verehrt, Sonne, Mond und Sterne; Götter, welche Holz und Stein, welche Menschen, zum Theil *) kriechende und vierfüssige Thiere waren: davon viele als Baalim, als Herren und Regenten des Erdkraises verehrt werden; so haben wir doch nur einen Gott, den Vater, von dem alle Kreaturen sind, und wir von ihm, und einen Herren, Jesum Christum, durch welchen alle Dinge, alle Geschöpfe sind, und wir durch ihn. Ich frage einen jeden uneingenommenen Leser, kann hier in beiden Sätzen an etwas anders, als an die Schöpfung gedacht werden, die Moses beschreibt?

O 3   Röm

*) In Egypten ꝛc.

Können alle Dinge zuerst die Kreaturen, dann aber die Wiedergebohrnen in der Kirche Christi seyn? Ist nicht die Art zu reden, daß durch den Sohn Gottes alle Dinge sind, schon Joh. 1. Col. 1. Ebr. 1. eben so, wie hier, vom Sohne Gottes gebraucht worden? Wie mag, wenn von dem leiblichen Gebrauche der Kreaturen die Frage ist, mit der geistlichen Schöpfung geantwortet werden? Es ist kein andrer Gott, als der einige; v. 4. Dieser Gott ist der Vater, von dem alle Dinge, und der Sohn, durch den alle Dinge sind; gebraucht also die Kreatur nach dem Willen des Schöpfers, nicht aber zum Aergernisse eurer Brüder. Das ist Pauli Sinn.

Außer den gewaltsamen Schriftverdrehungen, dadurch die Socinianer den Beweisen für die Gottheit Christi ihre Kraft zu nehmen suchen, stimmt zweytens ihr System in der Materie von der Anbetung Christi durchaus nicht mit dem Worte Gottes überein. Wir schließen nehmlich so: wer gottesdienstlich verehrt werden soll, der muß zur einigen ewigen Gottheit gehören. Um diesen Schluß zu entkräften, sind die Gegner auf verschiedene Einfälle gerathen. Denn sie gehen hierinnen selbst von einander ab.

Das System des Socins war folgendes. Christus ist zwar nur ein bloßer Mensch: allein Gott hat ihn zum Herrn und Richter der ganzen Welt

g e ſetz

gesetzt; und aus diesem letztern Grunde vornehmlich
hat er ihm die Ehre, gottesdienstlich) angebetet zu
werden, verwilligt.

Seinen Beweis nahm er aus Joh. 5, 22. biß
27. und Phil. 2, 9. *) Franciscus Davidis,
Matthias Glirius, Joh. Paläologus und mehrere,
die es sonst in andern Meynungen mit ihm hielten,
hatten in diesem Stücke andre Gedanken, und leugne=
te durchaus, daß eine Kreatur mit gottesdienstlicher
Anbetung verehrt werden dürfe. Noch weniger
wäre es vernunft= und schriftmäßig im gottesdienst=
lichen Gebete etwas von einem Geschöpfe zu verlan=
gen **). Socin machte daher, theils um sonderlich
dem obengenannten Clausenburger Superintendenten,
Davidis, theils um andern Gegnern zu antworten,
einen Unterschied, zwischen der gottesdienstlichen Ver=
ehrung (adoratio) und zwischen dem Gebete
(preces.) Von der ersten behauptete er, daß man

O 4   sie

*) Im Tom. I. Bibliothecae Fratrum Polonorum,
Seite 147. 282.

**) ib. in Epistola Ioh. Niemojevii, p. 398. 2c.
Ich kann meinen Lesern hier mit Vergnügen ei=
nige wichtige historische Nachrichten anzeigen,
welche der fürtrefliche Herr Leßing in dem dritten
Beytrage zur Geschichte und Litteratur Seite
181. 2c. vom Ursprunge dieser Meynung Davidis
gegeben hat.

fie Chrifto durchaus leiften müßte; von dem andern,
daß man es zu ihm richten konnte, wenn man woll‑
te *). Darüber entſtund zwiſchen Socin und einem
andern ſeiner Anhänger, dem Niemojev ein neuer
Briefwechſel. Weil dieſer ſich nicht darein finden
konnte, wie es zwar erlaubt ſeyn ſollte, zu Chriſto
zu beten, aber nicht befohlen. **) Socin antwor‑
tete hierauf ſo ſchwankend, daß in ſeiner Secte biß
dieſe Stunde noch über die Art der Chriſto zu‑
kommenden Anbetung geſtritten wird. Wir müſſen
daher unſre Gegner theilen und nach einander ab‑
fertigen.

Diejenigen, welche Chriſto keine gottesdienſtliche
Anbetung leiſten wollen, berufen ſich darauf, daß
dieß in der Schrift nie befohlen ſey. Wenn wir
ihnen die Worte Chriſti vorhalten: daß ſie alle den
Sohn ehren, gleichwie ſie den Vater ehren: ſo ſpre‑
chen ſie, da ſey nur befohlen, daß man Chriſto eine
ähnliche, nicht eine gleiche Verehrung erzeigen ſoll.
Wenn wir uns auf die Worte Pauli berufen: Daß
ſich vor Chriſto beugen ſollen alle Knie derer, die

im

---

*) Seruitutis et adorationis, quae Chriſto tribuuntur,
alia ratio, quam inuocationis eſt, ita, vt Chriſto ſer‑
uire eumque adorare omnino debeamus, inuocare
tantummodo poſſimus. p. 416. Ebend.

**) Ebend. p. 415. ꝛc.

im Himmel, auf Erden und unter der Erden sind;
so antworten sie, das Kniebeugen sey ein Zeichen
der Ehre, damit man ehedem auch gegen Menschen seine Hochachtung ausgedrückt hätte. So wissen sie auch auf die übrigen oben angeführten Beweise immer etwas scheinbares zu sagen. Allein doch
nichts so gründliches, daß sie dieselben ganz umzustoßen, im Stande wären. Es ist zu offenbar, daß
Christo ganz und gar eben die Art der gottesdienstliche Ehre, wie dem Vater, erzeigt werden soll. Denn
so wohl der innere als äußerliche Gottesdienst muß
nach der Schrift dem Sohne Gottes geleistet werden. Wir sollen den Sohn, wie den Vater, als den
allmächtigen Schöpfer Himmels und der Erde,
als den allweisen und allgegenwärtigen Erhalter aller
Dinge in der Seele demüthig verehren; zu dem
Sohne, wie zu dem Vater, das gläubige Vertrauen
haben, daß er mit seiner Kraft bey uns sey biß an
das Ende der Tage; folglich gegen beide mit gleichen
religiösen Empfindungen erfüllet seyn. Wir sollen, was den äußerlichen Gottesdienst anbetrift,
auf den Namen des Sohnes, wie auf den Namen des
Vaters getauft werden; vor beiden nicht nur die
Verbeugungen des Körpers machen, welche eine
gottesdienstliche Bedeutung haben, (welches keiner
Kreatur geschehen darf,) sondern, was das vornehm-

Q 5   ste

ſie iſt, auch unſer Gebet zu Chriſto richten, wie wir
oben deutlich genug bewieſen haben *).

Da denn nun alle Theile des innern und äußerlichen Gottesdienſtes Chriſto erzeigt werden ſollen:
wie iſt es möglich, zu behaupten, es gebühre ihm bloß
eine Art der Verehrung, wie ſie Geſchöpfen zu-
kömmt? Und wie ungerecht iſt es, dem Sohne Gottes das abzuſprechen, was wir ihm, als unſrem
Schöpfer und Herrn, ſo willig erzeigen ſollten? Doch
die, welche ſo denken, erkennen jene große Wahrheit
nicht, aus der die ihm gebührende gottesdienſtliche
Verehrung fließt.

Socin ſcheint daher allerdings die Sache beſſer
überlegt zu haben, wenn er eingeſtund, die Schrift
lehre, daß wir unſren Herrn Jeſum Chriſtum, als
Gott, auch göttlich verehren müßten. Denn ob
Jeſus ſchon ſeinem Urſprunge nach ein Menſch wäre;
ſo ſey er doch in Anſehung ſeines Amtes und Ranges
über alle Geſchöpfe erhoben, und von dem unſichtbaren Gott zum ſichtbaren und ſubordinirten
Gott gemacht worden. Wenn daher gleich im alten Teſtamente das Geſetz ſtünde, die Iſraeliten
ſollten, außer dem höchſten Gott, keinen andern verehren: ſo wäre dieß doch nur für die Juden, nicht
für die Chriſten geſchrieben. Diejenigen nur wären

Götzen-

---

*) Siehe S. 71 — 75.

Götzendiener, welche falsche Gottheiten, als den wahren Gott ehrten, nicht die, welche das sichtbare Bild
des unsichtbaren Gottes anbeteten. Wie fein, welch
ein geschmeidiges Genie? ich habe Socins Scharf-
sinn in seinen Schriften mehrmals bewundert. Allein überzeugt hat er mich nicht.

Wie? das erste und wichtigste Gebot, auf das die
ganze vernunft- und schriftmäßige Religion gebauet
ist, das sollte nur ein Gebot für die Juden, nicht
für die Christen gewesen seyn? Den großen Lehrsatz, daß außer Gott niemand gottesdienstlich
verehrt werden dürfe, der, nach den Weißagungen
Jesaias *) und andrer Propheten, durch die Predigt des Evangeliums in der ganzen Welt unter allen Völkern erst recht bekannt werden sollte, den
hätte Christus nun selbst umgestürzt? Der Christus,
der ihn selbst so deutlich wiederholte, es stehet geschrieben: Du sollst anbeten, Gott, deinen Herrn,
und ihm allein dienen; der Christus, der eben dieß
Gebot für das allererste und höchste ausgegeben hat.
Wer dieß Gebot aufhebt, der stößt den Grund der
einigen wahren Religion um; der führt, statt der alten, eine neue Gattung von Abgötterey ein. Denn
es ist ohne Grund, wenn man spricht, dieß Gebot,
daß kein Geschöpf göttlich verehrt werden sollte, sey
nur

*) Siehe oben im zweyten Kapitel, S. 68.

nur für die Zeiten des alten Testamentes gegeben;
Gott habe von dieser Anordnung, was Christum betrift, eine Ausnahme gemacht; es sey ja gar wohl
möglich, daß Gott durch Mosen etwas befohlen,
dann durch Christum abgeschaft hätte; so verhielte sich
die Sache mit dem levitischen Gottesdienste, so verhielte
es sich mit dem Gebote von der Anbetung des unsichtbaren Gottes. — Diese Gedanken, sage ich, sind
ohne Grund. Denn ganz anders ist die Sache mit
den Ceremonien des Aaronitischen Priesterthums, als
mit dem Gebote von der Anbetung der Gottheit. Jene Gebräuche waren zufällig; wurden nur aus gewissen Ursachen von Gott auf eine Zeitlang angeordnet, *) aber daß die gottesdienstliche Verehrung nur
Gott allein erzeigt werden soll, ist ein Gesetz, welches aus der Natur Gottes und der Menschen fließt,
welches von Anfange der Welt längst vor dem Mosaischen Gesetze da war; welches durch die Mosaische Religion erhalten, und dann weiter durch das Evangelium unter alle Völker ausgebreitet werden sollte;
kurz, ein Gesetz, welches nach dem eigenen Ausspruche
Gottes unveränderlich ist: ich will meine Ehre
keinem andern geben, Joh. 42, 8. mir sollen
sich alle Knie beugen. Jes. 45, 23. Darauf ist
denn der unbewegliche Schluß gegründet: Derjeni-

ge

*) Ebr. 8. Gal. 3) 19.

ge, welcher nach der Schrift göttlich verehrt werden soll, muß zu der ewigen Substanz, zu dem Jehovah, gehören, der da spricht: Ich will meine Ehre keinem andern geben! Mir sollen sich alle Knie beugen. Und wer annimmt, Christus sey ein bloßer Mensch, er dürfe aber demohngeachtet mit gottesdienstlichen Ceremonien und Gebeten verehret, und als ein sichtbarer Gott betrachtet werden, der lehrt doch nun einmal Abgötterey, er mag gegen diese Beschuldigungen protestiren, so viel er will.

Nein, sprechen einige neuere Socinianer, wir führen keine Abgötterey ein; wir nehmen an, Gott sey so genau mit dem Menschen Jesu verbunden, daß er in ihm sichtbar erscheint; daß wir in ihm also Gott selbst anbeten können und sollen. Lehrt nicht auch die evangelische Kirche, daß der Mensch Jesus an der Ehre der gottesdienstlichen Anbetung theil nehme, die dem Sohne Gottes erzeigt wird? So lehren wir, Jesus sey mit Gott, der nur ein Subject, nur allein Vater ist, so genau verbunden, daß er mit Gott gleichsam eine Person ausmache, und um deßwillen beten wir Christum, als den sichtbaren Gott, an.

Das ist denn nun der allersubtilste Socinianismus, der sich wohl je denken läßt. Es scheint, diejenigen, welche so reden, gäben Gott alle Ehre,

die

die ihm gebührt, und sie lehren von dem Menschen
Jesu so, wie ein großer Theil, der sogenannten rechtgläubigen Kirche: was ist also an dieser Lehrart zu
tadeln? Dieser einzige kleine Umstand, daß dieß
nicht die Lehre der heil. Schrift sey; daß die,
welche dieß annehmen, ungemein viele und wichtige
Stellen in den Reden Christi und den Schriften seiner Gesandten verdrehen, und eine andre Religion
lehren müssen, als **Christus** und seine **Jünger**
gelehrt haben.

In der Gottheit also ist nur **ein Subject,** der
Vater aller Dinge, und unsers Herrn. Jesus ist ein
bloßer Mensch; aber ein mit diesem ewigen Vater so
vereinigter Mensch, daß der Vater durch ihn die
Welt regiert und in ihm angebetet wird. Wenn dem
so ist: wie will man nun die Worte erklären, in denen Christus die Taufe eingesetzt hat? Der, welcher in denselben Sohn heißt, ist nach dem Socinianischen System, ein wahrer Mensch; dieser Mensch
steht nach dem Vater, und es heißt: ich taufe dich im
Namen des Vaters, des Sohnes und des heiligen
Geistes: was wird nun der heilige Geist seyn, der
nach dem Menschen Jesu gesetzt ist? Keine Kraft
oder Eigenschaft Gottes kann er nicht seyn; denn was
sollten dann die Worte für einen Sinn haben: ich
taufe dich im *Namen* des Vaters, Schöpfers aller

ser Dinge, im Namen des Menschen Jesu, und im
Namen einer Kraft Gottes. Der Geist wird allso
wohl etwas weniger, als der Mensch Jesus, folglich, wie er, eine Kreatur seyn müssen. Denn
von einer andern und neuern noch weit gezwungenern
Auslegung dieser Worte, will ich nicht einmal reden.
Sodann, wie will man die Schriftstellen auslegen,
in denen so deutlich versichert wird, daß der Logos,
das Wort, (Joh. 1.) von dem Menschen Jesu verschieden, und lange vor ihm da gewesen sey? wie
will man die oben erwiesene Wahrheit wegdisputieren,
daß durch den Sohn die sichtbare und unsichtbare Welt erschaffen sey; daß dieser Sohn, durch
den Gott die Welt gemacht hat, sich in der be-
stimmten Zeit mit einer menschlichen Natur vereinigt
und auf Erden sichtbar erzeigt habe; daß er der Vater
nicht selbst, sondern aus dem Himmel vom Vater
gesandt worden, und dahin zurückgegangen sey:
wie will man diese und viele ähnliche Schriftstellen
auslegen, wenn man annimmt: in Gott sey nur
ein Subject? Ich hoffe, es wird bey genauerer
Ueberlegung sich künftig immer mehr zeigen, daß die,
von den (nach unsern Einsichten so genannten) Rechtgläubigen behauptete Lehre von der Dreyeinigkeit der
Vernunft nicht entgegen, und in der Schrift sehr
wohl gegründet sey.

"Allein

"Allein eben die Schrift, die ſcheint doch in an=
„dern Stellen dem Lehrſaße, daß der Sohn, wie der
„Vater, zur höchſten Gottheit gehöre, ſehr deutlich zu
„widerſprechen.„ Dieſe leßte Art der Socinianiſchen
Zweifel gegen die von uns erkannte Wahrheit müſſen
wir denn nun betrachten. Wo ſind denn allſo die
ſo klaren Stellen, welchen unſere Lehren wider=
ſprechen?

Die Gegner finden auf dieſe Frage nicht wenig zu
antworten. Denn es wird ſehr oft in der Schrift
Chriſtus von Gott deutlich unterſchieden; es wird ge=
ſagt, daß ein Gott und ein Mittler zwiſchen Gott
und den Menſchen, daß der Vater größer, als der
Sohn; der Sohn vom Vater geſandt, nicht der er=
ſte Urheber ſeiner Lehre, nicht ſeine, ſondern des Va=
ters Ehre zu ſuchen, gekommen, und dem Vater biß
zum Tode gehorſam geweſen ſey; daß er auf Erden
gelebet habe, und noch für die Gläubigen bete; daß
ihm der Vater alles in die Hände gegeben, auf den
Thron ſeiner Herrlichkeit geſeßt, und zum Richter der
Welt verordnet habe. Sind das denn nun wohl, ſo
fragt man, Eigenſchaften einer Perſon, welche dem
ewigen Vater an Macht und Ehren gleich iſt? Sieht
man nicht aus ſolchen Schriftorten ſehr deutlich, daß
Jeſus Chriſtus, ſeiner Natur nach, ein bloßes Ge=
ſchöpf ſey?

Ich

Ich antworte: wenn in dem Gesetzbuche eines
Staats, oder in den Urkunden und Privilegien, die
einer Familie eigen sind, eine dunkle und zweifelhafte
Stelle sich befindet, die andern zu widersprechen scheint:
soll man nicht diese zweifelhaften Stellen so auslegen, wie es die klaren Aussprüche in den übrigen
Theilen des Gesetzbuches und der Privilegien erfordern? Und wir sollten nicht bey göttlichen Schriften
die nehmliche Klugheit, oder vielmehr Regel der Billigkeit beobachten? Diese uns entgegengesetzten Schriftstellen sind denn also nach den übrigen klaren Aussprüchen der von uns angeführten Schriftstellen zu
verstehen.

"Keinesweges, spricht der Socinianer, sondern jene von euch angeführten Beweise für die vermeyn-
te ewige Gottheit Christi sind nach den viel klärern
Stellen der heiligen Schriften zu deuten, darinnen
ausdrücklich gemeldet wird, daß Christus seiner Natur nach nicht Gott sey."

Die Antwort, die ich hierauf zu geben habe, besteht aus zween Theilen. Erstlich: Es ist keine einzige Stelle der heiligen Bücher, in welcher mit ausdrücklichen Worten behauptet würde, daß Christus
nicht Gott sey: alles, was aus dem hernach besonders zu betrachtenden Stellen erwiesen werden
kann, ist theils dieß, daß der Sohn Gottes noch

P   eine

eine andre; nehmlich die menſchliche Natur an ſich
habe; theils, daß er die göttliche Natur nicht auf
eben die Art, wie der Vater beſitze. Sodann
zweytens bitten wir, die Gegner möchten ſich daran
erinnern, daß wir nur erſt aus vielen Gründen be=
wieſen haben, ihr Syſtem, alſo auch ihre Art die
Schrift auszulegen, widerſpreche dem Worte Gottes
offenbar, und ſtimme, was die Anbetung Chriſti be=
trift, nicht einmal mit den erſten Grundſätzen einer
vernünftigen Religion überein. Denn Abgötterey
iſt wider die Vernunft. Und ſie wollten noch
verlangen, man ſollte die andern klaren Ausſprüche
für die Gottheit Chriſti nach ihren Grundſätzen er=
klären? Es bleibt alſo dabey, die hieher gehörigen
Schriftſtellen, deren Sinn zweydeutig iſt, müſſen
nach der Richtſchnur der ſonſt hinlänglich genug ge=
offenbarten Lehre, daß der Sohn, wie der Vater, zur
einigen ewigen Gottheit gehöre, ausgelegt und ver=
ſtanden werden.

Doch ich gehe nun weiter und behaupte, daß es
ganz und gar nicht anders ſeyn könne, als, daß in
den Schriften der Geſandten Gottes Stellen vorkom=
men müſſen, welche der Lehre von der Gottheit Chri=
ſti zu widerſprechen ſcheinen; und dieß zwar vor=
nehmlich um dreyer Urſachen willen.

Erſtlich,

Erſtlich, Chriſtus iſt ja nicht allein der ewige Sohn Gottes, ſondern auch wahrer Menſch. Ja er iſt uns von der letztern Seite weit öfter, als von der erſtern in den Büchern der Apoſtel vorgeſtellt; weil er nach ſeiner menſchlichen Natur gleichſam ſich uns mehr nähern und begreiflicher darſtellen konnte. Iſt es denn allſo zu verwundern, wenn von ihm, nun als von dem Schöpfer und Erhalter aller Dinge, nun aber auch als von einem göttlichen Geſandten und Propheten, geſprochen wird? Der Menſch beſteht aus Leib und Seele. Wir können allſo von dem Menſchen bald behaupten, er ſey ſterblich, bald er ſey unſterblich; je nachdem wir unſer Abſehen auf den Leib, oder die Seele deſſelben haben. Wie? wenn jemand läugnen wollte, der Menſch könne nicht unſterblich ſeyn, weil er einen ſterblichen Leib hätte: verdiente der einer Widerlegung? Wenn nun unſre Gegner daraus, daß Chriſtus, nach ſeiner Menſchheit ein Geſandter Gottes iſt, ſchließen, er könne nicht zur höchſten Gottheit gehören; iſt das nicht der nehmliche verwerfliche Trugſchluß?

Zweytens: Chriſtus iſt nach ſeinem großen Geſchäfte Mittler der Menſchen. Daß dieß ſeiner ewigen Gottheit keinen Eintrag thue, haben wir zum Theil oben bewieſen. Er verſöhnte die Welt auch mit ſich ſelbſt, wie mit dem Vater. Die Erlöſung

der

der Menschen, die Wiederherstellung einer durch die
Unvollkommenheiten und Sünden der Geschöpfe ver=
derbten Welt, das sind göttliche Werke. Ob denn
dem nun gleich also ist: so mußte Gott, da er dieß
große Werk der Wiederherstellung aller Dinge uns
zu unsrem Heile offenbaren ließ, menschlich mit
uns reden, sich nach unsren Begriffen bequemen, und
den uns so wichtigen Gedanken, es geschehe nur
allein durch Vermittelung des ewigen Soh=
nes, daß uns die Sünden vergeben, und die
Seeligkeit ertheilt würde, dergestallt ausdrücken,
daß unser Gewissen dadurch beruhigt, und unsre Her=
zen mit Vertrauen, mit Liebe und Dankbarkeit gegen
ihn erfüllt würden. Da war es denn also auch nö=
thig, daß der Sohn, als Mittler zwischen Gott
und den Menschen, vorgestellt, geringer, als der
Vater abgebildet, und als derjenige beschrieben wür=
de, durch welchen wir mit Gott wieder vereiniget
wurden. So mußte denn also um unserer Schwach=
heit willen der Sohn Gottes, was die äußerliche
Offenbarung seiner Person betrift, als den
Mittler zwischen Gott und den Menschen sich betrach=
ten lassen, ohne, daß dieß seiner erhabenen Natur ei=
nen Eintrag gethan hätte; ohne, daß mit Grund
daraus geschloßen werden könnte, er sey nicht, gleich
dem Vater, Gott. Denn so wie zween Brüder aus

könig=

königlichen Geschlechte nach ihrer Geburt ganz voll=
kommen gleicher Natur und hoher Abstammung sind,
doch aber sich selbst in ein solches Verhältniß setzen
können, daß der eine den andern sendet, um die re=
bellischen Unterthanen zu dem andern z. E. dem Erst=
gebohrnen zurück zu bringen, ohne daß deßwegen der,
welcher dieß Werk über sich nimmt, aufhört seiner
Natur nach ein königlicher Prinz zu seyn; so hört
der Sohn nicht auf, Gott zu seyn, wenn er gleich
ein gewisses Werk auf eine ganz besondere Weise aus=
zuführen übernimmt, und der Mittler zwischen den
Menschen, und zwischen der Gottheit wird, zu der
er selbst als eine Person gehört. Aber hieraus er=
giebt sich nun auch, wie Christus nun als Gott, nun
als der Mittler zwischen Gott und den Menschen,
bald als der allerhöchste, bald geringer, als der Va=
ter, vorgestellt werden müsse.

Folgt denn aber nun hieraus, daß er nicht Gott
seyn könne, wenn er um seines Mittleramtes willen
sich in ein gewisses Verhältniß gegen den Vater ge=
stellt, und der äußerlichen Offenbarung nach
erniedriget hat?

Dazu kommt drittens endlich noch dieß: daß in
der Gottheit selbst die drey, Vater, Sohn und Geist,
in einem solchen nothwendigen und unveränder=
lichen Verhältnisse sich befinden, daß die Art und

Weise,

Weise, wie der Sohn an der ewigen Kraft und den höchsten Vollkommenheiten theilnimmt, in dem Vater seinen Grund hat. Wie sollte nun Christus, oder wie sollten seine Jünger von dieser erhabenen Sache zum gemeinen Volke reden? Da der Name Sohn das Verhältniß, in welchem das andre Subject in der Gottheit zum ersten steht, unter allen menschlichen Worten am besten noch ausdrückte; sollte nun der Sohn anders, als Sohn, folglich anders, als in etwas geringer, denn der Vater, vorgestellt werden? Da war ja eine gewisse Art der Subordination *) in der Offenbarung der göttlichen Personen unvermeidlich. Soll denn nun aber aus dieser Subordination, aus diesem Verhältnisse **) des Sohnes gegen den Vater, mit Recht gefolgert werden können, daß der Sohn nicht zur einigen ewigen Substanz oder Gottheit gehöre? Daß dieß nicht folge, haben wir oben bewiesen.

Und

*) Subordinatio Subsistentiae, sprechen unsre Theologen.

**) Dem Sohne entgeht dadurch nichts an seinen göttlichen Vollkommenheiten, daß er Sohn ist. Denn Verhältnisse sind keine Realitäten. Man sehe die scharfsinnige Abhandlung des seel. D. Töllners in den kurzen vermischten Aufsätzen, dritte Sammlung vom II. und III. Begriffe von einer Realität und Negation, Verhältnisse sind keines von beiden.

Und hier haben wir denn nun auch die nöthigsten
Hülfsmittel zur Auflösung der Zweifel, die unsern
Beweisen von der Gottheit Christi aus der Schrift
entgegen gesetzt zu werden pflegen. Christus ist nicht
allein Gott, sondern auch Mensch; nicht allein
Gott, sondern auch Mittler der Menschen; und
obschon der Natur nach zur ewigen Gottheit gehörig,
doch gegen dem Vater in einem solchen Verhältnisse,
welches einer Subordination bey Menschen ähnlich ist.

Mit diesen Instrumenten in der Hand, laßt uns
die Verwickelungen der Socinianischen Zweifel an-
greifen und auflösen.

"Wer von Gott, sprechen sie, ausdrücklich unter-
„schieden wird, der ist nicht Gott. Christus aber
„ist der Mittler zwischen Gott und den Menschen,
„wie kann er Gott seyn?„

Antwort. Er ist ein göttlicher Mittler. Er
hat die Welt mit dem Vater und mit sich selbst
versöhnt. Er wird daher 1 Tim. II, 4, vornehmlich, als Mensch, betrachtet; weil derjenige, welcher
sich durch Jesum mit dem menschlichen Geschlechte
versöhnt hat, der dreyeinige Gott ist. Erlöser der
Sünder seyn, und zu der Gottheit gehören, welche
die Menschen mit sich selbst wieder vereiniget hat, das
verträgt sich wohl.

"Aber

"Aber Christus setzt sich sogar dem einigen Gott
"entgegen. Er sagt: das ist das ewige Leben, daß
"sie dich, der du der einige wahre Gott bist, und
"den du gesandt hast, Jesum Christum erkennen.„

Wenn der Sohn, als Mittler, der äußerlichen Offenbarung nach, zu dem Vater betet, kann
er mehr, als ein Subject in der Gottheit über sich
sehen? Denn zum heiligen Geist betet der Mittler
nie; dieß folgt aus dem besondern Verhältnisse, in
welchem der heilige Geist zu dem Sohne steht. Also nur zu dem Vater kann der Mittler beten. Folglich kann er ja auch den Vater nicht anders, als den
allein wahren Gott ansehen. Denn Jupiter, Osiris,
Neptun, Saturn, von allen diesen ist keiner der
wahre Gott. Der Sohn Gottes kann folglich zu
dem Vater nicht anders beten, als daß er ihn den
einigen wahren Gott nennt. Sodann aber, setzt denn
Christus nicht auch sogleich das Merkmal seiner eigenen Gottheit hinzu? Spricht er nicht: das ist das
ewige Leben, daß sie dich und mich erkennen? Unter sich versteht er hier offenbar, nicht seine Lehre;
sondern seine Person; so wie er die Person des Vaters meynt. Kann man nun wohl von einer
Kreatur sagen, daß in ihrer Erkenntniß das
ewige Leben bestehe? Wer ist die Quelle aller
Seeligkeit? Wer ist das höchste Gut? Gott, und

außer

außer ihm nichts. Wie deutlich sagt Christus auch hier, daß er Gott, oder das höchste Gut sey?

"Allein Christus spricht ja diese Worte in einem „Gebete. Nun aber beten: ist das ein Geschäfte „des Sohnes Gottes? Ist das nicht ein Beweis, „daß Christus eine bloße Kreatur sey?„

Wenn wir behaupteten, Christus betete als Sohn Gottes allein, diese seine göttliche Natur höre auf, unveränderlich, allmächtig und allwissend zu seyn, sie verwandele sich in ein Geschöpf und wünsche in demüthigen Bitten, daß der Vater ihr Verlangen erfüllen mögte: so lehrten wir Unsinn. Allein, das ist unser Glaube nicht. Sollte es denn aber unmöglich seyn, daß der unveränderliche, allmächtige Sohn Gottes in dem, mit sich auf ewig und persönlich vereinigten Menschen Jesu, |die Gedanken dieses (von Johanne aufgezeichneten) Gebetes erweckt, die Worte hervorzubringen ihn bestimmt und regiert habe? Sollte das unmöglich, oder sollte es wider die Würde des Sohnes Gottes seyn? Ich sehe es nicht. Gott bringt sehr vieles durch die Kreatur hervor. Er redete vom Sinai, und aus der Wolkensäule; der Vater brachte am Jordan bey der Taufe Christi, und auf dem Berge der Verklärung unsers Herrn menschliche Worte hervor. Doch blieb er Gott. So konnte der

Sohn

Sohn in der mit ihm vereinigten Menschheit gewisse
Gedanken und durch sie Worte eines Gebets hervorbringen, ohne, daß er aufhörte, Gott zu seyn, und
ohne daß dieß seiner Würde entgegen wäre, denn er
offenbarte sich in diesem Geschäfte als Mittler der
Menschen.

Aber Matth. 19, 17. setzt sich doch Christus allzu
deutlich dem einigen wahren Gotte entgegen, wenn
er zu einem jungen Israeliten spricht: „was heißest
„du mich gut, niemand ist gut, denn der einige
„Gott."

Könnte man wohl nicht auch aus diesen Worten
schließen, Christus sey böse gewesen? "Niemand ist
„gut, als Gott; folglich war Christus nicht gut, also
„böse." Die Gegner werden sagen, das folge nicht.
Und eben dieß ist auch meine Antwort. Unser Erlöser hatte einen Mann vor sich, der ihn für einen
bloßen Menschen hielt; der ihm aber einen solchen
Lobspruch beylegt, welchen die Juden Gott zu geben
pflegten. Warum nennst du mich den vollkommensten, da du mich nur für einen Menschen, nicht
für den Sohn Gottes hältst? So stimmest du ja
selbst nicht überein. Es war diese Antwort, theils
eine Bestrafung, theils eine Erweckung der Aufmerksamkeit auf die Werke, die Jesus that, und die davon zeugten, daß er kein gemeiner Mensch, sondern
                                                etwas

etwas weit höheres sey. Diese dunkle und sinnreiche Antwort Christi muß folglich nach deutlichern Aussprüchen der Schrift erklärt, nicht aber zu einem Mittel gemacht werden, durch das man die weit klärern Schriftstellen wieder verdunkelt.

"Wenn denn aber auch Christus Gott genennt zu "werden verdient: so ist er doch ein subordinirter "Gott; denn er spricht selbst: Der Vater ist größer, "als ich„„ Joh. 14, 28.

Ja! größer, auf mehr, als eine Art. Erstlich, als Vater. Denn jeder Sohn steht in diesem Verhältnisse gegen seinen Vater. Und wir haben bereits gesagt, daß ein ähnliches Verhältniß zwischen den beiden ersten Subjecten in der Gottheit statt finde.

Sodann größer, weil der Sohn sich als den Mittler zwischen der Gottheit und dem menschlichen Geschlechte geoffenbaret hat; weil er als Mittler hier redet, und folglich von dem Vater nicht anders, als von einer Person reden kann, die ihn zum Mittler der Menschen verordnet hat. Drittens größer; weil dieser Mittler auch ein Mensch ist. Und als einen Menschen vornehmlich stellt er sich hier seinen Jüngern vor. Denn er will ihre Betrübniß lindern, mit der ihre Seelen über seinen bevorstehenden Tod betrübt waren. Er führt ihnen daher zu Gemüthe, wie sie sich ja doch durchaus nicht betrüben

ben follten, wenn fie ihn anders wahrhaftig liebten.
Denn, fprach er, die Veränderung, die mit mir
(folglich mit dem Menſchen Jeſu) vorgehen ſoll,
wird zu meinem großen Vergnügen ausſchlagen. Ich
entgehe dadurch ſehr vielen Leiden; ich komme, als
Menſch, zu meinem Vater, und das iſt mir eine ſehr
erfreuliche und zu meiner Ehre gereichende Sache.
Denn der Vater iſt größer, als ich.   Wenn man
denn alſo nur das Verhältniß, in welchem der
Sohn gegen den Vater ſteht, und die äußerliche
Offenbarung des Sohnes Gottes von ſeiner unſichtbaren ewigen unveränderlichen Natur, wie
billig, wohl unterſcheidet; ſo iſt hier alles Licht, alles Wahrheit, die mit den übrigen Lehren der Schrift
auf das beſte harmoniert.

Auf eben dieſe Weiſe ſind die übrigen aus der
Schrift genommenen Zweifel der Socinianer größtentheils leicht zu beantworten; und ich würde zu meinen
Leſern faſt zu wenig Vertrauen an den Tag legen,
wo ich ſie weitläuftig widerlegen wollte.   Doch nur
noch einige der ſcheinbarſten will ich anführen.

So ſpricht man unter andern: es ſey nicht zu begreifen, wie Chriſtus Gott ſeyn könne, da er auch ſo
gar die Zeit des jüngſten Tages nicht gewußt
hätte; und zwar hätte er ſie als Sohn nicht gewußt:

wußt: "auch der Sohn nicht, sondern allein der Vater." Marc. 13, 32.

Es ist doch bekannt, und oben bewiesen, daß Christus zwo Naturen habe, nach welchen beiden, obgleich
aus verschiedenen Gründen, er Sohn genennt wird.
Er ist das Ebenbild seines Vaters, der Gezeugte;
er ist der Erstgebohrne aller Kreaturen, und der
Gebohrne von der Jungfrau Maria. Wenn eine
Unvollkommenheit Christo beygelegt wird, welcher
von beiden Naturen soll sie zukommen? Der göttlichen oder der menschlichen? Erfordert es nicht die
Billigkeit, einen Schriftsteller nach seinen Grundsä-
ßen auszulegen? Wenn Christus Gott ist, wie wir
das hinlänglich bewiesen haben: so kann ihm, als
Gott, kein Rathschluß Gottes verborgen seyn. Und
es ist ja offenbar, daß sich unser Erlöser hier in der
Erniedrigung vorstellt, in welcher er das Mittler-
amt zwischen Gott und den Menschen zu übernehmen
sich entschlossen hatte; daß er die Neugierde seiner
Jünger, die den glorreichen Anbruch seines herrlichen Reichs mit sehr heftigem Verlangen erwarteten,
stillschweigend entgegen gehen wollte. Er giebt ihnen
daher zu verstehen, daß wenn selbst er, der Sohn,
der Messias, nach seiner Menschheit diesen großen
Tag nicht anzugeben wisse: so sollten noch weniger sie
den-

denselben zu wissen verlangen, sondern stets wachen und beten.

Eben so verhält es sich mit der Versuchung Christi. "Wer allwissend ist, kann freylich nicht „versucht werden.„ Allein unser Erlöser hatte neben der göttlichen eine andre Natur, die durch viele Erfahrungen zu dem großen Geschäfte der Rettung des menschlichen Geschlechts zubereitet werden mußte.

Und wie die Einwendungen gegen die Allwissenheit des Sohnes Gottes; so sind auch diejenigen zu beantworten, welche gegen die von uns ihm zugeschriebene Allmacht vorgebracht werden. Denn freylich findet man viele Schriftstellen, in denen der Sohn, auch was seine Macht betrift, von der Seite betrachtet wird, da er dem Vater subordiniert, da er Mittler, da er Mensch ist. Allein eben diese drey jetzt gehannten Worte sind auch hinlänglich, die Fragen und Zweifel der Gegner zu lösen.

"Wenn sie denn also sagen: Wer nichts von „sich selber thun kann, ist der Gott?„ *) So antworte ich: diese Ausdrücke, der Sohn kann nichts von ihm selber thun 2c. gehn theils auf die Gottheit, theils auf die Menschheit unsres Erlösers. **) Insoferne sie auf die erste zielen, haben sie

*) Joh. 5, 19.

**) Man hat hier nicht nöthig, die Person Christi

sie diesen Sinn: O ihr Jüden, wie sehr irret ihr euch, wenn ihr meynt, ich hätte das Gesetz des Sabbaths gebrochen, da ich an einem solchen Tage einem Kranken die Gesundheit verlieh. Ich that hierinnen nichts, was nicht mein Vater auch thun sollte. Denn er hat keinen Sabbath; er wirket stets: wie nun er stets mit der unendlichen Kraft wirket und alles erhält: so auch ich. (v. 17.) Ich thue nichts, das mit dem Willen meines Vaters nicht übereinstimmt. Ja, ich wirke in allem gerade so, wie mein Vater. Denn (alles,) was der Vater thut, thut auch der Sohn. Ich bin Schöpfer, ich gebe das Leben; ich bin, wie er, Herr der Todten, ich werde sie erwecken; ich bin Richter; das sind göttliche Werke. Darum sollen auch alle den Sohn ehren, wie sie den Vater ehren. Denn der Sohn ist die Quelle alles Lebens, wie der Vater. Nur mit dem Unterschiede, daß die Art, wie der Sohn wirket, ihren Grund in dem Vater hat; Oder wie Jesus diesen Gedanken in der gemeinen Sprache der Menschen

zu trennen und anzunehmen, er rede nur allein von seiner menschlichen Natur. Es ist zum rechten Verstande des Evangeliums Johannis durchaus nöthig, wohl zu bemerken, daß Christus, wenn er sich den Sohn nennt, fast allezeit von seiner ganzen Person rede.

Menſchen ausdrückt: daß der Sohn das thut, was er ſieht den Vater thun.

Dieſe Worte Chriſti beym Johanne ſind demnach ſo wenig ein Zweifel gegen die Gottheit Chriſti, daß ſie vielmehr, wohl verſtanden, und in ihrem Zuſammenhange überſehen, als ein ſehr guter Beweis für dieſelbe angeſehen werden können.

Inſofern aber dieſe Ausdrücke, Chriſtum, als einen Geſandten Gottes vorſtellen und auf ſeine Menſchheit gehn, ſind ſie nicht gegen uns. Auf dieſe Art ſind denn aber auch alle Zweifel zu beantworten, welche gegen die unumſchränkte Macht Chriſti vorgebracht werden.

"Es iſt ihm alles übergeben von ſeinem Vater." Denn die Art, wie der Sohn wirkt, hat ihren Grund in dem Vater; denn er iſt Mittler, er iſt Menſch.

"Er iſt nicht der erſte Urheber ſeiner Lehre." *) Denn die Art, wie der Sohn durch ſeine Menſchheit zu ſeinen Zuhörern redete, hat ihren erſten Grund in dem Vater; und er iſt als Mittler ein Geſandter des Vaters.

Aus eben dieſen Urſachen ſpricht denn auch Chriſtus, er ſey nicht von ſich ſelber gekommen; er habe dieſe

Befehle

*) Joh. 8, 28. Joh. 12, 49. 50.

Befehle von seinem Vater erhalten; wer an ihn
glaube, glaube nicht sowohl an ihn, als vielmehr
an den, der ihn gesandt habe, u. s. w. Denn die
Art, wie Christus, auch als Sohn Gottes be=
trachtet, wirkte, hatte stets ihren Grund in
dem Vater, außerdem hatte er sich nun noch, als
Mittler der Menschen, der äußerlichen Offen=
barung nach, unter den Vater erniedrigt, und end=
lich war er, als Mensch, in der That ein Gesandter
und Knecht Gottes. Hier findet sich also kein einzi=
ger wahrer Widerspruch gegen die oben bewiesene
Lehre von der Gottheit Christi. Man vergesse nur
nicht, daß unser Erlöser, von seiner ewigen und un=
veränderlichen Natur auf eine menschliche Weise
zu reden, sich gefallen ließ; man erinnre sich stets an
das, was wir im ersten Hauptstücke dieses Buches
von der Art und Weise, wie die Menschen Gott er=
kennen und von ihm reden, gesagt haben: so wird
man im Stande seyn, mit Gottes Hülfe, sich bey al=
ler Dunkelheit der Sachen, doch über seine Zweifel
zu beruhigen und auf das Zeugniß, das Gott von sich
selbst ablegt, zu verlassen.

Allein, eben dieß Zeugniß Christi von seiner eige=
nen Gottheit, das vermißt man, und es ist einer der
scheinbarsten Gründe der Gegner wider uns, daß

Q   wir

wir doch so wenige, oder wohl keine Stelle, finden,
in der sich Christus selbst mit ausdrücklichen Worten Gott genennt hatte. Wenn dieß nun, spricht
man, eine so wichtige und nothwendige Wahrheit wäre,
sollte unser Herr nicht besser für uns gesorgt, und sich
selbst, als den ewigen Sohn, in deutlichern Worten geoffenbaret haben?

Zuerst ist es doch wohl billig, daß wir unsren Erlöser über diese Sache selbst hören: "So ich von
mir selber zeuge; so ist mein Zeugniß nicht
wahr." Joh. 5, 31. Sehet da, die erste Ursache,
warum Christus nicht öfter, als er es gethan hat,
mit deutlichen Worten sagte, wer er sey. Die Menschen würden sein Zeugniß von sich selbst nicht für
wahr gehalten, sondern sich im Unglauben nur mehr
verhärtet haben. Es war der göttlichen Weisheit ge-
mäßer, den Israeliten Zeit zu lassen, daß sie die
Werke Christi betrachten, durch sie von seiner göttlichen Sendung überzeugt und endlich zur nähern Erkenntniß seiner erhabenen Natur geleitet werden
möchten. "Ich zeuge nicht von mir selber; der Va-
"ter, der mich gesandt hat, der hat (am Jordan)
"von mir gezeugt. Die Werke, die mir der Vater
"gegeben hat, die zeugen von mir." (Joh. 5, 36. 37.)

Doch

Doch es war zweytens auch aus einer andern Ursache nicht rathsam, daß Christus sogleich Anfangs von seiner göttlichen Natur zu den Juden vieles redete. Denn sie würden ihm nicht einmal Zeit gelassen haben, seine Lehre unter ihnen auszubreiten, und seine Kirche durch Sammlung einer großen Menge Nachfolger zu gründen. Was thaten sie, als er ihnen etlichemal entdeckte: daß er Gott gleich sey? Sie nennten ihn einen Gotteslästrer, sie griffen nach Steinen, ihn zu tödten. Sollte allso der Rath Gottes hinausgeführt und die nöthige Grundlage zur neutestamentischen Religion von unsrem Erlöser selbst gemacht werden; so mußte seine göttliche Hoheit eine Zeitlang verborgen bleiben. Daher verbot er es sehr oft, daß man seine Wunder nicht zu frühzeitig ausbreiten möchte, daher wollte er durchaus nicht, daß das Bekenntniß Petri: *Du bist des lebendigen Gottes Sohn,* vor seinem Tode bekannt gemacht würde; daher gab er den drey Jüngern, welche ihn auf dem Berge in der glänzenden Gestalt gesehen hatten, den Befehl, nichts davon zu sagen, biß er von den Todten auferstanden seyn würde. *)

Denn, (und das ist das dritte,) die Menschen waren eher nicht fähig, das Licht dieser Wahrheit zu ver-

Q 2

*) Matth. 16, 20. Matth. 17, 9.

vertragen. Sie würden entweder zu ausschweifenden Unternehmungen dadurch angereizt, oder ihn für einen Betrüger zu halten, bewogen worden seyn. Dieß letzte erfolgte, sobald Christus es deutlicher merken ließ, wer er wäre. Es mußte denn also, in Ansehung aller Israeliten, Christus eben die Regel der Weisheit befolgen, die er in dem Umgange mit seinen Jüngern sich zur Richtschnur seines Verhaltens nahm: ich habe euch noch viel zu sagen, aber ihr könnet es jetzt nicht tragen. Wenn jener, der Geist der Wahrheit, kommen wird, der wird es euch alles lehren. *) Wenn des Menschen Sohn erhöhet seyn wird, dann werdet ihrs erkennen, daß ichs bin. **) Wer die angeführten Gründe mit einiger Aufmerksamkeit betrachtet, der wird auf die Frage der Socinianer, warum denn Christus nicht selbst deutlicher gesagt habe, daß er der ewige Sohn Gottes sey, hinlänglich zu antworten, und sich selbst zu beruhigen, im Stande seyn. Und ist es nicht kühn, Gott über sein Verhalten zu Rede zu setzen? die Zeugnisse der Apostel von Christo nichts achten, und fordern, daß Christus selbst von sich zeuge? Wenn werden die klugen Menschen aufhören, die ewige Weisheit zu unterrichten?

Das

*) Joh. 16, 13.   **) Joh. 8, 28.

Das fünfte Kapitel.

Vergleichung des Arianismus mit der Dreyeinigkeitslehre.

Durch die Erklärung und die Beweise der Lehre von der ewigen Gottheit des Sohnes, die wir oben vortrugen, ist zwar zugleich eine jede Art des Arianismus widerlegt worden; soll aber diese Abhandlung meiner Absicht gemäß einige Vollständigkeit erlangen, und aufmerksame, uneingenommene Leser wider alle wichtige Irrthümer und Zweifel in dieser Materie verwahren; so ist nöthig, daß wir auch das überlegen, was ein solcher Gegner etwa wider unsren Vortrag zu sagen hätte, oder, welches noch nützlicher seyn wird, zu untersuchen, ob unsre Glaubenslehre, oder ob der Arianismus schrift- und vernunftmäßiger sey. Es ist aber meine Meynung nicht, längst ausgestorbene Irrthümer mit der ernsthaften Miene eines eifrigen Polemikers zu bekämpfen; sondern nur das, was in unsren Zeiten nöthig und vortheilhaft zu seyn scheint, ohne Partheylichkeit kürzlich zu sagen. Denn der Arianismus ist vornehmlich von zweyerley Art, der grobe, welcher sonderlich in den ältern Zeiten ausgebreitet, und oft sogar mit den Waffen in der Hand verthei-

Q 5   digt

diget wurde; dann aber der subtilere, welcher noch in
unsren Tagen seine Verehrer hat. Denn dieser subtile
Arianismus hat sich in der englischen Kirche ungemein weit ausgebreitet, ja er hat auch hier und da
an andern Orten manchen sonst gelehrten und recht-
schaffenen Männern sich empfohlen. Damit ich aber
nicht einem Fechter gleich sey, der, ohne einen gewissen
Gegner zu haben, in die Luft streicht: so will ich das
System eines Mannes zum Grunde legen, der, wie
in Britannien, so außer seinem Vaterlande, mit Recht
in großem Ansehen steht. Es ist dieß Samuel
Clarke. Und ich freue mich ungemein, daß sein
Buch: die Schriftlehre von der Dreyeinigkeit;
eben zu dieser Zeit von einem geschickten Uebersetzer
teutsch geliefert worden ist. *) Denn in demselben
ist das Lehrgebäude, welches ich hier zu bestreiten habe,
in der allerfeinsten Gestalt aufgeführt. Ich will es
kurz, aber genau vortragen.

"Es ist nur ein höchster Gott, Schöpfer und
„Herr der Welt. Dieser Gott ist Vater; und so
„oft in der heiligen Schrift der einige Gott genennt
„wird: so ist von dem Vater die Rede. **) Der
Sohn

*) Die Schriftlehre von der Dreyeinigkeit von Sa-
muel Clarke, aus dem Englischen. Frankfurt und
Leipzig, bey J. M. Weber, 1774.
**) Clarke Seite 343.

„Sohn hat den Grund seiner Existenz nicht in sich
„selbst; er ist von dem Vater zwar nicht, wie ein
„Geschöpf, aber doch auf eine andre Art hervorgebracht worden.„ *) Doch es ist falsch, was ehedem
einige behauptet haben, daß der Sohn (ἐκ οὐκ ὄντων)
aus nichts hervorgebracht worden sey; es ist falsch,
daß es eine Zeit gegeben haben sollte, da er nicht
gewesen wäre: er war vor Erschaffung der Welt
bey dem Vater. **) "Es ist aber ebenso falsch, was
„heute zu Tage die Lehrer der Kirche behaupten, daß
„der Sohn, wie der Vater, eine nothwendige Na-
„tur sey, die den Grund ihrer Existenz in sich selbst
„habe. Nein! er ist nicht nothwendig, sondern
„durch den Willen ***) des Vaters da. Er ist
„also zwar Gott; aber nicht seiner Natur nach;
„sondern weil ihm der Vater durch die freywillige
„Zeugung göttliche Macht, Weisheit und Eh-
„re ertheilt hat.„ †)

"Der Sohn ist also eine dem Vater subordinir-
„te Substanz. Er ist der, durch welchen Gott
„die Welt schuf; den er in die Welt sandte; der alles
„zur Ehre des Vaters ausrichtete. Es kommt also
Q 4
„dem

*) Seite 350. 359. 399.   **) Seite 359. 360.
***) Seite 363. und 64.   †) Siehe S. 287.

„dem Sohne durchaus nicht die höchste Art der got
„tesdienstlichen Anbetung zu. Diese ist dem Vater
„ausschließungsweise ganz eigen. Der Sohn ist
„auch vor seiner Menschwerdung nicht angebetet wor-
„den. Diese Art der Ehre wurde ihm erst dann zu
„Theile, als er das Werk der Erlösung der Men-
„schen ausgeführt hatte. *) Der heilige Geist ist
„ein Subject, das seine Existenz vom Vater durch
„den Sohn erhalten hat. Dieser Geist ist geringer,
„als der Sohn, wird auch in der Schrift nie Gott
„genennt. Aber es werden ihm doch göttliche Werke
„beygelegt. Die verrichtet er in der Subordination
„unter dem Vater und dem Sohne. Man findet
„daher keine ausdrückliche Schriftstelle, darinnen be-
„fohlen würde, daß man die Person des heiligen
„Geistes durch Gebete und Lobpreißungen gottesdienst-
„lich verehren sollte.‟

Dieß ist das System eines Mannes, dem man
den Ruhm des Selbstdenkers gewiß nicht absprechen
kann; der außer einer großen Menge Schriftstellen
eine nicht geringere Anzahl von Aussprüchen der ältesten Kirchenlehrer für sich hat, und der also nothwendig bey vielen Lesern einen großen Eindruck machen mußte. Laßt uns nun dieß Lehrgebäude etwas
genauer

*) Seite 482. Siehe auch vorher S. 463. — 66.

genauer zergliedern, das unsre dagegen halten, und
beide mit der Schrift vergleichen.

1. Zuerst ist, deucht mir, so viel klar, daß durch
diese Lehrart dem Sohne die wahre Gottheit abge-
sprochen werde. Denn nach allen Begriffen einer
reinen Philosophie ist nur derjenige Gott, welcher
den Grund seiner Existenz in sich selbst hat. So
viel sich denn also Clarke auch immer Mühe giebt,
die Ehre der Gottheit Christi gegen die Socinianer
zu vertheidigen; so geräth er doch endlich in einen
Fehler, der demjenigen ganz ähnlich ist, welchen er
an jenen tadelt. Sie verwandelt eine menschliche
Seele in eine Gottheit, indem sie behaupten, Jesus sey mit einer unermeßlichen Kenntniß und un-
umschränkten Macht versehen, und zu einem Gott und
Herrn aller Geister gemacht worden. Clarke nimmt
an, Gott habe von Ewigkeit eine Natur mit göttlichen Vollkommenheiten hervorgebracht: Diese sey in
die Stelle einer menschlichen Seele getreten, endlich
aber wieder zum Herrn und Gott der ganzen Welt
erhöht worden. In beiden Systemen ist der Sohn
kein selbstständiges Wesen; sondern ein gemachter
Gott. Wie wenig dieß aber mit der Vernunft
übereinstimme, ist aus dem zu ersehen, was wir gegen die Socinianer sagten, wenn es nicht an sich
schon klar wäre.

Q 5   Viel-

Vielleicht möchte ein Anhänger des Clarkischen Lehrgebäudes mir einwenden: wir begiengen in dem Vortrage der Grundsätze unsrer Kirche den nehmlichen Fehler; wir lehrten, der menschlichen Natur Christi sey göttliche Macht, Weisheit und Ehre ertheilt, und folglich der Mensch zu einem Gott gemacht worden. Allein dieß ist eine Beschuldigung, die nicht bewiesen werden kann. Wir behaupten durchaus, daß die unendlichen Eigenschaften nur *in einer Substanz existieren*, *) daß sie nicht außer der unendlichen Substanz sich in die Menschheit Christi ergossen; sondern daß diese letzte so, wie es seyn kann, an denselben Theil nehme; daß folglich der Mensch Jesus in keinen Gott verwandelt worden sey, sondern daß er alle Eigenschaften eines seeligen Menschen behielte, nur daß er wegen seiner *persönlichen Vereinigung* mit dem Sohne Gottes auf eine gewisse Art an den in ihm wohnenden und durch ihn sich äußernden göttlichen Vollkommenheiten Theil nehme. So bleibt ein Gott; und der Menschheit Christi wiederfährt die Ehre, die ihr nach klaren Aussprüchen der Schrift gebührt.

2. Sodann ist, so viel ich sehe, auch dieß keine leere Beschuldigung, wenn wir sagen, daß dieser subtile Arianismus zur *Vielgötterey* hinführe. Denn nach

*) Formula Concord. S. 763. 769. der Rechenb. Ausg.

nach diesem Systeme soll der Sohn, wie der Vater, den Namen Gott führen. Das Wort war Gott; dieß soll im eigentlichen Verstande vom Sohne gesagt werden; er soll, wie Gott der Vater, göttliche Eigenschaften besitzen, und aus dieser Ursache das Ebenbild seines Vaters, ein vom höchsten Gott gezeugter Sohn genennt werden. Hier ist folglich der Polytheismus offenbar. Denn auch viele Heiden erkannten ein höchstes Wesen. Der Fehler, den sie begiengen, war der, daß sie außer dem höchsten Gott, noch andre Wesen göttlich verehrten und anbeteten.

3. Dieser Polytheismus ist zugleich, auch was die Ehre betrift, die man dem Sohne erzeigt, eine Abgötterey. Denn diese Abweichung von der Vernunft besteht darinnen, daß man einen, der nicht seiner Natur nach Gott ist, für einen Gott hält. Nun aber behauptet Clarke sehr deutlich, der Sohn wäre nicht seiner Natur nach Gott; er sey es dadurch geworden, daß ihm der Vater göttliche Macht und Herrlichkeit ertheilt habe. Er sey nicht von sich selbst da, habe den Grund seiner Existenz nicht in sich selbst. Nicht selbstständig seyn; doch ein Gott seyn. — — Wo ist die Metaphysik?

Wie weit besser harmoniert unser System mit der Vernunft? Wir halten fest an der Lehre: Höre Israel,

Israel, Jehovah, unser Gott, ist ein einiger
Gott. Es ist nur eine unendliche Substanz, in
welcher verschiedne Subjecte die unendlichen Vollkommenheiten so besitzen, daß sie nur eins, nur eine
Substanz ausmachen. Der Sohn hat den Grund
seiner Existenz, wie der Vater, in sich selbst; doch ist
er Sohn, ein Gezeugter, weil die Art und Weise, wie er da ist, und an den göttlichen Vollkommenheiten Antheil nimmt, ihren Grund in dem
Vater hat. So ist der Sohn zwar vom Vater
unterschieden, aber keine außer und neben dem Vater
existierende Substanz, nicht ein gemachter Gott neben dem selbstständigen Gott.

4. Die Schöpfung wird in den Büchern des alten
Testamentes stets, und in dem neuen an den meisten
Orten, wo von dieser Sache geredet wird, als ein
unmittelbares Werk der einigen höchsten Gottheit
vorgestellt. Es ist der bloße Wille, oder das mächtige Wort des Schöpfers, dadurch er alles hervorbringt. Die Arianer aber sehen den Sohn als eine Mit-
telsperson zwischen Gott und den Geschöpfen an,
durch die alles hervorgebracht worden wäre. Nun
scheint es zwar, als könnten sie diesen ihren Lehrsatz aus Joh. 1. Ebr. 1. Col. 1. und einigen andern
Schriftstellen erweisen, indem in denselben ausdrücklich gesagt wird, daß durch den Sohn alles geschaffen

sen sey. Allein eben hieraus schließen wir, daß der Sohn keine vom Vater verschiedne Substanz, son= dern ein Subject sey, das zur einigen höchsten Sub= stanz gehören müsse, weil in der ganzen Schrift die Schöpfung der Welt, als ein unmittelbares Werk Gottes und als ein Merkmal und Unterschei= dungszeichen des einigen wahren Gottes ange= geben wird *); weil man folglich mit Recht schlie= ßen kann, wer der unmittelbare Schöpfer der Welt ist, der ist Jehovah, folglich keine vom höchsten Gott verschiedene außer und neben ihm existierende Substanz.

5. Außerdem ist auch die Schwierigkeit nicht zu übergehen, welche der seel. Hr. D. Töllner **) in dem arianischen Lehrgebäude bemerket hat. Der Sohn, spricht er, soll doch nur ein endlicher Geist (kein selbstständiges Wesen) seyn; gleichwohl soll er die ganze Welt erschaffen haben.

6. Es entstehen neue und nicht geringe Schwie= rigkeiten, wenn wir dieß arianische System von der Gottheit Christi zum Grunde legen, und denn über die Erniedrigung desselben nachdenken. Die ältern Arianer glaubten größtentheils, der Sohn Gottes sey

in

*) Dieß geschieht in fast unzähligen Stellen der h. Schrift.
**) Töllner p. 31.

in dem Menschen Jesu statt der vernünftigen Seele gewesen; so daß die ganze Person Christi bestanden hätte: erstlich aus dem Sohne Gottes, zweytens aus einer gewissen Art Seele, die nur die Kraft besessen hätte, Empfindungen und Leidenschaften, nicht vernünftige Gedanken zu haben; endlich aus dem Leibe.

Clarke giebt über diesen Punkt keine deutliche und vollständige Erklärung; er versteckt sich hinter die Worte: "wiewohl er, der Sohn, in Gottesgestalt war, „leerte er sich doch selbst aus, und nahm die mensch„liche Gestalt an. Die Gottesgestalt, spricht er *) „bestund darinnen, daß er das Ebenbild der Person des „Vaters, das Bild des unsichtbaren Gottes, der Erst„gebohrne aller Geschöpfe, und die Person war, „durch welche Gott alle Dinge erschaffen hat. Nach„dem er sich von dieser Gottesgestalt ausgeleert, Men„schengestalt angenommen und den Tod für die Sün„der erduldet hatte; so hat ihn Gott wieder erhöhet, „und einen Namen gegeben, der über alle Namen „ist. Diesen Namen, oder diese Gewalt, **) hat „er sich nicht selbst ungestümm angemaßt, sondern „Gott hat ihm denselben gegeben.„ Nicht deutlicher, ja noch kürzer redet Clarke von dieser Materie, Seite 483. seines Buchs.

Aus

---

*) Seite 247.   **) Seite 256.

Aus diesen Worten ist, wo ich nicht irre, so viel zu ersehen, daß Clarke und die, welche so, wie dieser Schriftsteller, denken, annehmen: Christus sey mit keiner menschlichen Seele versehen gewesen; der Sohn Gottes habe sich bloß mit einem menschlichen Leibe umkleidet; und sey in Menschengestalt auf Erden erschienen. Wenn dieß nun ihre Lehre ist; so folgt, daß der höchste Geist nach Gott sich seiner ursprünglichen Macht begeben, daß er sich in einen Zustand der Unwissenheit und dunklen Ideen versetzt, und als die Seele eines Kindes zu existieren angefangen, dann wieder, wie ein Kind, an Erkenntniß und Weisheit, an Kräften und Vollkommenheiten zu wachsen angefangen habe. Welch ein Gedanke! Der Schöpfer der Welt, der allwissende und allmächtige, hat sich in ein Kind verwandelt. Nein! wahrlich! so muß man von einem Gott nicht denken. Ich übergehe andre Schwierigkeiten, die sich in diesem Lehrgebäude finden; wenn wir es von dieser Seite betrachten, und die zum Theil der obengenannte Hr. D. Töllner angeführt hat. Nur dieß bemerke ich, daß bey der Lehrart, deren ich mich im zweyten und dritten Hauptstücke bedient habe, alle die Schwierigkeiten verschwinden, welche Hr. D. Töllner in dem Systeme der evangelischen Kirche zu finden meynte. Freylich, wenn man annimmt, die menschliche Seele

Christi

Christi habe, da sie im Mutterleibe war, oder sogleich nach der Geburt Jesu, sich selbst zu erniedrigen
beschlossen: so folgen daraus seltsame Dinge, davon
die Schrift nichts weiß. Allein wo man, wenn
von der Erniedrigung Christi die Rede ist, die Person Christi nicht theilt; sondern nach der Lehre
Pauli Phil. II. lehret und glaubet, daß der ganze
Christus, wiewohl nach Verschiedenheit der Naturen auf eine verschiedene Art sich erniedriget habe;
so ist da kein Widerspruch, auch meines Erachtens
nicht einmal eine Schwierigkeit.

Der Sohn Gottes blieb in seiner unveränderlichen
Natur, wie er war; vor seiner Menschwerdung
hatte er sich in einer herrlichen Gestalt im Himmel,
auch zuweilen auf Erden gezeigt, nun erniedrigte er
sich, nicht, was seine innern Vollkommenheiten, sondern, was die Offenbarung seiner Herrlichkeit be-
traf; zeigte sich der Welt nicht im Glanze der Majestät, sondern erschien in niedriger Menschengestalt.
Dieß genehmigte der Mensch Jesus, sobald er
sich selbst, und die in ihm wohnende Gottheit
in seiner menschlichen Seele genauer kennen
lernte, und auch hielt er es nicht für einen Raub,
Gott gleich seyn; sondern blieb arm, ob er schon
hätte sehr reich seyn können. So stimmt in dieser
Lehre

Lehre alles mit der Natur Gottes und der Menschen vollkommen überein.

7. Endlich, so findet sich in der Art, wie die feinern Arianer von der Anbetung Christi reden noch eine Hauptschwierigkeit. Sie lehren, der Sohn Gottes sey eine vom Vater verschiedene außer und neben ihm existierende Substanz. Folglich nicht nur ein anderer, als der Vater, sondern etwas andres, *) als das höchste Wesen. Nun habe ich in dem vorhergehenden bewiesen, daß der Rathschluß und Ausspruch Gottes: ich will meine Ehre keinem andern geben, unwandelbar und selbst auf die Natur Gottes gegründet sey; daß Gott das Gebot: Du sollst anbeten Gott, deinen Herrn, und ihm allein dienen, im neuen Testamente nicht aufgehoben, sondern vielmehr bestättiget und unter allen Nationen bekannt zu machen, befohlen habe: wie will man nun mit diesen klaren Worten des unveränderlichen Gesetzes keinen andern, als den Gott anzubeten, der der Urheber aller andern Dinge ist, wie will man mit diesem Gesetze die gottesdienstliche Anbetung Christi vereinigen?

Zwar

*) Oder wie die Theologen sonst reden, non modo ἄλλος, sed ἄλλο.

R

Zwar, man spricht, "wir erzeigen nur dem höch-
"sten Gott, dem Vater, die höchste Verehrung;
"dem Sohne eine andre und geringere Gattung von
"gottesdienstlicher Anbetung.„

Allein von diesem Unterschiede weiß die Schrift nichts.
Sie verbietet durchaus, einem Wesen, das nicht seiner
Natur nach Gott ist, die Ehre des Gottesdienstes
zu erzeigen: sie beschreibt die Heiden, als solche, welche denen dienen, die von Natur nicht Gott sind *);
und man muß entweder gestehen, daß dem Sohne
keine gottesdienstliche Ehre gebühre; oder daß er seiner Natur nach zu der Substanz gehöre, welche
die ewige Gottheit ist. Ist das letzte, so erzeigen die
Arjaner dem Sohne viel zu wenig Ehre; ist das erste, so treiben sie Abgötterey.

8. Dazu kommt noch eine andre Unbequemlichkeit
in dem Clarkischen Lehrbegriffe: man nimmt an, dem
Sohne Gottes sey vor dem Tode des Menschen Jesu keine besondre Anbetung erzeugt
worden. Die eigenen Worte des Hrn. Clarke sind
diese: "Der Sohn war vor seiner Menschwerdung
"bey Gott, war in der Gestalt Gottes und hatte
"Herrlichkeit bey dem Vater. Doch hatte er damals
"keine besondere Anbetung, die ihm für seine eigene
"Person wäre gemacht worden; sondern er erschien
"nur

*) Gal. 4, 8.

„nur als die Schechinah oder Wohnung der Herr-
„lichkeit des Vaters, in welcher der Name des Va-
„ters war. Denn es ist zu merken, daß man in der
„heiligen Schrift nichts von einer Anbetung findet,
„die Christo deßwegen sey gemacht worden, weil
„Gott durch ihn die Welt erschaffen hat, oder wegen
„irgend eines andern Werks, das vor seiner Mensch-
„werdung durch ihn geschehen wäre.“

In diesem Lehrbegriffe liegt wenigstens eine große
Unbequemlichkeit. Denn zuerst scheint es, als wenn
Clarke behauptete, der Sohn Gottes sey auch von
den Engeln im Himmel nicht als Schöpfer der Welt
verehrt worden; und woher will man dieß nun beweisen? Sodann aber ist der Grund falsch, aus welchem Clarke die Anbetung des Sohnes herleitet.
„Diese Ehre, (dieß sind die Worte des genannten
„Gelehrten,) befielt uns die heilige Schrift dem Herrn
„Christo zu erzeigen, nicht so fast wegen seines me-
„taphysischen Wesens, (das ist, wegen seiner Natur,
„weil er selbstständig und von Natur Gott wäre,)
„wegen seiner Substanz und abstracten Eigenschaften,
„als vielmehr wegen seiner Handlungen und auf
„uns relativen Eigenschaften, wegen seiner
„Herablassung, daß er, der Gottes-Sohn,
„war Mensch geworden; wegen seiner Erlösung
„und Fürsprache; wegen seiner Gewalt, Macht und

R 2   „Herr-

„Herrschaft, weil er auf dem Throne Gottes, seines
„Vaters, sitzt, als unser Gesetzgeber und König, als
„unser Richter und Gott.‟   Ist dieß nun etwas
anders, als was die von Clarke so oft bestritte-
nen Socinianer behaupten, daß Christus nicht
Gott von Natur, sondern ein gemachter Gott
sey? Hat man nun bey diesem Lehrbegriffe die Beschuldigung der Abgötterey mehr von sich abgelehnt,
als es die Socinianer zu thun im Stande sind?

Die Ausflucht, welche beide Secten nehmen, daß
sie in Christo den Vater ehrten, giebt der Sache keine
bessere Gestalt. Denn so kann man eine jede Kreatur vergöttern und ihr die Ehre der gottesdienstlichen
Anbetung erzeigen, unter dem Vorwande, man bete in
dem Geschöpfe den Schöpfer an.

Man kann auch uns den Vorwurf nicht machen,
daß wir dem Menschen Jesu die nehmliche Art der
göttlichen Anbetung erzeigten. Denn wir würden
Christum nicht anbeten, wenn er nicht seiner höhern
Natur nach zur höchsten Gottheit gehörte, wenn
nicht seine menschliche Natur mit der göttlichen persönlich verbunden wäre. Und in der That, jemehr
man über diese Materie weiter nachdenkt, destomehr
wird man einsehen, daß kein andres System sich
mit der Schrift verträgt, als das, welches wir in
dem vorhergehenden kürzlich erklärt und als schrift-

mäßig

mäßig befunden haben. Da bleibt eine Gottheit; da wird keinem Geschöpfe göttliche Ehre erwiesen; da ist kein gemachter Gott; da bleibt die Natur des Sohnes Gottes unveränderlich, empfängt, um ihrer göttlichen Vollkommenheiten willen, auch göttliche Ehre; und so steht das Wort feste: **Du sollst den Herrn, deinen Gott, anbeten, und ihm allein dienen. Ich, der Jehovah, will meine Ehre keinem andern geben!**

Nun ist es aber Zeit, die besondren Zweifel zu hören, welche die feineren Arianer diesem unsren Lehrgebäude entgegenstellen. Ich sage die besondren Zweifel: denn diejenigen, welche man aus der Vernunft, oder der Natur der Sachen selbst, ziehen und uns entgegensetzen will, sind dem Naturalisten, dem Socinianer und Arianer gemein, und wir haben ihre Schwäche oben gezeigt. Viele von denen, welche ich bey Widerlegung der Socinianer vorgetragen habe, nehmen auch die Arianer zu Waffen wider uns. Auch diese werde ich hier nicht wiederholen. Es bleiben folglich nur diejenigen übrig, welche den Arianern ganz eigen sind, oder welchen sie wenigstens eine neue Wendung zu geben pflegen.

Wie es überhaupt sehr oft zu gehen pflegt, daß man, um einen Irrthume zu entgehen, in einen andern entgegengesetzten fällt: so meynen die Arianer, er-

R 3   gienge

gienge es auch uns. Wir fürchteten uns vor dem
Polytheismus und wollten daher die drey Personen,
Vater, Sohn und Geist, nicht für drey außer einander befindliche Substanzen ansehen; dadurch geschähe
es, daß wir dem Sabellianismus sehr nahe kämen,
und die göttlichen Personen, nur für Beschaffenheiten
(modos) der nehmlichen göttlichen Substanz hielten. Denn wir betrachteten dasselbe göttliche Wesen
bald als Vater, bald als Sohn, bald als Geist,
folglich lehrten wir, das einige göttliche Wesen habe
drey Arten zu seyn; eine Art da zu seyn, ist eine
Beschaffenheit; daraus fließt, daß wir die drey Personen am Ende für nichts, als für Beschaffenheiten
und Eigenschaften des einigen göttlichen Wesens halten müßten.

Ich kann nicht läugnen, daß manche christliche
Lehrer, die sich zu den drey herrschenden Hauptge-
meinden in Europa bekennen, also von der Natur der
Gottheit geredet und geschrieben haben; und ich dürfte
mich zum Beweise nur auf eine meiner ersten Schriften berufen, die ich ehedem über die Vorstellungsart
der Dreyeinigkeit, deren ein sehr verehrungswürdiger
Philosoph sich damals bediente, herausgegeben habe.
Allein gegen die von uns oben vorgetragene Vorstellung der göttlichen Personen kann dieß nicht gesagt
werden. Wir sehen Vater, Sohn und Geist nicht

für

für drey Arten des Daseyns, sondern für drey
Subjecte an, welche gewisse Eigenschaften haben,
und durch die ewige Kraft auf verschiedene Art wir=
ken. Daß dieß letzte aber keinen Widerspruch in
sich fasse; das haben wir oben deutlich genug gezeigt.
Es trift uns daher auch die Einwendung nicht, wel=
che man sonst für so wichtig hält, daß wir drey
Substanzen für eine Substanz halten müßten.
Denn Vater, Sohn und Geist sind zwar drey Sub=
jecte, aber nicht solche, die außer und neben einander
wie drey endliche Geister da wären. Es hat auch
der Zweifel gegen uns keine siegende Kraft, welcher
dem seel. Töllner so unauflößlich schien: wie nehmlich
drey denkende Subjecte in Gott und doch nur ein
unendlicher Verstand seyn könnte?

Wir haben gezeigt, daß diese Schwierigkeit bloß
daher entstehe, weil man sich das unendliche Wesen,
als eine menschliche Seele vorstellet; weil man ver=
gießt, daß alle Erkenntniß, die wir von Gott haben,
bloß analogisch sey und auf Vergleichung beruße;
daß in der Gottheit eine ganz andre Art des Denkens
seyn müsse, als in einem endlichen Geiste, der noch
dazu in einen Körper von Fleische eingeschlossen ist, und,
daß ich so sage, nur durch die Ferngläßer der Sin=
ne sieht; daß es daher ganz und gar nichts wider=
sprechendes sey, wenn wir nach dem Zeugnisse der

R 4   Schrift

Schrift drey denkende Subjecte glauben, deren Erkenntniß das ausmacht, was man den unendlichen Verstand nennt. Doch was wiederhole
ich eine Antwort, die besser oben *) in ihrem Zusammenhange mit andern wichtigen Sätzen gelesen
werden kann?

Die andre Art der Zweifel, welche die Arianer
uns entgegensetzen, entsteht aus einer unrichtigen
Vorstellung der Zeugung des Sohnes Gottes. Sie
stellen sich die Sache so vor: Wer von einem andern gezeugt ist, der ist eine von der ersten ganz verschiedene und außer derselben befindliche Substanz.
Wer von dem andern gezeugt ist, der hat von ihm
die Existenz bekommen; der ist durch eine freye Handlung desselben zum Daseyn gelangt. Und daraus
schließen sie die drey folgenden Sätze, denen ich sogleich die Widerlegung beyfügen will.

1. "Der Sohn muß nothwendig eine ganz andre
„Substanz, als der Vater seyn.“

Nein! nur dieß folgt, der Sohn muß ein andres
Subject, als der Vater seyn. Niemand zeuget sich
selbst. Vater und Sohn sind also zween verschiedne.
Und weil endliche Dinge eingeschränkt und mit andern Dingen umgeben sind: so sind Vater und Sohn
bey

*) Seite 104 — 106.

bey Menschen stets außer und neben einander, als zwo Substanzen da. Allein die Subjecte in der Gottheit sind keine räumlicheingeschränkte in verschiedene Orte verschlossene Dinge: sie sind auf eine ganz andre Weise, und zwar so vereinigt da, daß sie nur durch eine Kraft wirken, folglich nur eine Substanz ausmachen.

2. "Der Sohn, spricht man zweytens, muß vom „Vater seine Existenz erhalten haben."

Auch dieß folgt nicht. Ich antworte sogar mit Clarkischen Ausdrücken. Unter Menschen stammt das Daseyn eines Sohns, eigentlich zu reden, nicht von seinem Vater her. *) In dem Vater liegt nur der Grund, warum die Natur des Sohns auf diese und keine andre Art vorhanden ist. Die Seele des Sohnes, die Theile, aus welchen sein Leib gebildet wird, haben ihr Daseyn nicht vom Vater. So ist es auch in Gott. Der Vater hat dem Sohne nicht die Existenz ertheilt: sondern in dem Vater liegt der Grund, warum der Sohn an der ewigen Kraft, die im Vater, Sohne und Geiste ist, gerade auf diese und keine andre Art Theil nimmt.

3. "Wer gezeugt wird, der ist durch den freyen „Willen eines andern da. Oder es müßte der Vater „den Sohn gezwungen gezeugt haben."

R 5

Keines

*) Clarke, Seite 399.

Keines von beiden. Alles, was in Gott iſt, iſt
ſo nothwendig, als er ſelbſt. Es iſt zwiſchen Vater
und Sohn das ewige nothwendige Verhältniß,
daß in dem Vater der Grund liegt, warum der Sohn
auf dieſe und keine andre Art das göttliche Weſen ge-
meinſchaftlich mit ihm beſitzt.

"Aber ſo iſt der Vater gezwungen, den Sohn zu
„zeugen."

Das iſt ſeltſam geſchloßen. Was man gern thut,
braucht es dazu einen Zwang? Gott der Vater ſteht
mit dem Sohne in dem angenehmſten Verhältniſſe, iſt
mit ihm durch die ſeeligſten Bande vereinigt, genießt
in ſeiner Gemeinſchaft das unausſprechliche Vergnügen der reinſten Freuden: und da ſollte an einen
Zwang zu denken ſeyn? Auch bey der Nothwendigkeit beſteht Freyheit. Nicht alles, was
unveränderlich iſt, iſt auch mit Zwange verbunden.

Eine andre Art der Zweifel entſteht aus der irrigen
Vorſtellung, die man ſich von der Subordination
macht, in welcher der Sohn gegen den Vater ſteht.
"Es iſt doch zu oft und zu deutlich in den Schriften
„der Apoſtel geſagt, daß der Sohn dem Vater un-
„terthan, daß er von ihm geſandt, daß er geringer,
„als der Vater, ſey; daß er alle Macht von ihm em-
„pfangen habe, und alles zu ſeiner Ehre thue. Läßt
„ſich das vom Sohne ſagen, wenn er nicht die
„Exiſtenz

„Exiſtenz vom Vater erhalten hat, ſondern gleich „dem Vater ſelbſtſtändig iſt?"

Allerdings läßt ſich dieß mit Grunde der Wahrheit behaupten. Nur muß man die Art verſtehen, mit der die Schrift von dieſen Sachen redet. Ich darf mich zwar getroſt auf die Erklärung berufen, die ich von dieſer Materie ſchon oben S, 119. 130. 230. gegeben habe: doch weil die Sache ſchwehr iſt; ſo will ich ſie hier nicht ganz übergehen.

Vater und Sohn ſtehen allerdings in einem ſol= chen Verhältniſſe, daß, menſchlich zu reden, der erſte größer, als der andre, genannt werden kann. Denn in dem Vater liegt der Grund, warum der Sohn eben auf dieſe Art die ewige Kraft beſitzt und durch ſie wirkt. Der Vater hat durch den Sohn alles erſchaffen; der Vater erhält alles durch den Sohn; er verſöhnte die Welt durch den Sohn mit ſich ſelbſt.

Dieß wird in der Schrift nie umgekehrt geſagt. Nie leſen wir, daß der Sohn durch den Vater die Geſchöpfe gemacht habe, oder ihnen ihr Daſeyn jetzt noch durch ihn verleihe. Daraus folgt, daß ein ewiges nothwendiges Verhältniß in der Gottheit ſey, welches ſich in den Wirkungen der ewigen Kraft äußert. Zwey Subjecte, Vater und Sohn, wirken

auf

auf eine ſolche Weiſe, daß der Vater alles thut durch
den Sohn. Folgt nun aber daraus, daß der Sohn
die Exiſtenz vom Vater erhalten habe? daß er ihm
die Allmacht aus freyer Entſchließung geſchenkt habe?
Durchaus nicht. Dieß nur folgt: daß die Art, wie
der Sohn wirkt, ihren Grund im Vater habe. Und
dieſen hier philoſophiſchausgedrückten Gedanken, giebt
die Schrift in der Sprache des **gemeinen Mannes**
ſo: der Vater thut alles durch den Sohn; der Vater
ſendet den Sohn; übergiebt ihm das Gericht, ſchenkt
durch ihn den Glaubigen die Seeligkeit. Weil nun
dieß alles nicht umgekehrt geſagt, und dem Sohne
die Ehre nicht beygelegt werden kann, daß er durch
den Vater wirke: ſo kann man ſchon um dieſes innern **nothwendigen Verhältniſſes** willen ſagen:
Der Vater iſt größer, als der Sohn.

Aber, Chriſtus redete, als er dieſe letztren Worte
zu ſeinen Jüngern ſprach, als **Mittler** und als
Menſch, und da iſt es wohl noch deutlicher zu erkennen, daß der Vater größer, als er ſey; daß er
von ihm geſandt werde; daß ihm der Vater alles, in
der Zeit nach ſeinem Tode in die Hände gegeben und
ihn erhöht habe.

"Woher kömmt es aber, daß in der Schrift nur
„der Vater der höchſte Gott, der Sohn aber nie,
„und überhaupt nur ſehr ſelten Gott genennt wird?
„dar-

„daraus erhellt doch wohl, daß der Sohn eine von „dem Vater verschiedene und geringere Substanz sey?"

Nein! daraus erhellt dieß durchaus nicht. Denn es ist doch unläugbar, daß der Sohn an verschiedenen, oben angeführten, Orten der Schrift, nicht nur Gott, *) sondern sogar Jehovah genennet werde. Daß aber dieser Name von dem Vater weit öfter gebraucht wird, das kömmt daher, weil der Sohn, als Mittler zwischen Gott und den Menschen, abgebildet wird. Wie, wenn ich so schließen wollte: das Wort Heiland, kommt meistens von dem Sohne, selten von dem Vater vor; folglich ist der Sohn nur allein, nicht aber der Vater unser Heiland, Erretter und Helfer? Würde man mir nicht antworten: der Vater ist dieß nicht weniger, als der Sohn? Die Personen der Gottheit werden aber nach ihrem Verhältnisse gegen die Menschen in der Schrift verschieden vorgestellt. Der Sohn ist es, der sich in dem Werke der Erlösung unmittelbar bewiesen, und sonderlich geoffenbaret hat: darum wird er vornehmlich, als der Heiland der Menschen, gepriesen. Eben so antworte ich in Ansehung des Vaters. Er ist es, der sich sonderlich als den höchsten Gott in der Schöpfung der Welt geoffenbaret hat; darum wird er, der alles durch den Sohn erschaffen hat, als der höchste Gott, allen fremden

*) אֱלֹהִים‎ ‎θεός,

fremden Göttern, die nicht Schöpfer der Welt sind, entgegengestellt.

Es mag also gleichwohl seyn, daß der Sohn in der Schrift selten Gott genennt wird, genug er wird oft mit diesem Namen belegt, er wird noch öfter als ein Subject beschrieben, welches die höchsten Vollkommenheiten, wie der Vater, besitzt, welches auch, als Gott, verehrt und angebetet werden soll, und folglich zur einigen höchsten Gottheit durchaus gehören muß.

Es scheint mir daher auch das sehr ungewiß, ja falsch zu seyn, was Clarke schreibt: *) "Der Name Gott bezeichnet in der heil. Schrift niemals einen zusammengesetzten Begriff, nie mehr, als eine Person; — sondern bedeutet allezeit entweder allein die Person des Vaters, oder allein die Person des Sohnes.„ Es ist mir vielmehr höchstwahrscheinlich, daß z. E. 1 Mos. 1. Ps. 102. 104. Jes. 40. — 48. und in allen übrigen Stellen, wo von der Erschaffung und Erhaltung der Welt in den Schriften, des alten Testamentes die Rede ist, Gott, wie er, als die unendliche Substanz, von andern falschen Göttern unterschieden ist, gemeynt sey. Da nun aber bewiesen worden ist, daß in dieser unendlichen Substanz drey Subjecte seyn; so folgt, daß in den angeführten und andern ähnlichen Stellen durch das Wort Jeho=

vah

yah, oder Gott mit einem zusammengesetzten Begriffe
Vater, Sohn und Geist angedeutet werden. Hiermit
behaupte ich nicht, daß die Israeliten alles sahen, was
wir nun in dergleichen Beschreibungen der Natur
des höchsten Wesens finden. Der menschliche Verstand konnte zur Erkenntniß der verschiedenen Subjecte in der Gottheit nicht anders, als nach und nach,
kommen. Zuerst mußte Gott sich als Eins offenbaren, damit der Irrthum der Vielgötterey, zu welchem das menschliche Gemüth so geneigt ist, so weit
es seyn konnte, verhindert würde. Nachdem der Gö-
tzendienst auf Erden überhand genommen hatte, war
es noch weniger rathsam von den drey Subjecten in
der Gottheit ganz deutlich zu reden, damit nicht
der schwache Verstand der Israeliten statt einen Gott
drey Götter denken möchte. Daher wird von Mose
und allen Propheten der große Grundsatz aller Religion so oft wiederholt: es ist nur ein Gott. Endlich kam
die Zeit, da die Menschen näher mit der innern Natur
der Gottheit bekannt werden mußten, damit sie fähig
würden, das Werk der Erlösung, das durch den Sohn
Gottes ausgeführt werden sollte, besser zu verstehn.
Niemand hatte zuvor, was in Gott war, so deutlich
erkannt, als die Apostel, nach Ausgießung des heil.
Geistes. Niemand hat Gott gesehn, der Sohn,
der in des Vaters Schoosse ist, der mit ihm nur eine

Substanz

Subſtanz ausmacht, der hat es uns geoffenbaret. Dieſe Erkenntniß zu faſſen, waren die Jünger Chriſti nicht einmal ſogleich bey dem Anfange des Lehramtes Chriſti geſchickt. Er lehrte ſie daher in dem erſten Jahre, nicht anders Gott anbeten, als es unter den Iſraeliten gewöhnlich war. *Unſer Vater, der du biſt im Himmel.* Je näher er ſeinem Ende kam, deſtomehr entdeckte er ihnen von ſeiner anbetenswürdigen Gottheit. Kurz vor ſeinem Tode entdeckte er ihnen, daß ſie nun eine andre Art zu beten anfangen müßten. Bißher habt ihr eure Gebete nicht ſo abgefaßt, daß ihr mich als eine beſondere Perſon dabey genennt, *in meinem Namen eure Knie gebeugt,* von mir Hülfe und Beyſtand eben ſo, wie von Gott, erwartet hättet. Nun aber wird es für euch eine Pflicht, meinen Namen in euren Gebeten neben den Namen des Vaters zu ſetzen; mich vom Vater zwar zu unterſcheiden, aber von mir, wie vom Vater, Hülfe und Troſt zu erwarten: Denn alles, was ihr bitten werdet, in meinem Namen, *das will ich thun.* *) Endlich nachdem Chriſtus im Begriffe war, ſich nach ſeiner Menſchheit auf den Thron Gottes zu erheben: ſo redete er noch deutlicher; ſetzte ſeinen Namen, neben den Namen des Vaters und befahl alle Völker zu lehren: daß ſie zur Verehrung des Vaters, des Sohnes und des heil. Geiſtes ein-

*) Joh. 14, 13.

eingeweiht und getauft werden sollten. Von der
Zeit an wird nun freylich mit dem Namen Gott faſt
immer nur entweder der Vater, oder der Sohn angedeutet, ob es gleich nicht an Stellen des neuen Teſtamentes fehlt, in welchen mit dem Worte Gott die
ewige Subſtanz, in ihrem ganzen Umfange, von fal-
ſchen Göttern unterſchieden wird. Jedoch, ich verirre mich zu weit von meinem Wege. Es war hier
nur meine Abſicht, zu zeigen, wie auch der ſubtilere
Arianismus weder mit der Schrift, noch mit der
Vernunft vollkommen harmoniere, dahingegen aus
dem vorhergehenden erhellt, daß die Lehre unſerer
Kirche in dieſer Materie mit beiden ſehr wohl über-
einſtimme. Denn bey unſrer Lehrart bleibt der
ewige Grundſatz aller Religion; es iſt nur ein
Gott. Der Arianer hat zween Götter. Wir erzeigen dem Sohne Gottes die Ehre, welche ihm gebührt; der Arianer ſieht ihn als ein Geſchöpf, als
einen gemachten Gott an. Wir haben in der
Lehre von der Schöpfung der Welt die Vernunft auf
unſrer Seite: der Arianer nimmt an, die Schöpfung der Welt ſey durch einen geſchehen, der nicht
von Natur Gott iſt. Wir lehren nach der reinſten
Philoſophie, die unendlichen Vollkommenheiten können nur in einer Subſtanz ſich befinden, der Arianer glaubt, es gäbe zwo allmächtige, zwo allgegen-

S   wär-

wärtige Substanzen. Nach der Lehrart der Gegner
muß man annehmen; der höchste Geist nach Gott
habe zu der Zeit, da er sich in einem menschlichen Leibe auf Erden sichtbar zeigen wollte, auf einmal alles vergessen, sey aus dem weisesten die Seele
eines unwissenden Kindes, aus dem mächtigsten ein
schwaches Geschöpf geworden. Nach unsren Grundsätzen hat der Sohn Gottes ganz und gar keine in-
nerliche Veränderung erlitten. Alle Veränderung
gieng, nur außer ihm, in der Welt vor. Er zeigte
sich eine kurze Zeit, in einer geringern Gestalt, als
die Engel an sich haben. Er vereinigte sich mit
einer menschlichen Seele, und mit einem menschlichen
Leibe. In dieser menschlichen Natur und durch sie
verrichtete er seine Werke auf Erden, durch sie zeigt
er sich jetzt im Himmel, und ist in ihr und durch sie
Beherrscher der Welt. So stimmt Vernunft und
Schrift überein.

Das sechste Kapitel.

Vermuthungsgründe für die Gott-
heit Christi aus den Schriften einiger der
ältesten Kirchenlehrer.

Wer die Schriften der Kirchenväter, welche in
dem zweyten und dritten Jahrhunderte nach
Christi

Chriſti Geburt gelebt haben, mit einiger Aufmerk=
ſamkeit zu leſen, ſich die Mühe nehmen will, der
wird finden, daß ſie in ihren Ausdrücken von der
Gottheit Chriſti ſehr verſchieden ſind. Dieſe Verſchie=
denheit in dem Lehrbegriffe war nach den Umſtänden
jener Zeit unvermeidlich. Die Vorſtellung, daß Va=
ter, Sohn und Geiſt mit dem Namen Gott zu be=
nennen ſeyn, war für Heiden und Jüden etwas ganz
neues. Der gemeine Chriſt pflegte über den ſubtilen
Unterſchied der drey in Gott, auf die er getauft war,
wenig nachzuſinnen. Die gelehrten Jüden und Hei=
den aber dachten in dieſer Sache eben ſo verſchieden,
als verſchieden die Schulen waren, in denen ſie ſich
zuvor gebildet, oder vielmehr den Kopf mit ſeltſamen
Ideen der mancherley damals herrſchenden Philoſo=
phien angefüllt hatten. In der Auslegung der
Schrift, ſonderlich des alten Teſtamentes, hatten die
wenigſten eine genaue Einſicht. Und faſt alle waren
an eine Art zu diſputieren gewöhnt, dabey man zu=
frieden war, wenn man nur ſeinen Gegner zu beſie=
gen ſchien; die Waffen mochten Wahrheit oder vor=
gefaßte Urtheile und allgemein angenommene Mey=
nungen ſeyn. Wer ſich von der Wahrheit dieſer
jetzt gegebenen kurzen Abſchilderung der Kirchen=
väter durch eigenes Leſen überzeugt, der wird
ihren Ausſprüchen gewiß nie ein größres Gewicht

geben,

geben, als es ihr Wehrt, oder Unwehrt verdient.

Allein, bey allen diesen Fehlern und bey aller der
Verschiedenheit in den Ausdrücken, wird man doch
gewisse festgesetzte Wahrheiten bey ihnen antreffen,
die, weil sie, wenn man auch in die ältesten Zeiten zu-
rückgeht, beynahe überall gefunden werden, die
größte historische Wahrscheinlichkeit geben, daß sie
aus dem Unterrichte der Apostel herstammen. Ja,
eben die Verschiedenheit in der Philosophie und in
der Gedenkungsart der Kirchenväter ist ein starker
Vermuthungsgrund, daß die Gottheit Christi eine
apostolische Lehre sey. Denn da jene alten Schriftsteller sonst so sehr von einander abweichen, doch aber
mit einem Munde die Gottheit Christi bekennen und
gegen alle Arten der Irrlehrer vertheidigen; so muß
diese Lehre nicht aus irgend einer menschlichen Schule
in das Christenthum gekommen, sondern aus dem
christlichen Unterrichte allen Arten der heidnischen und
jüdischen Philosophen, die sich zum Christenthume
bekehrten, durch christliche Lehrer bekannt gemacht
worden seyn. Auf diese Grundlage nun läßt sich ein
gedoppelter Beweis für die Gottheit Christi bauen.
Der erste aus den Stellen der alten Kirchenlehrer,
darinnen sie diese Lehre behaupten; der andre,
aus Stellen, darinnen sie die ihren Grundsätzen ent-

gegen

gegenstehenden Irrthümer widerlegen. Damit
man uns aber nicht den biß zum Ekel wiederholten
und so ungegründeten Vorwurf machen könne, wir
vertheidigten eine Lehre, die erst auf der Nicänischen
Kirchenversammlung ausgedacht worden wäre: so
wollen wir nur wenige und allein solche Schriftsteller
zu Rathe ziehen, die vor der jetzt genannten Kirchenversammlung gelebt und geschrieben haben.

Der erste sey Justin, der Märtyrer, der frühzeitig genug gelebt hat, um die Lehre der Apostel in
einem der wichtigsten Punkte des christlichen Glaubens zu empfangen und zu bewahren. So wohl in
seinen Schutzschriften für die Christen, als in dem
bekannten Gespräche mit Trypho, herrschet durchaus der Grundsatz: In Jesu Christo sind zwo Naturen; die menschliche, die er durch die leibliche Geburt von der Maria empfangen, und die göttliche,
in der er vor Erschaffung der Welt vorhanden gewesen,
in der er ehedem den Gläubigen des alten Testamentes, Abraham, Isaac, Jacob, Moses und andern
erschienen ist. Denn der Vater ist der unsichtbare
Gott, der hat sich nie einem Menschen unmittelbar
sichtbar gezeigt. Der Sohn ist der Engel, Jehovah,
der Gesandte des Vaters, durch den er die Welt erschaffen, die Menschen unterrichtet, und mit sich wie-

der

der zu vereinigen, beschlossen hat. *) Und nun laßt
uns seinen Vortrag stückweise aus einzelnen Stellen
betrachten.

Ich habe oben bewiesen, wenn Christus der unmittelbare Schöpfer der Welt sey: so müsse er
zur einigen ewigen Substanz gehören, welcher die
Schöpfung der Welt, als ein unmittelbares Werk
beygelegt werde.

Nun laßt uns Justin hören: "Das Wort, wel-
„ches bey dem Vater war, welches gezeugt ist, ist
„es, durch das Gott Anfangs alles geschaffen und
„so schön bereitet hat." **)   Denn von ihm ist das
zu verstehen, was Sprüchw. 8, 21. geschrieben steht:
Ehe der Herr die Erde schuf, ehe er den Abgrund
machte, ehe die Wasserquellen, ehe die Berge waren,
hat mich der Herr gezeugt. — — Als er den Himmel machte, war ich bey ihm — und richtete alles
in Ordnung. (ἁρμόζουσα) ***) Dieser Sohn
sammt dem Geiste ist es, zu welchem der Vater bey
der Schöpfung der Welt sprach: Lasset uns Menschen machen, ein Bild das uns gleich sey. †) Aus
diesem

) Man sehe sonderlich in dem Gespräche mit Trypho
  n. 50. biß 80. Seite 146. ꝛc, der Ausgabe ex
  congreg, S. Mauri.
**) Apolog. II. S. 92. Ebend. Ausgabe.
***) Seite 158. n. 61.   †) Seite 159.

diesem Grunde irren denn die Anhänger Marcians
gar sehr, wenn sie die Schöpfung der Unterwelt andern Wesen zuschreiben, und Gott dem Vater und
seinem eingebohrnen Sohne die Ehre rauben. Selbst
Plato hat schon zum Theil erkannt, daß durch Gottes Wort (λόγῳ θεῦ) alles geschaffen worden sey. *)

Aus diesen Worten Justins sieht man den Glauben an die Wahrheit, daß durch den Sohn Gottes
alles geschaffen sey, sehr deutlich. Und obgleich die
Beweise, auf welche dieser Satz hier gegründet worden ist, die vollkommensten nicht sind: so ist doch klar,
daß der Satz selbst unter die Hauptlehren des Christenthums von ihm gerechnet worden sey.

Eben so deutlich legt Justin unsrem Erlöser göttliche Eigenschaften und Namen bey. Ehedem beteten wir, dieß ist Justins System und Sprache,
diejenigen an, welche von Natur nicht Gott waren;
aber nun den, welcher die erhabenen Namen trägt:
Christus, König, Hoherpriester, Gott und Herr.
Denn er ist der Gott, von welchem im 71. Psalme
geschrieben steht, daß ihn die Mohren und die Könige zu Tharsis anbeten, die Inseln Geschenke bringen, und sprechen werden: Hochgelobet sey der
Gott Israel — und der Ruhm seines Namens wird
ewig

S 4

*) Apol. I. Seite 78. n. 58 — 60.

ewig ſeyn *) Er iſt derjenige, von welchem David
im drey und zwanzigſten Pſalme ſingt: die Erde iſt
des Herrn, **) und alles, was darauf iſt. —
Machet die Thore weit, daß einziehe der König der
Ehren ꝛc. ***) Er iſt es, von welchem im ſechs
und vierzigſten der Lieder Davids geſagt wird:
Gott ****) fähret auf mit Jauchzen und der Herr
mit heller Poſſaune; Lobſinget Gott, Lobſinget Gott! ꝛc.
Daher kommt es denn auch, daß derjenige, welcher
dem Moſes im Buſche erſchienen iſt, ſich ſelbſt den
Gott Abrahams, Iſaacs und Jacobs nennt,
das iſt denn nun der Gott, durch welchen Himmel
und Erde erſchaffen worden iſt; Chriſtus unſer
Herr. †) Dieſer iſt der Erſtgebohrne Gottes, und
folglich Gott. ††) Denn er iſt Gott, und iſt durch
die Jungfrau Menſch geworden. †††) Dieſer iſt
der

*) Ebend. S. 131. n. 34.   **) Des Jehovah.
***) Seite 133. n. 36.
****) Seite 134. n. 37. ἀνέβη ὁ ϑεὸς, ἐν ἀλαλαγμῷ,
κύριος (Jehovah) ἐν φωνῇ σάλπιγγος.
†) Siehe Seite 157. biß 59. wie auch 221.
††) λόγος πρωτότοκος ὢν τῷ ϑεῷ, καὶ ϑεὸς ὑπάρχη.
S. 81. in der erſten Apolog.
†††) ϑεὸς ὢν etc. Seite 144. n. 48. Und Seite
158. ſpricht Juſtin, als er von der Zeugung des
Sohnes Gottes redet: deß ſey mir ſelbſt jenes
Wort

der eine Jehovah κύριος) von welchem 1 Mos. 18.
gesagt wird: Da ließ Jehovah (der nehmlich mit
Abraham redete,) vom Jehovah im Himmel, Feuer
vom Himmel regnen. *)

Aus diesen hier angeführten Stellen ist offenbar,
daß Justin Christum für den hält, der zu Abraham
gesagt hat: ich bin der allmächtige Gott,
wandle vor mir und sey fromm; daß er folglich
Christo alle die Eigenschaften und Vollkommenheiten
beylege, welche dem Vater zukommen. Daher nennt
er ihn an vielen Orten den Eingebohrnen, der nur
allein den Vater kennt, der Licht vom Licht, Gott
von Gott ist.

Aus allen diesen Gründen zusammen genommen
fließt denn auch die Lehre: daß der Sohn, wie der
Vater, der anbetenswürdige Gott sey. **) Eben
so wie die Heiden ihre Götter anbeten; so beten
wir an den Vater durch den Sohn. Dieß ist
die dem Justin und fast allen christlichen Schriftstellern gewöhnliche Redensart, wenn sie von der gottesdienstlichen Ehre reden, die Christo zukommt: durch
den Sohn, oder auch den Sohn mit und nach

S 5 (μετὰ)

Wort der Weisheit Zeuge, jener Gott, der
vom Vater aller Dinge gezeugt worden ist.
*) Seite 222. n. 129.
**) S. 219. θεὸς προσκυνητὸς.

(μετὰ) dem Vater. Ob nun gleich hier eine gewiſſe Subordination in der Anbetung ſtatt findet; ſo wird doch durchaus behauptet, daß dem Sohne eigentliche gottesdienſtliche Ehre erzeigt werden müſſe. Laßt uns, dieß wahrzunehmen, die Hauptſtellen Juſtins nun etwas näher betrachten.

“Wir beten das gebohrne und vom ungezeugten „(Vater) gezeugte Wort mit und nach Gott (dem „Vater) an.“ *)

In dieſer Stelle wird ein und das nehmliche Wort (προσκυνοῦμεν) anbeten, beides vom Vater und Sohne gebraucht; ſo daß niemand zweifeln kann, ob die Chriſten im zweyten Jahrhunderte dem Sohne göttliche Ehre erzeigt haben. Dieß wird nun noch deutlicher aus denjenigen Stellen Juſtins, in welchen er von den Chriſten den Vorwurf abzulehnen ſucht, daß ſie Atheiſten wären. Ja, ſpricht er z. E. in der erſten Apologie, **) ja, wir geſtehen zu, daß wir Atheiſten ſind, wenn die Rede von ſolchen Göttern iſt, die man fälſchlich dafür hält. Die Sache verhält ſich aber anders, wenn von dem wahren Gott, dem Urheber der Gerechtigkeit, der Mäßigkeit und der übrigen Tugenden, wenn von dem voll-

*) Seite 97. τὸν γὰρ ἀπὸ ἀγεννήτȣ θεȣ λόγον μετὰ τὸν θεὸν προσκυνοῦμεν καὶ ἀγαπῶμεν.

**) Seite 47.

vollkommenguten von allem bösen entfernten Gott
die Rede ist. Denn ihn und den Sohn *) — und
den prophetischen Geist verehren und beten wir an.
(σεβόμεθα καὶ προσκυνοῦμεν.)

Obgleich diese Stelle eine gewisse Schwierigkeit
hat, deren ich unten in der Anmerkung mit wenigem
gedenke; so ist doch daraus klar, daß dem Sohne
und dem Geiste, wie dem Vater, göttliche Ehre von
den ersten Christen erzeigt worden sey.

Es ist um so viel weniger an dieser Sache zu zweifeln, da Justin in der nehmlichen Apologie **) noch
einmal eben das wiederholt, um die Heiden zu über-
führen, daß die Christen keine Atheisten seyn. Er
behauptet nehmlich in derselben, daß die Christen den
Vater aller Dinge zuerst, dann der Ordnung nach
den Sohn, zum zweyten, und zum dritten, der Ordnung

---

*) Zwar stehen auch die Engel an diesem Orte Ju-
stins mit unter denen, die von den Christen verehrt
werden: allein, wenn man bedenkt, daß Justin ein
Platoniker war; so wird man sich von der Verehrung der Engel, die er hier den Christen zuschreibt,
den rechten Begriff machen. Es ist auch noch
die Frage, ob der Verstand dieser Stelle nicht der
sey: wir Christen und die Engel, die ihm ähnlich (folglich gut) sind, beten den Vater, den
Sohn und den Geist an.
**) Seite 78. biß 82. n. 59. biß 64.

nung nach, den prophetischen (oder heiligen) Geist anbeteten. Diese drey, Vater, Sohn und Geist, werden daher bey diesem Schriftsteller überall von allen Kreaturen unterschieden, und als die gemeinschaftliche Quelle aller Dinge betrachtet, wie ich zum Theil schon in dem vorhergehenden gezeigt habe, auf den Namen dieser drey werden die Christen getauft, in der Absicht, nicht mehr die falschen Götter, sondern diese drey anzubeten, von welchen die Welt geschaffen worden ist.

Den Jüden war unter andern Lehren des Christenthums das vornehmlich zuwider, daß sie nicht mehr nur einem Subject, dem von ihnen allein erkannten Schöpfer der Welt; sondern nun auch dem Sohne göttliche Ehre erzeigen sollten. Trypho macht daher die Einwendung: wenn man Jesum Christum, den Gekreuzigten, eben so, wie Gott den Vater, anbeten sollte: so wisse man ja nicht mehr, was aus jener Schriftstelle beym Jesaia Kap. 42, 8. zu machen sey? Denn was sollten nun die Worte heißen: ich will meine Ehre keinem andern geben ꝛc. *) Auf diese Einwendung antwortet Justin, daß dieser Ausspruch Gottes der Anbetung der falschen Götter, nicht aber der Anbetung dessen entgegen sey, durch den der Vater alle Dinge geschaffen

*) Seite 162. n. 65.

geschaffen habe. *) Denn diesem sollte eben deßwegen, weil durch ihn alles geschaffen worden
ist, auch eben die Ehre von den Geschöpfen wiederfahren, die dem Schöpfer gebührt. Daher hatte
Justin schon im vorhergehenden behauptet; Gott der
Vater habe durch David die neutestamentische Kirche
also anreden lassen: Höre Tochter, merke drauf!
neige dein Ohr! Vergiß deines Volks und deines
Vaters Hauses, so wird der König seine Freude an
dir haben: Denn er ist dein Herr, und du sollst ihn
anbeten. Daraus schließt er: so ist denn also Gott
und Christus anzubeten. **) und wiederholt dieselben
Worte Seite 165. n. 68. noch einmal. ***) um
den Trypho zu überzeugen, daß Christus wahrer Gott
sey, daß man also mit recht sagen könne, Gott sey
Mensch geworden. †)

Nun

*) S. 162. n. 65.   **) S. 160. n. 63.

***) Κἀγὼ εἶπον, μή τι ἄλλον τινὰ προσκυνητὸν καὶ
κύριον καὶ θεὸν λεγόμενον, ἐν ταῖς γραφαῖς νοῆτε
εἶναι, πλὴν τῦ τῦτο ποιήσαντος τὸ πᾶν καὶ τῦ
χριστῦ ὃς διὰ τῶν τοιύτων γραφῶν ἀπεδείχθη
ὑμῖν ἄνθρωπος γενόμενος.

†) Denn, Trypho hatte dem Justin den Zweifel
entgegengestellt: Du sagst uns eine ganz uner-
hörte und ungläubliche Sache: Gott soll Mensch
geworden seyn. ὅτι θεὸς ὑπέμηνε γεννηθεῖναι καὶ
ἄνθρωπος γεννᾶσθαι. S. 165. n. 67.

Nun hoffe ich, wird genug gesagt seyn, um zu beweisen, daß die ersten Christen zu Justins Zeiten dem Sohne Gottes, wie dem Vater, göttliche Namen, Eigenschaften, Werke und Ehre beygelegt haben.

Justin war ums Jahr neunzig gebohren; und schrieb seine Apologie um das Jahr ein hundert und funfzig nach Christi Geburt; *) Um diese Zeit lebten noch viele Christen, welche nahe an die Zeiten der Apostel reichten, und von solchen unterrichtet worden waren, die den christlichen Glauben aus dem Munde der Jünger Jesu empfangen hatten.

Daß dieß die gemeine Lehre der ältesten Kirche gewesen sey, ist nun weiter aus gleichzeitigen Schriftstellern nicht schwehr zu beweisen. Ich will hier nur einige Zeugnisse anführen.

Zuerst scheint mir die Stelle bey dem Plinius in dem 97 Briefe des 10. Buches überaus merkwürdig. Denn er sagt nur allzu deutlich, daß die ersten Christen unsren Erlöser eben so mit Lobgesängen gottesdienstlich verehrten, wie die Heiden ihre Götter zu verehren pflegten: sie singen ihm Lieder, als einem Gott. **) Um eben diese Zeit lebte Tatian,

der

*) Siehe Apol. I. n. 46. S. 71.
**) Affirmabant autem, (Christiani accusati) hanc fuisse summam vel culpae suae, vel erroris, quod essent

der als ein Gelehrter zur chriſtlichen Kirche übergetreten war; und auch dieſer nennt Chriſtum Gott.

"Wir ſind nicht ſo unſinnig, o ihr Griechen, wir „reden nicht thöricht, wenn wir ſagen, Gott ſey in „der Geſtalt eines Menſchen gebohren worden." *)

Noch etwas vor dieſem (ums Jahr 169.) ſchrieb Athenagoras in ſeiner Schutzſchrift für die Chriſten: So habe ich denn hinlänglich bewieſen, daß wir Chriſten keine Atheiſten ſind, indem wir den einigen, ungebohrnen, ewigen, unſichtbaren Gott annehmen, der keines Leidens fähig iſt, deſſen Natur man weder begreifen noch mit Worten ausdrücken kann, — — der alles durch ſein Wort ſchaffet, ordnet und erhält. Denn wir wiſſen und nehmen auch an, daß ein Sohn Gottes ſey. Und niemand halte dieß etwa für lächerlich, daß Gott einen Sohn haben ſoll. Denn wir denken vom Vater und vom Sohne nicht etwa ſo, wie die Dichter zu thun pflegen, deren Götter nicht beſſer, als Menſchen ſind. Nein! der Sohn Gottes iſt der Logos des Vaters im Verſtande und in der Wirkung (das heißt: er iſt die Weisheit des Vaters, und er iſt der, durch
welchen

eſſent ſoliti ſtato die ante lucem conuenire, carmenque Chriſto, quaſi Deo, dicere ſecum inuicem.
*) θεὸν ἐν ἀνθρώπου μορφῇ γεγονέναι.

welchen sich die Allmacht des Vaters äußert.) Denn von ihm, und durch ihn sind alle Dinge geschaffen; denn Vater und Sohn sind eins. *)

Da

*) Τὸ μὲν ἂν ἄθεοι μὴ εἶναι, ἕνα τὸν ἀγέννητον καὶ ἀΐδιον καὶ ἀόρατον καὶ ἀπαθῆ καὶ ἀκατάληπτον καὶ ἀχώρητον, νῷ μόνῳ καὶ λόγῳ καταλαμβανόμενον, φωτὶ καὶ κάλλη καὶ δυνάμι ἀνεκδιηγήτῳ περιεχόμενον, ὑφ᾽ οὗ γεγένηται τὸ πᾶν διὰ τῦ αὐτῦ λόγυ καὶ διακεκόσμηται καὶ συγκρατῦται, Θεὸν ἄγοντες. ἱκανῶς μοι δέδηκται - νοῦμεν γὰρ καὶ υἱὸν τῦ Θεῦ. καὶ μή μοι γελοῖόν τις νομίσῃ τὸ υἱὸν εἶναι τῷ Θεῷ. οὐ γὰρ ὡς ποιηταὶ μυθοποιῦσιν, ὐδὲν βελτίυς τῶν ἀνθρώπων δακνῦντες τὸς θεὸς, ἢ περὶ τῦ Θεῦ καὶ πατρὸς, ἢ περὶ τῦ υἱοῦ πεφρονήκαμεν, ἀλλ᾽ ἔστιν ὁ υἱὸς τῦ Θεῦ λόγος τῦ πατρὸς ἐν ἰδέᾳ καὶ ἐνεργείᾳ, πρὸς αὐτῦ γὰρ καὶ δι᾽ αὐτῦ πάντα ἐγένετο, ἑνὸς ὄντος τῦ πατρὸς καὶ τῦ υἱῦ. ὄντος δὲ τῦ υἱῦ ἐν πατρὶ καὶ πατρὸς ἐν υἱῷ ἑνότητι καὶ δυνάμι πνεύματος, νῦς καὶ λόγος τῦ πατρὸς ὁ υἱὸς τῦ Θεῦ, εἰ δὲ δι᾽ ὑπερβολὴν συνέσεως σκοπῆν ὑμῖν ἔπεισιν, ὁ παῖς τί βύλεται, ἐρῶ διὰ βραχέων, πρῶτον γέννημα εἶναι τῷ πατρὶ, ὐχ ὡς γενόμενον (ἐξ ἀρχῆς γὰρ ὁ θεὸς νῦς ἀΐδιος ὤν, εἶχεν αὐτὸς ἐν ἑαυτῷ τὸν λόγον ἀϊδίως λογικὸς ὤν) ἀλλ᾽ ὡς τῶν ὑλικῶν

ξυμπά-

Da denn aber der Vater in dem Sohne, und der Sohn im Vater ist, in der Einigkeit und Kraft des Geistes: so ist der Sohn die Weisheit (der Verstand) und der Logos, (das alleswirkende Wort) des Vaters. — was der Sohn sey, will ich kurz sagen. Er ist das, was der Vater zuerst hervorgebracht hat (πρῶτον γέννημα). Nicht, als wenn er entstanden und gemacht worden wäre. Denn da Gott von Ewigkeit ein verständiges Wesen war; so hatte er auch von Ewigkeit den Logos (die Vernunft) in sich selbst — — Und der heilige Geist, welcher in den Propheten wirkt, ist ein Ausfluß aus Gott, der gleich einem Sonnenstrahle von Gott aus = und zurückfließt. Wer sollte sich daher nicht wundern, wenn er hört, daß diejenigen Atheisten genennt werden, die da lehren, der Vater sey Gott, der Sohn sey
Gott

ξυμπάντων ἀπόλις, φύσεως καὶ γῆς οἰκείας ὑποκειμένων δίκην, μεμιγμένων τῶν παχυμερεστέρων πρὸς τὰ κυφότερα ἐπ᾽ αὐτοῖς, ἰδέᾳ καὶ ἐνεργείᾳ εἶναι προελθών. συνᾴδει δὲ τῷ λόγῳ καὶ τὸ προφητικὸν πνεῦμα. Κύριος γὰρ, φησὶν, ἔκτισέ με, ἀρχὴν ὁδῶν αὐτοῦ εἰς ἔργα αὐτοῦ. καὶ τοι καὶ αὐτὸ τὸ ἐνεργοῦν τοῖς ἐκφωνοῦσι προφητικῶς ἅγιον πνεῦμα, ἀπόῤῥοιαν εἶναι φαμὲν τοῦ Θεοῦ, ἀποῤῥέον καὶ ἐπαναφερόμενον, ὡς ἀκτῖνα ἡλίου.

T

Gott und auch der heilige Geist; die da über
dieß zeigen, wie sie der Kraft nach auf das
genaueste vereiniget, doch aber der Ordnung
nach von einander unterschieden sind.

Obschon in dieser Vorstellung der Dreyeinigkeit
verschiedene unrichtige Ideen mit eingemischt sind, von
denen ich nachher noch mit wenigem reden werde; so
ist doch die Hauptsache in denselben so deutlich enthalten, daß man nur wenig Mühe hat, die gemeine
Dreyeinigkeitslehre, wie sie in jenen Zeiten vorgetragen wurde, in denselben zu finden. In dem kurzen
Entwurfe der Lehre Justins von der Gottheit Christi
habe ich unter andern die Vorstellung mit eingefloch-
ten, die ersten Christen hätten den Sohn Gottes
durchaus von allen Geschöpfen unterschieden und ihm
göttliche Ehre erzeigt; daraus folge, daß sie ihn für eine zur Gottheit gehörige Person gehalten hätten. Dieser
Schluß wird durch eine gewisse Stelle des Theophilus, der zu eben der Zeit lebte, ungemein befestiget.
Er sagt: "Wir beten nur allein Gott, und keine
„Kreatur an — — Einen König werde ich wohl
„verehren (τιμήσω); aber nicht anbeten. Du
„sprichst: warum willst du den König nicht anbe-
„ten? — — weil er nicht Gott, sondern ein
„Mensch, und von Gott gesetzt ist, nicht daß man
„ihn anbete, sondern daß er gerecht richte. Denn

„es

: iſt ihm das Regiment von Gott anvertraut.
leichwie er nun nicht erlaubt, daß man die obrig-
itlichen Perſonen, welche unter ihm ſtehen, Kö-
ige nenne; denn dieß iſt ſein Name, den man
iem andern nicht beylegen darf: ſo iſt es auch nicht
laubt, einen andern anzubeten, als der Gott
k. *)“ Freilich hat auch Theophilus, wie andre
hrte Chriſten ſeiner Zeit, in die Dreyeinigkeitslehre
iche Nebenvorſtellungen gebracht: allein das hin-
nicht, daß man nicht auch bey ihm den allgemein-
enommenen Lehrſatz finden ſollte: Chriſtus iſt
tt; das Wort, der Logos, gehört zur ewigen Gott-
. Ich will, um dieß zu beweiſen, nur einige Stel-
auszeichnen. “Gott allein iſt von Ewigkeit —
t hatte aber ſeinen Logos in ſeinen eigenen Ein-
eiden bey ſich (das Wort war bey Gott, wie er
iachher Seite 565. aus Joh. 1, 1. erklärt,) und
ugte den Logos ſammt der Weisheit (σοφια) vor
i andern Dingen. Dieſes Logos bediente er ſich
eines Werkmeiſters und Dieners (υπεργε) und
h daſſelbe hat er alles andre geſchaffen. †) Durch
dieß Wort iſt Gott im Paradieſe und nachher
Vätern erſchienen:“ Denn Gott ſelbſt (der Vater).

T 2

Im erſten Buche an den Autolycus n. 11. p. 344.
der Ausgabe ex congr. S. Mauri.
Im andern Buche an den Autol. n. 10. S. 354.

ter) ist in keinem Orte — — Aber der Logos,
durch welchen er alles gemacht hat, der seine (des
Vaters) Kraft und Weisheit ist, stellte die Person
des Vaters und Herrn aller Dinge vor, und unter-
redete sich mit Adam. Denn jene Stimme war der
Logos, der Sohn Gottes, — — der allezeit in dem
Herzen Gottes war. Denn ehe noch etwas geschaffen wurde, war dieser Logos sein Rathgeber; er war
sein Verstand und seine Klugheit. — — Dieß
lehrt uns die heilige Schrift und alle, die vom Geiste
Gottes getrieben wurden; dieß sagt Johannes: im
Anfange war das Wort, und das Wort war bey Gott.
Wodurch Johannes anzeigt; daß im Anfange nichts
gewesen sey, als Gott und in ihm der Logos. Dann
setzt er hinzu: und Gott war das Wort; alles
ist durch dasselbe Wort gemacht; und ohne dasselbe
ist nichts gemacht. Da denn nun also der Logos Gott ist (θεὸς ὢν ἂν ὁ λόγος καὶ ἐκ θεῦ πεφυκὼς)
und aus Gott gezeugt: so sendet ihn der Vater hin,
wo er will ꝛc. *)

Da Theophilus in diesen und ähnlichen Stellen
nichts vom heil. Geiste besonders sagt; so scheint es
beynahe, er habe den heil. Geist mit dem Logos für
eins gehalten; zumal da er im 2ten Buche n. 10.
S. 355. von dem Logos also spricht: Da nun der-

selbe

*) S. 365. n. 22.

selbe der Geist Gottes — die Weisheit, die Kraft des
Allerhöchsten ist: so kam er in die Propheten herab und
redete durch sie von der Schöpfung der Welt und andern Dingen ꝛc. Allein entweder ist in dieser jezt
angeführten Stelle ein Schreibfehler, oder Theophilus hat sich nur dunkel ausgedrückt. Denn er ge-
genkt nicht lange hernach bey der Schöpfungsgeschich-
te des dritten Tages einer Dreyeinigkeit in Gott
mit folgenden Worten. "Die drey Tage, welche vor
der Erschaffung der Himmelslichter vorhergiengen,
sind ein Bild der Dreyeinigkeit Gottes, seines Wortes und seiner Weisheit. *) Diese Weisheit ist nichts
anders, als der heil. Geist. Denn es ist eine den
Kirchenlehrern des zweyten Jahrhunderts ganz gewöhnliche Vorstellung, daß sie die Stelle 1 Mos. 1, 2.
der Geist Gottes schwebte über den Wassern, so auslegen, der heil. Geist bearbeitete die Bildung der Geschöpfe. Daher erklärt denn auch Theophilus jene
Worte 1 Mos. 1, 26. Lasset uns Menschen machen ꝛc.
allso, daß er meynt, Gott habe sie zu seinem Logos
und zu seiner Sophia, (zu seinem Worte und zu seiner Weisheit) gesprochen. **) Daß hier unter der
Weisheit der Geist zu verstehen sey, ist desto wahr-

T 3 schein-

*) Τύποι εἰσὶν τῆς τριάδος, τῦ θεῦ καὶ τῦ λόγυ
αὐτῦ, καὶ τῆς σοφίας αὐτῦ. S. 360. n. 15.

**) Buch 2. n. 15. S. 560.

scheinlicher, da der Geist auch beym Irenäus an mehrern Orten *) also genennt wird. Es ist also auch hier wieder die, zwar durch Philosophie etwas verstellte, mit unrichtigen Schriftauslegungen vermengte, aber doch sonst gewöhnliche Lehre: Vater, Sohn und Geist sind die Quellen aller geschaffenen Dinge, folglich machen sie die ewige Gottheit aus.

Dieser Lehrsatz ist nun beym Tertullian, aller Dunkelheit ungeachtet, noch weit deutlicher zu finden. Ich müßte beynahe sein ganzes Buch, das er dem Praxeas entgegengesetzt hat, abschreiben, wenn ich alle in demselben befindliche Zeugnisse anführen wollte. Auf allen Blättern wiederholt er die Lehre: "Es ist nur ein Gott; aber dieß ist von der Einheit der Substanz zu verstehen. Außer dieser Einheit der göttlichen Substanz ist aber auch die Oekonomie (οἰκονομία), nach welcher in der Einheit ein Gedrittes ist, wohl zu behalten. Dieß Gedritte ist Vater, Sohn und Geist. Diese drey sind aber nicht der Natur und dem Zustande, sondern dem Grade nach; nicht der Substanz, sondern nur der Form (der besondern Art des Daseyns) nach; nicht der Macht, sondern der Gestalt, der Art der Existenz nach, verschieden; sind eine Substanz, haben einerley Ei-

gen-

*) Lib. III. c. 24. Lib. IV. c. 7.

genschaften, einerley Macht. *) Daher wird auch
das Wort selbst Gott genennt: Das Wort war bey
Gott, und Gott war das Wort. Du wirst hier
den Namen, Gott, nicht für ein leeres Wort halten.
Denn der Sohn ist der, der das Ebenbild Gottes ist,
(in effigie Dei μορφῇ Phil. II.) und der es nicht für
einen Raub hielt, Gott gleich zu seyn. — — Daher kommt es denn auch, daß niemand den Vater
kennt, als nur der Sohn, weil er allein in des Vaters Schoosse war. — — Denn wer weiß, was in
Gott ist ohne der Geist, der in ihm ist? — —
Das Wort aber war in dem Vater, wie er (Christus) selbst spricht: ich bin in dem Vater. Und dieß
Wort war allezeit in dem Vater; wie geschrieben
steht (Joh. 1, 1.) Das Wort war bey Gott. Und
zwar so, daß es nie von dem Vater getrennt, oder
etwas anders, als der Vater wird (keine andre Substanz, die außer ihm da wäre); denn (er spricht:)
ich und der Vater sind Eins. Daher sagen wir, der
Sohn sey vom Vater gezeugt (prolatum), nicht geschaffen (non paratum) — — Beide, Vater und
Sohn, bleiben folglich eine Substanz. So wie die
Wurzel und der Baum zwar zweyerley sind, aber
doch nur eine Sache, einen Baum ausmachen; so

T 4   wie

*) Aduers. Prax. S. 418. der baselischen Ausgabe von
1528.

wie die Sonne und der von ihr ausgehende Sonnenstrahl zweyerley sind, aber doch nur eine Sache ausmachen. — — Der heilige Geist aber ist der dritte; so wie die Frucht am Baume das dritte ist (nach
der Wurzel und dem Stamme.) So behalte denn
wohl, daß ich diese Regel des Glaubens habe, nach
der ich Vater, Sohn und Geist als unzertrennt
bekenne. — — Doch bleiben diese drey unterschieden: denn derjenige, der da von einem andern
redet, ist von dem unterschieden, von welchem er redet; nun spricht aber der Vater vom Sohne: du
bist mein Sohn, heute habe ich dich gezeuget, ich habe dich erwehlet — — es ist mir ein geringes, daß
du mein Knecht seyst — — folglich muß der Vater
vom Sohne unterschieden seyn. Eben auf die Art
redet der Sohn auch vom Vater; folglich sind beide
unterschieden. Doch aber zu einer Substanz vereiniget; daher spricht Gott: Lasset uns Menschen
machen, ein Bild, das uns gleich sey; und bald hernach: Adam ist geworden, als unser einer. Denn
Gott betrügt uns gewiß nicht, wenn er von sich in
der mehrern Zahl redet; es ist auch falsch, wenn die
Juden meynen, er habe in diesen Wörten die Engel
angeredet. Denn wessen Bilde machte er den Menschen ähnlich? dem Bilde des Sohnes, welcher sich
mit der Menschheit vereinigen sollte; dem Bilde des
Geistes,

Geistes, der den Menschen heiligen sollte. Mit diesen beiden redete Gott, in der gedritten Einheit, gleichsam als mit Staatsbedienten und Räthen. — —
Wenn ich denn aber sage, der Sohn sey ein anderer,
als der Vater; so habe ich schon gesagt, wie ich das
verstehe: ein andrer der Person, nicht der Substanz nach, so daß sie beide unterschieden, nicht aber
getrennt werden. *) Kurz, ich behalte stets eine
Substanz in drey vereinigten (Subjecten oder Personen). **)

Dieß ist eine getreue Vorstellung der Hauptgrund-
sätze Tertullians in dieser Lehre; und obgleich auch
von ihm hier und da einige seltsame Vorstellungen
und irrige Nebenideen eingemischt werden: so bleibt
doch die Grundlage des christlichen Glaubens, auch
bey ihm ebendieselbe, wie wir sie bey den übrigen
Schriftstellern des zweyten Jahrhunderts antreffen.
Ueberall wird der Sohn Gottes vom Tertullian so
vorgestellt, daß der Sohn ein vom Vater verschiede-
nes Subject sey, das aber sammt dem Geiste mit dem
Vater eine Substanz ausmache; das allmächtig, all-

T 5   wissend

*) Alium autem quomodo accipere debeas, iam profes-
sus sum, personae non substantiae nomine, ad distin-
ctionem, non ad diuisionem. Ceterum vbique teneo,
vnam substantiam in tribus cohaerentibus. S. 427.
**) von S. 420, bis 427.

wiſſend, wie der Vater ſey, das nicht dem Zuſtande
(ſtatu) den Eigenſchaften nach; ſondern (gradu) der
Ordnung nach vom Vater unterſchieden, und Gott,
wie der Vater, zu nennen, auch wie der Vater Schöpfer der Welt ſey. Es verwahrt ſich Tertullian dabey ſehr gut gegen den Vorwurf, daß die Chriſten
auf dieſe Art mehrere Götter annähmen, wenn ſie
glaubten, der Vater ſey Gott, und der Sohn ſey
Gott. Er bezeugt, daß auch im neuen Teſtamente
die Regel gelte: ich bin Gott; und außer mir keiner
mehr; daß Chriſtus dieſen Grundſatz der Religion ſelbſt beſtättiget habe, wenn er zu Philip-
po ſprach: wer mich ſiehet, der ſiehet den Vater;
denn der Vater iſt in mir, und ich bin im Vater.
Vater und Sohn ſind alſo wohl zween, ſpricht er,
aber nicht ſo, daß wir zween Götter glaubten; non
ex ſeparatione ſubſtantiae) nicht, als wenn ſie
zwo verſchiedene Subſtanzen ausmachten. *) Denn
beide wirken an allen Orten vereinigt mit allmächtiger Kraft (ceterum ſcimus, deum etiam intra abyſ-
ſos eſſe, et vbique conſiſtere, ſed vi et poteſtate.
Filium quoque, vt indiuiduum (vom Vater unzertrennlich) cum ipſo vbique.) Endlich führt er auch
**) die Taufformel zum Beweiſe ſeiner Lehre an
und

*) Seite 435.   **) Seite 443.

und ſpricht: Chriſtus habe daher zuletzt (vor ſeiner
Himmelfahrt,) befohlen, daß ſeine Jünger taufen ſollten, auf den Vater, den Sohn und den heil. Geiſt,
nicht auf einen; denn wir werden dreymal auf drey
Namen mit Waſſer begoſſen (oder ins Waſſer ge-
taucht.) Durch dieſe Grundregel des Glaubens, ſetzt
er bald hernach *) hinzu, unterſcheiden wir uns ſo
von den Irrlehrern. Denn was iſt das Hauptwerk
des Evangeliums? was iſt die Subſtanz und Grund-
veſte des neuen Teſtamentes, welches behauptet, daß
Geſetz und Propheten biß auf Johannem gehn, (was
iſt jenes uns von ältern Zeiten unterſcheidende Haupt-
kennzeichen anders,) als daß wir von der Zeit an
glauben, Vater, Sohn und Geiſt machen einen
Gott aus. **) Da die andre Hauptſchrift Tertullians ſeine Schutzſchrift iſt, welche er für die Chriſten
an die römiſchen obrigkeitlichen Perſonen aufgeſetzt
hat: ſo will ich aus derſelben nur einige Zeugniſſe in
die Anmerkungen ſetzen; †) daraus man leicht merken

*) Seite 447.

**) S. 447. Quid enim erit inter nos et illos diffe-
rentia? quod opus Euangelii, quae eſt ſubſtantia no-
ui teſtamenti, ſtatuens legem et prophetas vsque ad
Ioannem, ſi non exinde *pater et filius et ſpiritus
tres crediti vnum deum ſiſtunt?*

†) S. 757. Bene, quod (deus noſter) omnium deus
eſt,

ken wird, daß der Glaube der erſten Chriſten kurz
dieſer war; Außer Gott iſt niemand anzubeten. Der
Sohn Gottes aber iſt in der Vereinigung mit dem
Vater anzubeten, iſt mit ihm nur eine Gottheit.

Ich könnte nun aus dem gleichzeitigen Irenäus ver=
ſchiedene Zeugniſſe von ähnlichem Inhalte anführen;
weil wir aber von dieſem Schriftſteller, außer einigen
Fragmenten des Originals, nur eine ſehr ſchlechte Ue=
berſetzung haben; *) ſo will ich ihn nicht als einen
Haupt=

eſt, cuius, velimus aut nolimus, omnes fumus. Sed
apud vos (gentiles) quoduis colere ius eſt, *praeter*
deam verum, quaſi non hic magnus omnium ſit deus,
cuius omnes ſumus. Hierinnen iſt alſo der Satz
enthalten: wer nicht der wahre Gott iſt, nicht zur
einigen wahren Gottheit gehört, iſt nicht anzube=
ten. Nun was behauptet Tertullian von dem
Sohne? Er behauptet, daß er Gott ſey und mit
dem Vater nur eins ausmache. S. 651.

*) Seine Lehre iſt eben dieſelbe, welche wir bey
den vorhergehenden Schriftſtellern gefunden ha=
ben. “Der Sohn Gottes, das Wort, die Weis=
„heit, war bey Gott ſchon vor Erſchaffung der
„Welt; durch dieß Wort iſt alles gemacht, (B.
„IV. Kap. 37.); durch dieß Wort iſt Gott den
„Vätern erſchienen (B. IV. K. 16. und 17.); dieß
„Wort iſt aber auch ſelbſt Gott und gehört zum
„Vater, es iſt im Vater, und der Vater in dem=
„ſelben; es iſt der Jehovah, der vom Jehovah
„über

Hauptzeugen betrachten; ob ich gleich aus manchen
Gründen überzeugt bin, daß die Bücher, welche wir
unter seinem Namen haben, keine Erdichtung seyn.
Doch dieß gehört an einen andern Ort.

Ich gehe zu einem Schriftsteller fort, der gegen
das Ende des andern Jahrhundertes gelebt hat; es
ist Clemens von Alexandrien, ein gelehrter Mann.
Zwar hat er sich in seinen Werken nie ein eigenes
Geschäfte daraus gemacht, die Dreyeinigkeitslehre
ausführlich vorzutragen; allein man sieht doch, daß
er sie bey seinen christlichen Lesern so voraussetzt, wie
sie andre Lehrer vor und zu seiner Zeit angenommen
und vorgetragen haben. Dieß wird klar werden,
wenn ich auch nur einige Stellen auszeichne. So
behauptet er in dem zweyten Kapitel des ersten Buchs
seines

„über Sodom Feuer und Schwefel regnen ließ;
„es ist der Gott, von welchem gesagt wird: Gott
„steht in ihrer Gemeinde. — Diese Gemeinde
„ist aber diejenige, welche Gott, das ist, der Sohn,
„sich selbst gesammlet hat ic. " Man darf nur
das einige sechste Kapitel des dritten Buchs
dieses Schriftstellers lesen, aus welchem ich diese
letztern Worte genommen habe, so wird man die
allgemeine Stimme der Lehrer jener Zeiten ver-
nehmen: der Sohn ist Gott, wie der Vater. S.
auch B. IV. Kap. 62.

seines Pädagogus *) ausdrücklich, daß der Sohn, wie
der Vater, Gott sey: "Unser Pädagoge (Lehrer und
Erzieher, Christus,) ist seinem Vater, dessen Sohn er
ist, in allem gleich. Er ist Gott in der Gestalt eines Menschen, ganz unbefleckt; dem Willen seines
Vaters gehorsam; er ist der Logos Gott, der da
in dem Vater ist, zur Rechten des Vaters, in der
Gestalt (und Herrlichkeit) des Vaters." **)

Um diese Herrlichkeit Christi zu beschreiben und zu
beweisen, beruft er sich nachher auf die Stelle beym
Jesaia Kap. 9, 5. ꝛc. und übersetzt sie also: "Ein
Kind ist uns gebohren, ein Sohn ist uns gegeben,
dessen Herrschaft ist auf seiner Schulter, und sein Name ist, der Engel des großen Raths, wunderbarer
Rath, starker Gott, (Θεὸς δυνατὴς) ewiger Vater,
(πατὴρ αἰώνιος) Friedefürst. O großer Gott! ô
vollkommenster Knabe! der Sohn ist in dem Vater, der Vater in dem Sohne." †) Und gleich
setzt

---

*) S. 99. der Ausgabe ex theatro Scheldoniano zu Oxf.

**) "Ἔοικεν δὲ ὁ παιδαγωγὸς ἡμῶν τῷ πατρὶ αὐτῦ
τῷ Θεῷ ὑπέρ ἐστιν υἱός ἀναμάρτητος, ἀνεπίληπτος,
καὶ ἀπαθὴς τὴν ψυχήν. Θεὸς ἐν ἀνθρώπου σχήματι ἄχραντος, πατρικῷ θελήματι διάκονος, λόγος Θεὸς, ὁ ἐν τῷ πατρὶ; ὁ ἐκ δεξιῶν τῦ πάτρος;
σὺν καὶ τῷ σχήματι Θεὸς.

†) Im 5. Kap. des Pädag. Seite 112.

setzt Clemens im folgenden Kapitel einen hiehergehörigen Ausdruck hinzu, welcher zugleich die Allwissenheit und die Gottheit Christi beweist: "Da er (Christus) Gott war; so läßt sich nicht sagen, daß er, etwas gelernt habe." *). Und in eben diesem Hauptstücke kommt noch eine sehr wichtige Stelle vor, in welcher Christo der Lobspruch beygelegt wird, der sonst nur dem höchsten Gott zukommt: "Was wir Menschen von Gott lernen, das ist das ewige Heil des ewigen Heilandes, welchem sey Preis und Dank in Ewigkeit, Amen." **). In dem darauf folgenden siebenten Kapitel beschreibt er die Person Christi noch ausführlicher und bedient sich unter andern der Worte: Unser Pädagoge ist der heilige Gott, Jesus; (ἅγιος θεὸς ἰησοῦς, was wir sonst GottMensch nennen); er ist der Lehrer des ganzen menschlichen Geschlechtes, das Wort. Selbst der menschenfreundliche Gott ist unser Pädagoge. (αὐτὸς ὁ φιλάνθρωπος θεὸς, ἐςὶ παιδαγωγὸς) Von ihm steht geschrieben: der Herr allein führte sie, die Israeliten, es war kein andrer Gott mit ihnen. (5 Mos. 32, 12.) — — Er selbst der Pädagoge (Christus) sagt

*) ἀλλὰ προσμαθεῖν μὲν αὐτὸν εἰκὸς ὑδὲ ἓν, θεὸν ὄντα.
S. 113. Kap. 6,
**) Τὸ δὲ μάθημα, ἀίδιος σωτηρία ἀιδίε σωτῆρος, ᾧ ἡ χάρις εἰς τὰς αἰῶνας ἀμήν.

ſagt von ſich: ich bin dein Gott, der dich aus
Egypten geführet hat. — — Er iſt es, der
dem Abraham erſchien, führe dich ſo auf, daß du mir
angenehm ſeyſt; er ermahnte ihn, (den Abraham)
gleich dem beſten Lehrmeiſter und ſprach zu ihm: wan-
dele unſchuldig; ich will meinen Bund mit dir errichten — — Eben dieſer (Chriſtus) iſt es, mit
dem Jacob gekämpfet hat. — — Und da Jacob
nach ſeinem Namen fragte; ſo ſprach er: was fragſt
du nach meinem Namen? — — Denn damals
war er (der Sohn Gottes) noch der namenloſe (un-
bekannte) Gott, (der Jehova, welchen Namen die
Juden nicht auszuſprechen ſich erkühnten). Denn er
war noch nicht Menſch geworden. — — Jacob
aber nennte jenen Ort: (εἶδος θεῦ) die Geſtalt, das
Anſchauen Gottes. Denn, ſprach er, hier habe ich
Gott geſehen, und meiner Seele iſt Heil wiederfahren. Damals bekam Jacob den Namen Iſrael; da
er Gott den Herrn geſehen hatte. Dieſer iſt nun
Gott, das Wort, der Pädagoge ꝛc.

Hier iſt ganz eben das Syſtem wieder, welches
wir bey dem älteſten Zeugen, bey Juſtin, fanden; der
Vater iſt nicht der Sohn, der Sohn aber iſt Gott,
wie der Vater; er iſt der Gott Abrahams, Iſaacs
und Jacobs, iſt nach Johannis 1. Kap (welche Stelle
Clemens im 8 Kapitel des 1. B. auf Chriſtum anwendet,)

wendet,) vom Anfange bey Gott gewesen und selbst
Gott zu nennen: Gott war das Wort; er ist den
Vätern erschienen, war bey Mose in der Wüste; wurde Mensch; beherrscht nun die ganze Welt, die durch
ihn erschaffen worden ist; denn alles macht der Logos *) — — "Er ists, der die Erde, den Himmel, die Tiefe des Meeres geschaffen, der die Sterne
gemacht hat. So groß ist der Logos; der Pädagoge, der Baumeister der Welt und der Menschen." †)
"Denn der Logos des Vaters aller Dinge ist kein
Wort, das aus dem Munde hervorgebracht wird;
(προφορικὸς) sondern es ist die Weisheit und die offenbar gewordene Güte (χρηϛότης) Gottes; es ist die
allmächtige und wahrhaftig göttliche Kraft — — es
ist der allmächtige Wille, der alles erhält." ††) So
aber wie denn der Vater und Sohn dergestalt vereiniget sind, daß sie mit gemeinschaftlicher Gesinnung
und Kraft alles erhalten und wirken; eben so kann
dieß

*) Pädag. Buch III. Kap. 12. Seite 310.
†) Ebenderf. Libr. Strom. V. p. 646.
††) S. 646. Τοσῦτος ὁ λόγος. ὗτος ὁ παιδαγωγὸς,
ὁ τῦ κόσμῦ καὶ τῦ ἀνθρώπῦ δημιοργὸς. Stromat.
Lib. V. p. 646. ὁ γὰρ τῦ πατρὸς τῶν ὅλων λόγος, ὑχ ὗτος ἐϛὶν ὁ προφορικὸς, σοφία δὲ καὶ χρηϛότης φανερώτάτη τῦ Θεῦ, δύναμις τε κῦ πάν-
κρατὴς, καὶ τῷ ὄντι θεία.

H

dieß von dem Geiſte geſagt werden. "Denn es iſt ein Vater aller Dinge, es iſt ein Wort, durch das alles da iſt, (ᾁς δὲ καὶ ὁ τῶν ὅλων λόγος) und ein heiliger Geiſt, und der iſt überall. (καὶ τὸ αὐτὸ πανταχῦ." *)

Es iſt denn alſo eine gewiſſe allgemeine Behauptung der Gottheit Chriſti bey den Schriftſtellern des andern Jahrhunderts. Sie mögen noch in ſo verſchiedenen Gegenden gewohnt haben; ſie mögen noch ſo verſchiedenen Philoſophien ergeben geweſen ſeyn; in der Hauptſache ſtimmen ſie zuſammen, Chriſtus iſt Schöpfer der Welt, allmächtig, allgegenwärtig, allwiſſend, Gott, wie der Vater, ein andrer zwar, als er, aber mit ihm ſo verbunden, daß er nur Eins ausmachte.

Dieſe Lehre pflanzte ſich denn nun weiter in die folgenden Zeiten fort, und es wäre etwas leichtes aus dem Origenes, Euſebius und andern Schriftſtellern ſehr viele Zeugniſſe zu ſammlen. Allein ich würde nun meinen Leſern immer das nehmliche ſagen und nur mit andern Worten wiederholen müſſen. Ich will daher nur einen andern Beweis für die nehmliche Sache kürzlich zu führen ſuchen.

*) Im Pädag. B. 1. Kap. 6. S. 143.

Das

Das siebente Kapitel.

Vermuthungsgründe für die Gottheit Christi aus den Bemühungen der Rechtgläubigen gegen die so genannten Ketzer.

Die Irrlehren, wodurch die Lehre von der Gottheit Christi verderbt zu werden, in Gefahr kam, sind, wie ich oben bemerkte, sonderlich folgende: Einige hielten ihn für einen Geist, der aus Gott seinen Ursprung genommen hatte, andre hielten ihn für den Vater selbst; andre für eine Kraft des Vaters. Die Lehrer der Kirche kämpften stets wider alle diese Meynungen; sie läugneten, daß der Sohn Gottes ein aus Gott ausgeflossener Aeon sey; sie läugneten, daß er der Vater selbst, oder eine bloße Kraft und Eigenschaft des Vaters sey; sie behaupteten, er sey ein andrer, als der Vater, aber nicht außer dem Vater da. Indem sie jene Lehren verworfen; so blieb auch nichts anders, als dieß letzte übrig: der Sohn ist ein Subject in der Gottheit, das die göttlichen Vollkommenheiten in der genauesten Vereinigung mit dem Vater besitzt. Dieß wollen wir nun kürzlich nach der Zeitfolge der entstandenen Irrthümer betrachten.

Die

Die Christen, welche der orientalischen, jüdischen und platonischen Philosophie ergeben waren, die hernach so genannten Gnostiker, unterschieden den Sohn viel zu sehr von dem Vater; sie waren es, welche den Logos für einen Aeon, oder aus dem unsichtbaren Gott ausgeflossenen Geist hielten. Die Lehrer der ersten Kirche setzten sich nach dem Beyspiele des Evangelisten Johannes einmüthig gegen diese Erklärung der Person Christi. Justin, Tertullian, Clemens von Alexandrien, Irenäus und viele andre Lehrer, deren Schriften nicht biß auf unsre Zeiten gekommen sind, waren ihre Gegner.

Indem man wider die Gnostiker behauptete, der Sohn sey vom Vater nicht so unterschieden, wie ein Geist von dem andern Geiste: so verfiel man auf andre Erklärungen dieser dunklen und ungewöhnlichen Sache. Man sah Gott nur als ein Subject an; dieß Subject war der Vater; aber in diesem Subjecte betrachtete man den Logos als die ewige Vernunft, die sich zur Zeit der Schöpfung der Welt zu äußern und durch sichtbare Werke darzustellen angefangen hätte. Diese Lehrer nennten sich Monarchianer; weil sie nicht drey Subjecte in Gott, sondern nur eines annahmen. Praxeas war einer von dieser Gattung, und Tertullian hat sein Buch gegen ihn geschrieben. Da aber diese Vorstellungs-

art

art der Dreyeinigkeit mit dem Platonismus sehr
harmonierte; so bekam sie mehrere Anhänger. Artemon und Theodotion scheinen beynahe eben so
wie Praxeas gelehrt zu haben. Allein sie fanden
keinen Beyfall; man vertheidigte wider sie die Lehre,
daß Christus ein andrer, als der Vater sey.

Indessen trat Noetus und nach ihm Sabellius
hervor, und suchten das System der vorigen Irrlehrer etwas annehmlicher vorzustellen. Der erste scheint
eben das behauptet zu haben, was Praxeas lehrte.
Der andere unterschied den Sohn vom Vater, wie
die allgemeine Lehrart es mit sich brachte: allein er
unterschied ihn, als eine Kraft, die vom Vater ausgegangen wäre und sich mit dem Menschen Jesus vereiniget hätte; so wie der Sonnenstrahl aus der Sonne ausgeht und den Geschöpfen auf Erden Kraft und
Leben ertheilt. Aber auch dieß System wurde von
den Lehrern der Kirche verworfen. Der Sohn, sprachen sie, ist der Logos, den der Vater gezeugt hat; er
ist also keine bloße Kraft, sondern ein anderer,
als der Vater, der vom Vater durch die Zeugung
Kraft empfangen hat.

Paul von Samosaten blieb noch näher bey der
Bedeutung des Wortes Logos; er sah den Sohn
Gottes als die Weisheit Gottes an; diese Weisheit
war ewig in Gott; denn Gott war von Ewigkeit ein

U 3   ver-

verständiges Wesen; aber in Jesu äußerte sich diese
göttliche Weisheit auf eine so besondere Art, daß man
sagen konnte, sie habe in ihm gewohnt, sie habe sich
mit ihm vereinigt; darum heißt er Gottes Sohn.

Je scheinbarer dieser Vortrag war, und je mehr er
mit dem platonischen Einfalle vom Logos (oder dem
vollkommensten Ideale der zu schaffenden Welt in
Gott) übereinstimmte, desto größer wurde die Zahl
derer, die ihm Beyfall gaben. Aber mit desto größ-
rem Eifer bestritten die Kirchenlehrer von allen Seiten her den Irrthum. Man versammelte ums Jahr
269 eine Synode zu Antiochien; man verwarf einmüthig die Lehre des Artemons, des Paul von Samosaten und aller derer, welche wie sie dachten, man
behauptete gegen sie: Christus sey kein bloßer Mensch,
er sey Gottes Sohn, nicht der Vater selbst, sondern
der, den der Vater gesandt hat, Mensch zu werden
und die Menschen zu erlösen. *)

Alle diese Unitarier, oder wenigstens die meisten,
verfielen in den Irrthum, weil sie befürchteten, man
müßte zween Götter **) annehmen, wenn der Sohn

Gott,

*) Siehe Harduins Sammlung der Concil. Schlüsse
   Tom. I. p. 198.
**) Diesen Grund giebt der billige Origenes an,
   indem er spricht: Aus diesem (jetzt vorgetra-
                                 ge-

Gott, wie der Vater, und doch ein andres Subject,
als der Vater, wäre. Indem man denn nun aber aus
eben so guten Absichten gegen sie stritt; so wurde
nach und nach der Grund zu der Lehre gelegt, die
Arius etwas freyer vorzutragen und genauer zu bestimmen, anfieng; daß nehmlich der Sohn nicht nur
ein andrer, als der Vater, sondern auch eine vom
Vater vor Erschaffung der Welt hervorgebrachte Substanz sey, durch welche der Vater alles geschaffen habe.
Schon im Jahre 321 versammelten sich die Lehrer zu
Alexandrien und widersetzten sich dieser Meynung.
Man erregte an allen Orten, dahin die Nachricht
von der arianischen Lehre kam, ein großes Geschrey,
und eiferte sonderlich dagegen, daß der Sohn Gottes
doch ja nicht als ein vom Vater verschiedener und von
ihm aus nichts hervorgebrachter Geist betrachtet werden möchte. Endlich wurde die bekannte nicänische

U 4 Kirchen-

gegen) läßt sich der Zweifel auflösen, welchen sich
manche gottliebende Seelen machen, welche um
den Irrthum zween Götter anzubeten, zu vermei-
den, auf andre falsche und ungöttliche Begriffe
verfallen. Sie läugnen, daß der Sohn eine besondere Person sey, die vom Vater unterschieden
wäre. Siehe den Commentar über den Johan.
S. 46. der Huetianischen Ausgabe. Eben diesen
Zweifel sucht Eusebius seinen Lesern aufzulösen.
Siehe de ecclef. Theol. Lib. II. c. 7.

Kirchenverſammlung von Conſtantin, dem Großen, ver-
anſtaltet, und die Lehre von der Gottheit Chriſti noch
mehr durch öffentliche Auctorität befeſtiget.

Nun laßt uns die Summe aus dieſer Rechnung
ziehen.

1) Iſt in Gott nur ein Subject, das mehrere
Namen hat?

Nein, das verwarf man in der Lehre des Praxeas,
des Artemons und andrer.

2. Iſt der Sohn vielleicht eine Kraft, oder eine
Eigenſchaft des Vaters?

Nein, das widerlegte man in der Lehre des Sabellius und Paul von Samoſaten.

3. Iſt der Sohn ein gemachter Gott, eine vom
Vater hervorgebrachte göttliche Subſtanz?

Nein, das widerlegte man in der Lehre des Arius.

4. Was bleibt nun übrig?

   a) Der Sohn iſt ein Subject, das ſeine Ei-
     genſchaften hat.

   b) ein Subject, das vom Vater nicht, wie eine
     Subſtanz von der andern, ſondern weniger
     unterſchieden iſt.

   c) ein Subject, durch das der Vater die Welt
     gemacht hat, das folglich wie der Vater all-
     mächtig, allwiſſend, und wie der Vater an-
           zubeten

zubeten iſt; ein Subject in der einigen wahren Gottheit.

Und das iſt unſre Lehre. So beweiſt die Betrachtung der widerlegten Irrthümer die Wahrheit.

Das achte Kapitel.

Kurze Betrachtung über einige
Verirrungen der älteſten Kirchenväter in der
Lehre von der Gottheit Chriſti.

Wenn ich die Kirchenlehrer bißher als Zeugen
der Gottheit Chriſti angeführt habe; ſo war
meine Abſicht keinesweges, zu beweiſen, daß ſie gänzlich und biß auf die kleinſten Theile des Vortrags
dieſer Wahrheit mit dem übereinſtimmten, was wir
von dem innern Verhältniſſe des Sohnes zum Vater
geſagt haben. Das Wort, der Logos, iſt Gott.
Das iſt die Lehre der Schrift. Darinnen ſtimmen
die Kirchenväter mit der Schrift und mit uns alle
überein. Aber wie und auf welche Art der Sohn
ſammt dem Vater die göttliche Natur habe und zum
höchſten Weſen gehöre, darüber ſtellen ſie nicht ſelten
ſehr verſchiedene philoſophiſche Betrachtungen an.
Da denn nun ihre Philoſophie von Gott zum Theil
noch ſehr unvollkommen war; ſo konnten auch ihre

U 5   philo-

philosophischen Begriffe von dem Verhältnisse des
Sohnes zum Vater nicht gleich die reinsten und voll=
kommensten seyn. Indessen hatten sie doch mit phi=
losophischen Unitariern zu streiten, und mußten
daher mit ähnlichen Waffen zu Felde ziehn, um den
Vorwurf des Polytheismus von sich zu entfernen.
Da geriethen sie nun auf verschiedene Arten der Vor=
stellungen und Ausdrücke, die der Wahrheit nicht
ganz gemäß sind. Einige kamen den Unitariern, an=
dre dem nach ihrer Zeit entstehenden Arianismus
näher.

Von den Schriften der erstern sind uns wenige
übrig geblieben. Indessen finde ich doch manche
Spuhren dieser Gedenkungsart bey den Kirchenvä=
tern, die wir haben. Sie übersetzten nehmlich den
Namen Logos durch Sophia oder Weisheit *); und
sahen den Logos als den ewigen Verstand Gottes,
als den Nus (νᾶς) an, der stets in dem Innersten
der Gottheit da war. Denn sprachen sie, Gott hat=
te ja von Ewigkeit her Verstand. Dann aber, da
Gott die Welt machen wollte; so zeugte er das Wort,
den Logos, als den Erstgebohrnen aller Kreaturen;
so wurde der Logos Gott, aus Gott gebohren. **)

Sie

---

*) Tertull. p. 420.

**) Siehe die oben aus dem Theophilus S. 2. an=
geführte Stelle.

Sie schienen also Gott vor der Zeugung des Logos nur als ein Subject anzusehn. Daher spricht Theophilus: *) Nichts ist so alt, als Gott — — Gott hatte aber seinen Logos, (ἐνδιάθετον ἐν τοῖς ἰδίοις σπλάγχνοις) in seinem Innersten bey sich, und zeugte denselben vor allen andern Dingen.

Dieser Vortrag des Theophilus ist das Mittel zwischen den Unitariern und den nachher entstehenden Arianern. Vermöge desselben ist Gott von Ewigkeit nur einer, der die Weisheit in sich hat; denn zeugt er den Logos vor Erschaffung der Welt; so sind zwey Subjecte da, aber so ist man auch nicht weit vom Arianismus. Offenbar hat der platonische Logos zu dieser Erklärungsart Anlaß gegeben.

Allein weit mehrere, ja fast alle Kirchenlehrer des zweyten und dritten Jahrhundertes neigen sich auf die Seite derjenigen, welche eine zu große Subordination zwischen den Personen der Gottheit annehmen, und die Hauptfehler, welche diese Gattung von Lehrern begieng, scheinen mir folgende zu seyn:

Erstlich schlossen sie zu viel aus den Worten Sohn und Zeugen. Sie sahen den Sohn als einen solchen an, der die Ursache seines Daseyns nicht in sich, sondern in dem Vater habe. Sie nennten daher den
Vater

*) Siehe auch B. 2. num. 10. bey ebendemselben.

Vater die Quelle der Gottheit (πηγην). *) Sie
sahen den subtilen Unterschied nicht ein, der zwischen
der ratione exiftendi und ratione fubfiftendi gemacht werden muß, wenn der Sohn ein Subject seyn
soll, das selbstständig ist und den Grund seines Daseyns in sich selbst hat.

Mit diesem war ein andrer Fehler verbunden. Sie
wollten die Dunkelheiten dieser Lehre durch vielerley
Gleichnisse der Einbildungskraft ihrer Leser oder
Zuhörer mehr aufklären. Sie sprachen, der Sohn
sey von Ewigkeit her so entstanden, wie ein Licht von
dem andern angezündet wird; **) der Vater sey die
Urquelle, der Sohn das Wasser, das herausfließt.
Der Vater sey (wie ich schon bemerkte) die Wurzel,
der Sohn der Stamm. Durch diese Gleichnisse wurden neue Unrichtigkeiten in diese Lehre gebracht. Man
fieng an, den Sohn, als die erste Frucht, den ersten
Ausfluß des Vaters anzusehen; und so entstund der
Gedanke, als wenn er eine vom Vater unterschiedene
und ihm subordinierte Substanz wäre. Jemehr man
gegen die Patripaffianer und Monarchianer oder Unitarier

---

*) Origenes in Iohan. S. 47. der huetianischen Ausg.
Ja selbst Athanasius redete so, wenn er gegen die
Sabellianer disputierte.

**) Schon Justin hat diese Gleichnisse. Siehe S.
222, 158.

rer diſputierte, deſtomehr gerieth man in den gegen-
ſeitigen Irrthum. Ich will keine Zeugniſſe anführ-
ren, um dieſe Behauptungen zu beweiſen. Es iſt
dieß ſo gewiß, daß Clarke in ſeinem Buche, von der
Dreyeinigkeitslehre, aus allen Kirchenvätern Stellen
anführen kann, um dieſen ſubtilen Arianismus (ſeiner Abſicht nach) zu beſtättigen. *) So gar die
Hauptgegner des Arius den Biſchoff Alexander und
den Athanaſius kann Clarke zu Zeugen auffordern.

Auf dieſe Weiſe war ein dritter Fehler unvermeidlich; ſie nennten den Vater allein den höchſten
Gott, und glaubten nicht, daß dieſer Name auch
dem Sohne beygelegt werden könne; denn ſie fürchteten, es möchten ihnen ſonſt die Unitarier den Vorwurf machen, daß ſie zween Götter glaubten. Sie
geriethen dadurch endlich auf den ungegründeten
Unterſchied, daß ſie ſagten, der Vater werde
in der Schrift ὁ Θεός, der Sohn aber ohne Artikel nur Θεός genennt. Dieſer Unterſchied ſcheint mir
um die Zeit des Origenes ſchon von mehrern gemacht
worden zu ſeyn. **) Aus eben dem Grunde ſpra-
chen ſie auch endlich, eigentlich zu reden, könne man
nur

*) Siehe in der Ueberſetzung S. 141, 216, 412, 333.
**) So kommt es in ſeinem Commentar in Ioh. S.
46. vor.

nur den Vater Gott nennen; *) wenigſtens nur
allein den, (αὐτοϑεὸν) Selbſtſtändigen Gott, der ſein
Daſeyn keinem andern zu danken hätte. Der Sohn
aber ſey durch den Willen des Vaters da.

Daraus ſchleſſen denn viele, daß alſo auch der
Sohn nicht um ſein ſelbſt, ſondern um des Vaters
willen angebetet werden müſſe, und es iſt ſchon
beym Juſtin eine ihm ganz gewöhnliche Redensart,
wir ehren den Vater (διὰ τῦ ὀνόματος **) τῦ ὑιῦ)
durch den Sohn.

In allen dieſen Vorſtellungen waren Irrthum
und Wahrheit vermengt. Es iſt andem, daß der
Sohn dem Vater auf eine gewiſſe Weiſe ſubordiniert
iſt; daß er zur Ehre des Vaters anzubeten; daß er
nicht der erſte in der Gottheit iſt: aber ſie hätten
doch auch dieß bedenken ſollen, daß er als ein Subject in der höchſten Gottheit den Grund ſeines
Daſeyns in ſich ſelbſt haben, daß er folglich um
ſeiner eigenen göttlichen Natur willen angebetet werden müſſe. Allein nach ſolchen Vorausſetzungen ſinn-
licher Gleichniſſe und ungewiſſer Lehren einer ver-
derbten heidniſchen Philoſophie, konnte man
endlich

*) Siehe den Novatian im 30. und 31. Kap. Selbſt
  Tertullian weiß ſich oft nicht anders zu helfen.
  Siehe adu. Prax. Cap. 3. und 4.
**) Apolog. n. 65. Seite 82.

endlich nichts anders, als den Arianismus erwarten, der nur etwas subtiler, in der That lange vor dem Arius schon gelehrt wurde. Man muß die Kirchenväter nicht gelesen haben, wenn man dieß läugnen will.

Da denn nun aber unter den ältesten und berühmtesten Kirchenlehrern eine so große Verschiedenheit in der Erklärung des innern Verhältnisses der göttlichen Personen zu finden ist; da sie selbst auf so manche irrige Vorstellungen gerathen sind: so ist es wohl sehr billig und den Pflichten der Menschlichkeit gemäß, mit denen, welche in dieser schwehren Materie etwa die Wahrheit nicht vollkommen fassen, Geduld zu haben. Es ist nicht weniger hieraus klar, wie höchstnöthig es sey, daß man im Vortrage der Dreyeinigkeitslehre den gemeinen Mann und die Kinder mit den schwehren und dunklen Sätzen verschonen müsse, die mehr zur Gelehrsamkeit, als zur Seligkeit nöthig sind. Und ich will in dieser Absicht zum Schlusse noch einige Betrachtungen über den Vortrag, den Nutzen und die Nothwendigkeit der Dreyeinigkeitslehre nun beyfügen.

In wie ferne ist die Lehre von der Gottheit Christi den Menschen zur Seeligkeit nothwendig und nützlich? wie auch von der Toleranz gegen die, welche diese Lehre nicht glauben.

Diese Frage zu untersuchen, bewegen mich verschiedene Gründe, die jedermann leicht entdecken kann. Wir leben in einer Zeit, da alles Toleranz predigt, und wollte Gott! man übte diese christliche Tugend der Liebe gegen Irrende überall so sehr, als man sie anrühmt. Indessen ist und bleibt ein ungemeingroßer Unterschied zwischen dem Indifferentismus und einer liebreichen Nachsicht gegen die, welche von göttlichen Dingen anders denken, als wir. Um die wahre Toleranz, der ich sehr ergeben bin, zu befördern, aber auch zugleich einen redlichen Eifer für die Wahrheit in einigen Gemüthern entweder zu entzünden, oder mehr anzuflammen; um die, welche ohne freywillige Schuld Zweifler sind, theils zu beruhigen, theils zur Untersuchung der Wahrheit zu ermuntern; die aber, welche glauben, zu erinnern, daß sie sich in ihrer Ueberzeugung immer mehr zu befestigen, viele Ursachen haben: dazu ist dieser kurze Aufsatz geschrieben.

Es

Es löset sich aber die in der Aufschrift dieses Kapitels befindliche Hauptfrage in verschiedene andere Fragen auf. Die erste davon ist diese: **Kann kein Mensch seelig werden, ohne die Lehre von der Gottheit Christi in diesem Leben schon zu erkennen?**

Es war eine Zeit, da man also schloß: die Lehre von der Dreyeinigkeit, also auch von der Gottheit Christi, ist ein Grundartikel des christlichen Glaubens vom ersten Range. Nun aber kann man ohne die Erkenntniß solcher Hauptgrundartikel nicht seelig werden: *) also wird niemand seelig, der die Gottheit Christi nicht schon in diesem Leben deutlich erkennt.

Wie verwegen ist es, mit theologisch ‐ philosophischen Definitionen andre Leute zur Hölle zu weisen, und mit frommscheinendem Eifer die zu verdammen, für welche Christus gestorben ist? Sollte uns denn das Beyspiel des göttlichen Menschenfreundes nicht zur Nachahmung reizen? Sollte uns die Behutsamkeit der größten Apostel in Beurtheilung andrer nicht vorsichtig machen? Verdammet nicht: so werdet ihr auch nicht verdammet. **) Wer bist du,

das

*) Per definitionem articuli fundamentalis primi generis: so sprach und schloß man.
**) Luc. 6, 37.

X

daß du einen fremden Knecht richteſt? Er ſtehe oder
falle; ſo iſts ſeinem Herrn. *) Was gehen uns die
draußen an? **)

Was am meiſten in dieſer falſchtheologiſchen Ver-
dammungsſucht zu verabſcheuen iſt, ſcheint mir dieß
zu ſeyn; daß man Gott beynahe zu einem grauſamen
Tyrannen macht; der da erndten wollte, wo er nicht
geſäet hätte. Wie? Es ſollte kein Menſch ſeelig werden können, wo er nicht eine deutliche Erkenntniß von
der Gottheit Chriſti ſchon in dieſem Leben gehabt
hätte? Und Gott hätte es zugelaſſen, daß während
der erſten vier tauſend Jahre des Zeitalters der Welt
die Erkenntniß dieſer Wahrheit ſo wenigen Menſchen
bekannt worden iſt? und Gott hätte durch die Propheten bey den Juden ſehr dunkel, bey allen übrigen
Völkern der Erde gar nicht von der Gottheit ſeines
Sohnes reden laſſen; dann aber hätte er die vielen
Millionen Menſchen, welche während jener vier tauſend Jahre von Erſchaffung der Welt biß auf Chriſti
Geburt lebten, und dieſe Wahrheit nicht erkannten,
alle zur Verdammniß verſtoßen? Wer iſt ſo unbillig
gegen Gott und getraut ſich dieß weiter zu behaupten?
Iſt der gütigſte Schöpfer ein Vater? iſt er die Liebe? oder was iſt Er? Was heißt das Wort: Gott
hat die Zeit der Unwiſſenheit überſehen?
Apo-

*) Röm. 14, 4.   **) 1 Cor. 5, 12.

Apostelgesch. 17, 30. Darum verdammet nicht, damit ihr nicht auch verdammt werdet!

Aber, möchte man sagen, was heißen denn nun diese Worte: "Das ist das ewige Leben, daß sie dich, "der du allein wahrer Gott bist, und den du gesandt "hast, Jesum Christum erkennen." Was bedeutet der Ausspruch Petri: "Es ist in keinem an-"dern das Heil; ist auch kein andrer Name den "Menschen gegeben, darinnen sie sollen seelig werden, "als der Name Jesus." Heißt dieß nicht so viel: "ohne die Erkenntniß und den Glauben an Jesum, "den Sohn Gottes, kann man nicht seelig werden?"

Ich antworte zuerst mit einer andern Frage: werden die Kinder der Christen, die vor der Taufe ster-ben, wohl seelig? Wie viele Theologen sind heut zu Tage von so harter Denkungsart, daß sie das Ge-gentheil behaupten sollten? Nun aber wodurch gelan-gen diese Kinder nach ihrem Tode zum Genusse des ewigen Lebens? Ohne Zweifel durch Christum, der auch für sie gestorben ist; den sie zwar nicht hier, den sie aber doch dort in jenem Leben bald kennen lernen. Sie waren nicht im Stande auf dieser Welt dahin zu gelangen, daß sie an Jesum glaubten. Die-ser Mangel der Erkenntniß und des Glaubens wird sie nicht verdammen.

X 2   Nun

Nun wohlan denn! hier ist das Bild aller Menschen, welche ohne von der Gottheit Christi unterrichtet zu werden, ihre Erkenntniß von Gott und göttlichen Dingen sonst gewissenhaft anwenden, ihren Pflichten gemäß leben, ihre Fehler bereuen und zu verbessern
suchen. Wenn sie ohne ihre freywillige Schuld
jene wichtige Wahrheit von der Gottheit Christi auf
dieser Welt schon nicht erkannten: so werden sie
doch um ihres Erlösers willen seelig werden; so
werden sie ihn, der auch sie vom Verderben errettet
hat, ohne Zweifel bey ihrem Eintritte in die Ewigkeit kennen lernen; so wird denn auch auf diese
Art bey ihnen das eintreffen: es ist in keinem andern das Heil, als im Namen Jesu.

Nicht eher gelangt der erwachsene Mensch vollkommen zu der ihm von Gott durch Christum bestimm-
ten Seeligkeit, als biß er seinen Erlöser erkennt.
Dieser Satz ist biblisch und ewig wahr. Aber er
muß uns zu keiner Veranlassung werden, über andre
Menschen das Urtheil der Verdammniß auszuspre-
chen. Man kann die Wohlthat des Lebens von
Gott empfangen, ohne daß man die Art und Weise
versteht, wie Gott uns das Leben ertheilt. Man
kann den Nutzen, der aus dem Umlaufe des Ge-
blüts entsteht, haben und immerhin genießen, ohne
daß man den Umlauf des Gebläts versteht. Wer

aber

aber den Umlauf des Gebluͤts leugnen, boshaft hemmen, ſich die Adern zerritzen und die Quelle des Lebens verſtopfen wollte, der wuͤrde das Leben verlieren. Chriſtus iſt die Quelle des Lebens; Zweifler! laͤſtert ihn nicht; leugnet und verwerft ſeine Gottheit nicht. Unwiſſenheit (wo ſie nicht vorſetzlich iſt,) wird nicht ſchaden. Nicht, daß man die Gnadenmittel nicht hat; ſondern daß man ſie nicht haben und gebrauchen will, daß man ſie vorſetzlich verwirft, dieß verdammt.

„So iſt es denn allſo einerley,‟ wird man ſagen, „ob wir die Wahrheit, daß Chriſtus Gott ſey, erken-„nen, oder nicht?‟

Das ſey ferne! und wir wollen nun eben die andre Frage unterſuchen: In wie weit man ſagen koͤnne, daß es hoͤchſtnoͤthig und nuͤtzlich ſey, die Gottheit Chriſti zu erkennen?

Zwar erkuͤhne ich mich nicht, denen den Namen der Chriſten abzuſprechen, welche in dieſer Sache anders, als wir denken. Sie ſehen Chriſtum doch als einen Geſandten Gottes an; ſie hoffen durch ſeine Vermittelung und durch die Befolgung ſeiner Lehre ſeelig zu werden. Sie kennen nach Gott keinen Groͤßren, als ihn. Dadurch unterſcheiden ſich Arianer, Socinianer, Sabellianet und wie die Secten alle heißen, von Naturaliſten und Muhamedanern.

X 3   Es

Es scheint mir daher auch sehr unbillig zu seyn, wenn man solchen Männern, die eher Arianer, oder Socinianer genennt zu werden verdienten, den Glauben an Christum ganz abspricht, und sie unter die Rotte der Freydenker und Heiden verweist. Allein dem alten ohngeachtet hat der Irrthum dieser Männer sehr viel auf sich.

Denn, erstlich, wer die Gottheit Christi nicht erkennt, da er doch die Lehre von derselben, aus der Schrift lernen könnte und sollte, der spricht der Person seines Mittlers die höchste Vollkommenheit ab, welche ihm die Schrift beylegt.

Jeder redliche Mann ist auch in Urtheilen über die Vollkommenheiten andrer gewissenhaft. Er hält einen weisen und gelehrten Staatsmann nicht bloß für einen wohl unterrichteten Hausbedienten; er nennt einen gebohrnen König nicht einen auf den Thron erhöhten Unterthan. Das ist die Billigkeit, die wir Menschen wiederfahren zu lassen, für unsre Pflicht halten. Wie höchststräflich ist es, diese Pflicht gegen den eingebohrnen Sohn des Allerhöchsten aus den Augen zu setzen? seinen Schöpfer für eine Kreatur auszugeben? den Eigenthumsherren der Welt in einen Staatsbedienten Gottes zu verwandeln? Man sollte doch wohl mehr an das Wort Gottes gedenken: wer mich ehret, den will ich wieder ehren.

Zwey-

Zweytens: wer die Gottheit Christi nicht einge-
steht, da er sie aus der Schrift lernen könnte, der erkennt auch Gott nicht so, wie er ihn, als ein neu-
testamentischer Gläubiger erkennen soll. Das ist
nun eben eine der ersten Vorzüge, die wir, als Christen, vor andern Menschen genießen, daß sich Gott
uns weit näher, als andern, durch Christum geoffenbaret hat. Die Natur kömmt, (sich selbst überlassen), entweder nur auf ein Subject in der Gottheit,
oder sie verfällt (welches die Geschichte aller Zeiten
beweist) auf die Vielgötterey. Was kein Auge
ohne übernatürliche Hülfe gesehen hätte, was, ohne
Offenbarung, in keines Menschen Herz gekommen
wäre, das hat Gott uns durch seinen Geist gelehrt;
daß in ihm mehr, als ein Subject, sey, welchem wir
unsre Wohlfahrt zu verdanken haben; daß jede der
göttlichen Personen das ihre zu unsrem Heile beyge-
tragen, daß der Vater seinen Sohn zum Erlöser für
uns bestimmt habe; daß der Sohn uns mit großer
Liebe aus dem Verderben zu retten sucht; daß der
heil. Geist auf eine vorzügliche Weise an unsrem Herzen sich wirksam beweise. Niemand wußte, was in
Gott war, als Gott selbst; uns hat es Gott näher
geoffenbart. Sollte man wohl nicht schon daraus,
daß Gott die Zeiten des neuen Bundes mit einer ge-
nauern Erkenntniß von seiner Natur versehen hat,

X 4   **mit**

mit Recht schließen, daß diese Erkenntniß nöthig und höchstnützlich seyn müsse?

Und daß dieß so sey, erhellt (welches das dritte ist) daraus; weil man ohne diese Einsicht in das Wesen der Gottheit zu keiner genauen Einsicht in das große Werk der Erlösung der Menschen gelangen kann. Zwar scheinen die verschiedenen Lehren der Arianer, Socinianer und Rechtgläubigen von der Wiederherstellung des menschlichen Geschlechtes auf eins hinauszulaufen. Alle glauben doch dieß, daß durch Christi Vermittelung unser Heil besorgt und uns die Seeligkeit ertheilt werde. Allein es kann ja doch durchaus nicht gleichgültig seyn, ob man von diesem wichtigen Geschäffte Gottes und von der Person des göttlichen Mittlers, der sich für uns gegeben hat, richtig oder unrichtig denke? Ist unser Herr ein bloßes Geschöpf: so fällt die Liebe Gottes gegen uns Verlorne bey weitem nicht so sehr in die Augen, als wenn derselbe eine göttliche Person ist. Es wäre freylich schon eine große Wohlthat, wenn Gott auch nur einen unschuldigen Menschen, oder die edelste Kreatur für uns dahin gegeben hätte. Allein wie weit mehr muß es uns rühren, wenn wir die Ausdrücke in ihrem wahren Sinne nehmen: Also hat Gott die Welt geliebt, daß er seinen eingebohrnen Sohn gab. Welch ein

Wunder

Wunder der Gnade und Barmherzigkeit! Wie soll
dieß das ganze Herz des begnadigten Sünders mit
Gegenliebe und Dankbarkeit erfüllen? wie sehr ihn
ermuntern, alle Kräfte seines Wesens zum Dienste und
zur Ehre eines so guten Gottes aufzuopfern? So
kann ich nun erst recht begreifen, wie der Tod eines
einzigen die Schuld aller wegnehmen könnte. Denn
nun sieht die Welt in meinem leidenden Erlöser den
ganzen Ernst und Abscheu Gottes gegen die Sünde,
dergestallt, daß sie diesen Abscheu und Ernst gegen die
Sünde nicht besser erkennen würde, wenn auch alle
Menschen selbst gestraft würden. Nun bin ich der
Vergebung meiner Schuld erst recht gewiß: denn ich
sehe in den Leiden meines göttlichen Mittlers die vollkommne Bereitwilligkeit Gottes, alle Menschen
zu retten, allen die Sünden zu vergeben; alle seelig
zu machen. Hat mir Gott seinen Sohn ge-
schenkt, wie sollte er mir mit seinem Sohne
nicht alles schenken?

Diese Lehre muß daher auch viertens eine weit
größre Kraft zur Reinigung des Herzens und
Wandels haben, als je eine andre. Denn sie erzeugt in uns mehr Liebe zu Gott, mehr Dank und
Gehorsam. Und wenn wir finden, daß so manche
die zur rechtgläubigen Kirche gehören, an diesen Tugenden einen sehr großen Mangel haben: so kommt

dieß

dieß nur daher, weil sie diese Lehre von der Liebe
Gottes der Bestellung eines göttlichen Erlösers für
uns Menschen entweder bey versäumtem Jugendun-
terrichte nicht recht begriffen haben, oder weil sie
dieselbe nicht oft genug erwägen, oder weil sie durch
die Gewalt der herrschenden Lüste und der bösen Gewohnheiten untüchtig geworden sind, die Kraft
solcher Wahrheiten zu fühlen.

Der fünfte Grund, warum die Erkenntniß von
der Gottheit Christi so sehr wichtig und nützlich ist,
ist der, weil man sonst entweder Christum nicht,
wie es der Vater will, verehrt, oder einem
Götzendiener gleich wird. Denn ist Christus
ein Subject, das zur höchsten Gottheit gehört; so ist
es nicht genug, ihn, als die edelste Kreatur, anzubeten
und zu verehren. Wäre er eine bloße Kreatur: so
würde es Abgötterey seyn, wenn man ihm, als einem
Gott, gottesdienstliche Ehre erweisen wollte. Also,
entweder raubt man dem Sohne Gottes die gebührende Verehrung; oder man ist ein Götzendiener.
Doch davon habe ich schon vorher an verschiedenen
Orten geredet. Jezt will ich nur dieß noch hinzusetzen, daß diejenigen, welche Christi Gottheit leugnen,
oder nicht erkennen, auch nicht im Stande sind, den
Sinn einer großen Menge der wichtigsten Stellen
der Schrift, ja nicht einmal der Worte, mit welchen

sie

sie getauft sind, recht einzusehen. Nun aber sind es
die Wahrheiten des Evangeliums, dadurch Gott
die Menschen erleuchtet und heiliget. Es muß folglich aus den entgegengesetzten Irrthümern, die man
aus mißverstandenen Stellen der Schrift herauszieht,
nothwendig ein gewisser Nachtheil für die irrenden
Seelen verbunden seyn.

Daraus ergiebt sich die dritte hier kürzlich zu be-
trachtende Frage: Ist es denn allso nicht gleichgültig, welche Lehre von Christo, es sey die
arianische, oder die socinianische, oder die
rechtgläubige ausgebreitet und andern gelehrt
werde? Dieß scheint freylich vielen in unsern Tagen
gleich viel zu seyn. Aber ihr Urtheil ist offenbar eine
Folge des Mangels der bessern Ueberlegung. Sie
vermischen zwo Fragen, die gar sehr von einander unterschieden sind. Die erste ist: Kann Gott
einen Socinianer oder Arianer auch bey seiner Erkenntniß zur Buße leiten und um Christi willen seelig machen?

Wer wird dieß leugnen? Es kommt ja nur darauf an, ob der Mensch nach seinen Umständen keiner
bessern Erkenntniß fähig wäre? ob er sich der Wahrheit nicht aus Stolze kühn widersetzt, oder durch andre Lüste sich zur Erkenntniß derselben untüchtig
gemacht,

gemacht, oder sonst bey der Vernachläßigung derselben eine freywillige Schuld begangen habe?

Die andre Frage ist aber die: Ist es nicht eine theure Pflicht aller derer, welche Gelegenheit zu bessern Einsichten haben, sich Mühe
zu geben, die Natur und Person Christi so genau kennen zu lernen, als es nur möglich ist,
die reine Lehre, so viel es geschehen kann, für ihren
Theil bestättigen und ausbreiten zu helfen? Ist nicht
die kalte Gleichgültigkeit vieler Christen in einer so
wichtigen Sache ein strafbarer Zustand des Gemüths?
Muß das nicht unausbleibliche böse Folgen nach sich
ziehn, wenn man eine der allerwichtigsten und tröstlichsten Wahrheiten des Christenthums ohne vielen
Widerstand aufgiebt? um die Ehre seines göttlichen
Mittlers sich wenig bekümmert? und sich beynahe
eben so verhält, als wenn die Gottheit Christi eine
Kleinigkeit wäre, von der ein jeder halten möchte,
was er wollte?

Das sind die Fragen, die man ein wenig besser in
unsern Tagen bedenken und bey deren Ueberlegung
man sich erinnern sollte: daß Gott ein Gott der
Wahrheit sey; daß jeder Irrthum endlich gewiß
schädliche Wirkungen hervorbringe; daß wir verbunden seyn, Christi Ehre vor den Menschen zu
bekennen; alles mögliche beyzutragen, andre zur richtigen

tigen Erkenntniß der seeligmachenden Wahrheiten zu
führen; und mit einem edlen uneigennützigen von
pharisäischem Stolze und von Eitelkeit entfernten Eifer
für die Religion den Irrlehren aus aller Macht frey
und unerschrocken zu widersprechen.

Daraus ergiebt sich denn auch endlich die Frage
von der billigen Toleranz gegen Arianer, Socinianer und Freydenker, in so ferne sie die Gottheit Christi leugnen, oder bestreiten. Zwar bin ich
nicht gesonnen, eine ausführliche Abhandlung von dieser nöthigen Gelindigkeit gegen die Irrenden zu schreiben: allein meine Absicht erfordert doch, daß ich diese
Sache in der Kürze von verschiedenen Seiten betrach-
te. Es ist denn also zuerst eine bürgerliche Toleranz. Die Gesetze des Staats, die jedesmalige La-
ge der Sachen; die Weisheit des Regenten bestimmt
den Umfang und die Gränzen derselben. Wer ein
guter Bürger ist; wer nicht seine Mitbürger durch
Ausstreuung gefährlicher und menschenfeindlicher
Grundsätze zu verderben sucht; der ist, was er dann
auch für eine Religion habe, (wenn es nicht sonst besondren Bündnissen und Verträgen zuwiderläuft,) zu
dulden. So bald ein Unterthan anfängt, andern
Lehren beyzubringen, welche zum Exempel der öffentlichen Sicherheit nachtheilig sind; welche dem Eide
seine Kraft benehmen; welche Treue und Glauben

nach

nach und nach untergraben; welche den Selbstmord
befördern und allſo dem Staate früh oder ſpäte manchen Bürger rauben : ſo bald hört die Pflicht der
Duldung auf. Der Staat hat es mit einem Feinde
zu thun. Und wenn Scribenten dieſer Art geſchützt,
oder wohl gar mit Ehrenzeichen und Lobe zur Verfertigung ähnlicher Schriften weiter ermuntert werden:
ſo arbeitet der Regente wider ſein und ſeines
Volks Intereſſe. Was hat die geſchützte Freyden-
kerey ſeit funfzig Jahren in Europa hervorgebracht?
Was werden die Folgen ſeyn, wenn ſie noch weiter
um ſich greift? Man verbietet Gift öffentlich zu verkaufen. Giftmiſcher, die den unſterblichen Geiſt, die
ganze Familien zu Grunde richten, dürfen den Be-
cher des Todes ungeſtöhrt jedem darreichen; die Wol-
luſt predigen; dem Unterthan alle Feſſeln des Ge-
wiſſens abnehmen; ihn zu allen heimlichen
Schandthaten aufgelegt machen; die Jugend durch
die Anreizung zu gewiſſen Laſtern entnerven; die
ſtärkſten Beweggründe zu Tugend und Rechtſchaffen-
heit aus dem Herzen wegrauben; und jedem, der aus
Mangel der Religion und Furcht vor Gott kühn genug geworden iſt, die Waffen in die Hand geben, einen Regenten, wenn er ſeinen Unterthanen beſchwer-
lich fällt, aus dem Wege zu räumen. Wenn man
Schriften ſolcher Art ungeſtöhrt drucken und verkau-

fen.

sen läßt: wo ist da, daß ich nichts von Religion sage, wo ist da die Staatskunst? "Aber, was man
„verbietet, wird nur mit desto größrer Begierde ge-
„lesen?" Muß man denn dergleichen Bücher öffentlich verbiethen? Kann man nicht Schriftsteller, Buch-
drucker, Verleger und Verkäufer auf andre Weise
nachdrücklich bestrafen? Wenn denn dieß an allen
Orten geschähe: würden so viele seichte Köpfe, wie es
jetzt geschieht, Lust bekommen, für Geld Gotteslästerungen zu machen und zu verkaufen? Alle
Sünden, welche Unterthanen, durch schädliche Schriften verleitet, aus dem Grunde begehen, weil sie durch
jene Schriften gewissenlos gemacht worden sind; alle
Sünden dieser Art, ich erzittre vor der Verantwor-
tung! fallen auf die zum Theil auch mit zurück, welche menschenverderbliche Grundsätze ungestöhrt ausbreiten ließen.

Es ist aber auch zweytens die Toleranz eine allgemeine Pflicht der Religion und der Menschlichkeit; und diese fordert von uns, daß wir niemanden
um seiner Irrthümer willen hassen, oder verachten; daß wir über keinen Menschen, der in Sachen
der Religion von uns verschieden denkt, verdammen
und im Gewissen beunruhigen; daß wir keiner Art
der gottesdienstlichen Handlungen andrer spotten; keinem Menschen um seiner Religion willen unsre Liebe

und

und Dienſte verſagen; alle Menſchen, ſie ſeyn Chriſten, Juden, Muhamedaner oder Freydenker, als Geſchöpfe unſers guten Gottes, als unſre Brüder
betrachten, ſie lieben, ſie zu erfreuen und ihre Wohlfahrt zu befördern ſuchen. Mäßigung und Menſchenliebe das iſt die Stimme der Religion und der
Vernunft.

Und es iſt denn daher durchaus intolerant, wenn
man die Lehren, welche andre als Ausſprüche Gottes
mit großer Ehrfurcht betrachten, mit Läſterungen und
Hohngelächter verfolgt. Es iſt intolerant, wenn man
die, welche in Religionsmeynungen von uns abgehen,
als dumme, unwiſſende Leute öffentlich zur Schau auf-
ſtellt; wenn man nach dem Triebe des Secten- und
Partheygeiſtes die ſogenannten Orthodoxen zu eben
der Zeit verfolgt, da man wider den Partheygeiſt predigt; wenn man eben die Menſchenliebe und Schonung andern verſagt, die man von ihnen fordert.

Wer Toleranz verlangt, der ſollte doch auch wohl
die Pflichten derer, welche Toleranz genießen,
ein wenig beſſer bedenken; und ich will dieſe Herren
mit Worten eines Schriftſtellers an ihre Schuldigkeit
erinnern, der wegen ſeiner Gelehrſamkeit berühmt und
gewiß nichts weniger, als im Verdachte iſt, aus Liebe
zur Orthodoxie blind zu eifern. "Unſre Deiſten,"
ſpricht er, "wollen ohne alle Bedingung geduldet ſeyn.

„Sie

„Sie wollen die Freyheit haben, die christliche Reli-
„gion zu bestreiten; und doch geduldet seyn. Sie
„wollen die Freyheit haben, den Gott der Christen
„zu verlachen; und doch geduldet seyn. Das ist
„freilich ein wenig viel, und ganz gewiß mehr, als
„ihren vermeynten Vorgängern (den Proselyten un-
„ter den Israeliten) in der alten jüdischen Kirche er-
„laubt worden; wenn deren einer des Herrn Name
„lästerte; (Lev. 24, 12.) so ward er ohne Barmher-
„zigkeit gesteiniget, und die Entschuldigung half ihm
„nichts, daß er nicht den wahren Gott, den die Ver-
„nunft den Menschen lehre, sondern den Aftergott
„gelästert habe, wie die Juden sich ihn bildeten." *)

Wir verlangen nun aber in der christlichen Kirche
nicht das Blut unsrer Gegner; wir wünschen und
fordern nur dieß, daß Gotteslästerungen nicht als
unschädliche Scherzreden betrachtet; daß frechen Scribenten mit Nachdruck Einhalt gethan, daß der Irrthum nicht der Wahrheit gleich geachtet werden möge.

Die Toleranz erfordert nicht, daß man offenbar bekannte Unchristen in Ehrenämter setze, daburch sie
Macht und Ansehen bekommen, durch ihr Beyspiel
und auf andre Weise ihren Gift andern einzuschütten;
die

*) Siehe Lessings Beyträge zur Geschichte und Li-
teratur ꝛc. Dritt. Beytrag Seite 425.

Y

die Toleranz erfordert, ja sie erlaubet nicht einmal,
daß man Socinianer, oder Arianer lutherischen oder
reformirten Gemeinden vorsetze. Wenn man einen
Protestanten zum Rabbi in der Schule zu Prag oder
Fürth bestellen, wenn man die Juden nöthigen wollte, alle Sabbater einen zu den Protestanten
übergegangenen Juden in ihrer Versammlung
predigen zu hören, und ihm ihre Seelen anzuver-
trauen, wäre das nicht Tyranney? Und das soll
Toleranz seyn, wenn man offenbarbekannte Socinianer zu Vorstehern protestantischer Gemeinden
macht? oder wo sie aus Protestanten Socinianer
oder Arianer geworden sind, sie in ihren Aemtern
zum Verdrusse der Gemeinden läßt? Wenn das einmal irgendwo geschähe, wäre das besser, als das erste? Wo ist die Billigkeit? wo ist Toleranz? Ge-
wissensfreyheit? Menschlichkeit?

Die Toleranz bringt es auch nicht mit sich, daß
man alle Religionen für gleichgültig halte; daß
man der Wahrheit und dem Irrthume eine gleiche
Kraft zur Besserung des Gemüths und Beförderung
der wahren Tugend zuschreibe; daß man die Irrenden durch eine solche Gleichgültigkeit in ihrem
Wahne bestättige: sie fordert nicht die Pflicht der
Toleranz, daß man sein Mißfallen an dem Irrthume
verheele, oder wohl gar zur Unterhaltung und Aus-

breitung

breitung desselben Vorschub thue. Es ist keine Toleranz, sondern sträfliche Vernachläßigung einer theu-
ren Pflicht, wenn Lehrer, die zur Ausbreitung und
Vertheidigung der Wahrheit bestellt sind, stillschweigend zusehen, wenn Meynungen, welche dem gesunden
Lehrbegriffe des Wortes Gottes zuwider sind, um sie her
in Reden und Schriften ausgestreuet werden. Und
so grausam die Anschläge derer sind, die, gleich den
Inquisitionsrichtern, Irrende dem Scharfrichter in
die Hände zu liefern wünschen: so leichtsinnig, oder
gewissenlos handeln die, welche aus Trägheit, aus
Menschenfurcht, aus andern politischen Ursachen gewisse Irrlehren großer Männer für unschädlich und
gleichgültig ansehen. Unsre Waffen sind zwar nicht
leiblich; aber sie sind destomehr im Kampfe gegen den
Irrthum mit Eifer und Geist zu gebrauchen, jemehr
der Irrthum theils durch den Schmuck der Schreibart, theils durch den Schimmer eines falschen Witzes
sich gefällig macht und die Gemüther der unbefestigten
gewinnt. Wer von einem Theologen verlangt, er
soll keine Polemik treiben, der verlangt von einem
Soldaten, er soll, wenn der Feind vor die Festung
rückt, sie zu stürmen, kein Schwerdt ziehen und kein
Gewehr laden; also er soll ein Verräther seyn.

Diese Forderung ist aber nicht allein widersinnig,
sondern auch sehr sündlich. Denn Irrthümer kön-

Y 2   nen

gen unter gewissen Umständen verdammlich werden. Wer also die Pflicht auf sich hat, andre vor Irrlehren zu warnen, und dieß unterläßt: der ist einem Menschen gleich, welcher einen Blinden an einem Abgrunde, in den er hinabzustürzen bereit ist, stehen sieht, ohne ihn zu warnen. Zwar ist es in einzelnen Fällen nicht auszumachen, ob ein Mensch um seiner Irrthümer willen verdammt werden möchte. Dieß zu entscheiden, ist nur allein der Allwissende im Stande. Allein die Regel bleibt ja doch: wer (durch seine freywillige Schuld) nicht glaubt, der wird verdammt. Wer, gleich den Pharisäern, hinlängliche Gelegenheit hatte, zur Erkenntniß der Wahrheit zu gelangen; wer, gleich ihnen, durch Geiz, durch Eigensinn, durch Stolz, durch Anhängigkeit an den Freuden dieser Welt verblendet, sein Herz gegen die Stimme Gottes verstockt; wer durch eine muthwillige Trägheit die Mittel zur bessern Einsicht nicht gebrauchen, nicht erleuchtet, nicht gebessert werden will: dessen Irrthümer sind ihm eine Ursache der Verdammniß. Ich wundre mich daher sehr über gewisse Urtheile in den Schriften des sonst scharfsinnigen seel. D. Töllners und einiger andrer gelehrter Männer. Es soll fast einerley seyn, ob man dem Sabellianismus, oder der rechtgläubigen Lehre von der Gottheit Christi und der Dreyeinigkeit ergeben sey.

Wenn

Wenn man einen Juden oder Freydenker nicht davon überzeugen kann, daß Christus von Ewigkeit in der unendlichen Substanz, als Sohn Gottes, existiert habe: so soll man solchen Personen den Arianismus beybringen. *) Ja man soll im Vortrage der Lehre von der Dreyeinigkeit sich lieber sabellianisch ausdrücken, damit der gemeine Mann nicht auf den Irrthum des Tritheismus gerathe. Wenn nicht der seel. Töllner sonst ein Mann von so redlicher Wahrheitsliebe und Gottesfurcht gewesen wäre: so müßte man dergleichen Stellen als deutliche Beweise der Gleichgültigkeit in Sachen der Religion ansehen. Allein so war es bey ihm nicht. Er hielt die Lehre von der Dreyeinigkeit für eine nützliche und höchstnöthige Lehre; und wir hoffen, er und andre, welche bißher eben so dachten, haben sich nur aus Liebe gegen die Irrenden und um sie zurechte zu weisen ein wenig von der geraden Straße verirrt. Eben deßwegen meyne ich, es möchte auch für andre nützlich seyn; wenn wir von der nöthigen Behutsamkeit im Vortrage der Lehre sowohl von der Gottheit Christi, als überhaupt von der Dreyeinigkeit einige Anmerkungen hinzufügen.

*) Töllners theol. Unters. 1. B. 1. St. Seite 39.

Das

Das zehnte Kapitel.

Von einigen Regeln der Klugheit
im Vortrage dieser Lehre.

Es sind in unsern Zeiten über die Frage: wie viel man den Christen, die keine Theologen sind, von der Dreyeinigkeitslehre sagen müsse, sehr verschiedene Antworten zum Vorscheine gekommen. Man hat, auf der einen Seite, diese Lehre nur als eine Nebensache ansehen wollen, die zum Wesen der christlichen Religion nicht gerechnet werden könnte; man hat von der andern Seite her Männern, denen man sonst das Lob der Gottesfurcht und Rechtschaffenheit nicht absprechen kann, böse Absichten beylegen und sie verketzern wollen. Beide Theile sind, wie es uns scheint, aus guten Absichten zu weit gegangen. Sollte man nicht die rechte Straße auch hier in der Mitte finden? Laßt uns verschiedene Fragen aus einander setzen.

1. Wäre es zur Erlangung der Seeligkeit nicht genug, wenn ein Christ nur aufrichtig glaubte: es ist ein Gott; der hat mich erschaffen; der hat mich durch Jesum Christum erlöst; der heiliget mich; von dessen Gnade und Barmherzigkeit erlange ich alles Gute, dessen ich in Zeit und Ewigkeit theilhaftig werde; ihn will ich ehren,

ehren, ihm will ich leben. Wäre diese Erkennt=
niß, wo der damit verknüpfte gute Vorsatz befolgt würs=
de, nicht hinlänglich, daß ein Mensch seelig würde?

Ich zweifle, ob jemand sey, der dieß unter gewissen
Bedingnissen leugnen sollte. Wenn derselbe Christ
die beßre und vollständigere Erkenntniß Gottes nur
nicht vorsetzlich verachtet; wenn er die Gottheit Chri=
sti nicht aus sündlichen Absichten und Ursachen lästert
oder bestreitet; wenn er nach seiner Einsicht gewissen=
haft vor Gott und Menschen wandelt: wer wollte
einen solchen verdammen? Denn es kommt ja bey der
Frage, ob wir seelig werden können, nicht darauf an,
wie viel wir Erkenntniß hatten? sondern dar=
auf, wie wir unsre Erkenntniß genützt haben.
Die allerwenigsten Gläubigen des alten Testaments
wußten wohl mehr, als dieß: es ist ein Gott; und
der Messias wird uns zur Wohlfarth, die Gott uns
zugedacht hat, verhelfen. Die ersten Gläubigen des
neuen Testamentes hatten von der Person Christi und
von seinem Verhältnisse zum Vater wohl schwehrlich ei=
nen vollständigen Begriff. Sie glaubten an Gott
und hofften durch Vermittelung unsers Herrn Jesu
Christi seelig zu werden. In den drey ersten Jahr=
hunderten war, wie wir oben erinnerten, die genauere
Erkenntniß von dem innern Verhältnisse der Personen
der Gottheit noch sehr selten. Nicht die Unwis=

Y 4 senheit,

senheit, sondern der **Ungehorsam** gegen die Wahrheit der vorsetzliche **Unglaube**, der ist die Ursache des Gerichts, welches nicht die **Schwachen** im Glauben, sondern die **Widerspenstigen** treffen wird.

Da man denn nun mit dieser **Erkenntniß Gottes** und **Christi**, daß ich so sage, auskommen und die **Seeligkeit** erlangen kann: soll man es nicht in dem Religionsunterrichte der unstudierten Christen dabey bewenden lassen, daß man sie lehret: es ist ein Gott, und **Jesus Christus** ist der **Mittler** zwischen Gott und den **Menschen**?

Wir wollen nicht sogleich entscheiden; sondern die Sache ruhig überlegen. Man muß die unstudierten Christen doch lehren, daß sie **Christum**, ihren Herrn, anbeten sollen. (Phil. 2, 9. 2c. Joh. 5, 23.) Wenn ihnen nun von der Gottheit ihres Erlösers nichts deutliches gesagt werden soll; wird man sie nicht auf die irrige Meynung führen: es wäre erlaubt, einer Kreatur gottesdienstliche Ehre zu erweisen? Wie will man den Grund der Anbetung Christi angeben, wenn man ihnen nicht sagt, daß er nach einer höhern, als der menschlichen Natur, zur höchsten Gottheit gehöre? Oder, sollen wir alle unstudierte Christen zu **Socinia-** netern bilden? Man muß sie doch davon auch unterrichten, daß ihr Erlöser **Schöpfer** und **Regente** der **Welt** sey; um in ihnen die **rechten Gesinnungen**

zu

zu erzeugen, mit welchen sie ihren Heiland betrachten, mit welchen sie auf ihn vertrauen und ihn im Herzen verehren sollen. Wie will man nun dem gemeinen Manne es erklären, daß Christus Schöpfer, Erhalter und Regente der Welt sey, ohne ihm es zu entdecken, daß in ihm außer der menschlichen, noch eine höhere Natur sey? oder soll man den größten Theil der Christen in der Gefahr lassen, bald oder spät auf irgend einen von den Irrthümern zu gerathen, durch welche in den drey ersten Jahrhunderten so manche Sekten und Streitigkeiten in der christlichen Kirche entstanden sind? Ist es denn so etwas ganz gleichgültiges, ob man Wahrheit oder Irrthum erkenne und glaube?

Man muß den unstudierten Christen doch die Worte erklären, die nach dem Befehle unsers Heilandes bey der Taufe gebraucht werden sollen und müssen. Was ist nun der Vater? Kann ich sagen: er ist allein für sich genommen Gott, den wir, allein anzubeten, in der Taufe verpflichtet werden? Das wäre doch ja Irrthum und nicht Wahrheit. Wer ist der Sohn? Soll ich sagen: er ist ein bloßer Mensch? das wäre falsch. Soll ich sprechen: er ist Gott, wie der Vater; wir sollen auch ihn, als unsern Gott, anbeten: so ist doch nun die höchstnöthige Warnung hinzusetzen: aber ihr müßt euch nicht einbilden, als

Y 5 wenn

wenn Vater und Sohn zween Götter wären: nein, sie machen nur eine Gottheit aus: denn es ist nur ein unendliches Wesen. Eben dieß muß ich hinzufügen; wenn ich erklären soll, was der heilige Geist ist. Folglich ist es ja ganz unumgänglich nothwendig, daß dem gemeinen Manne und allen unstudierten Christen wenigsten ein kurzer Unterricht von dem dreyeinigen Gott ertheilt werde; oder sollen wir die Taufformel abschaffen? oder eine neue an die Stelle derjenigen setzen, welche Christus vorgeschrieben hat?

Man muß doch den unstudierten Christen in den Stand setzen, die heil. Schrift künftig selbst für sich lesen zu können; um mit eigenen Augen die Wahrheit zu sehen; um nicht bloß gleich Kindern den Lehrern unverständig nachzubeten; um in der Einsicht in die göttlichen Wahrheiten immer weiter zu kommen; um im Glauben sich zu befestigen und gegen Irrthümer sich zu verwahren. Nun aber wie viele Stellen der Schrift wird ein unstudierter Christ entweder gar nicht verstehen, oder ihnen ganz gewiß einen falschen Sinn beylegen, wo er die Lehre von der Dreyeinigkeit nicht wenigstens nothdürftig gefasset hat. Wie soll er auch nur das Evangelium Johannis, eines der lehrreichsten und tröstlichsten Bücher der Schrift, mit Nutzen lesen und richtig verstehen? Endlich wie kann er die bißher in den drey herrschenden Kirchen in

Teutsch-

Teutschland geschriebenen Predigten, Gesänge, Gebete und andre Erbauungsbücher richtig gebrauchen,
wenn ihm jene Erkenntniß fehlt?

Ich irre sehr, oder man hat sich bey einem guten
Herzen aus allzugroßer Schonung der Freydenker
und heimlichen Socinianer verleiten lassen, eine Lehre
aus dem gemeinen Unterrichte der Christen zu verwei-
sen, welche aus den nun nur kürzlich angeführten und
andern Gründen höchstnothwendig und nützlich ist.

Allein, spricht man, "diese Lehre richtet doch zu-
„fälliger Weise einen großen Schaden an. Sie ist
„den Jüden ein Aergerniß, den Freydenkern eine
„Thorheit; die Jugend versteht sie nicht; der gemeine
„Haufe wird durch sie zum Tritheismus verleitet
„und es sind so manche Spaltungen in der Christenheit
„zum allgemeinen Aergernisse verursacht worden. Wä-
„re es nicht besser, wir hielten uns an das allgemeine
„in der Religion und ließen die besondern Bestim-
„mungen weg, welche nur Streit gebähren?"

Die Apostel predigten Christum, den Gekreuzigten,
den Juden ein Aergerniß; den gelehrten Griechen
eine Thorheit; durch die Ausbreitung dieser Lehre
in der Welt wurden so manche Sekten hervorgebracht; so manche Streitigkeiten erregt: wäre es
nicht besser gewesen, die Apostel hätten von Christo,
dem Gekreuzigten, ganz stille geschwiegen? Mein
Gott!

Gott! wie weit geht die Behutsamkeit in Dingen, da man nicht fragen sollte, wird sich auch jemand an unsern Vortrag stossen? sondern, da man nur fragen sollte: Hat dieß Gott zu lehren befohlen? Jesus Christus ist der Sohn Gottes, der Schöpfer und Erhalter der Welt, der Mittler und Erretter unsrer unsterblichen Seelen, als Mensch am Kreuze für uns gestorben: laut, laut laßt uns dieß predigen, und sollten alle Freydenker mit den Zähnen knirschen, und sollte man uns Narren schelten und tadlen um Christi willen. Wir predigen Jesum Christum zwar den Juden ein Aergerniß und den Ungläubigen eine Thorheit; aber auch für viel tausend Seelen, die die Wahrheit zu fassen fähig sind, göttliche Kraft und göttliche Weisheit. Die, welche an diesem Worte sich dergestallt ärgern, daß sie fallen und verlohren gehen: wären wohl auch ohne unsre Predigt ihren eigenen Weg ins Verderben gegangen. Die, welche unsrer Predigt nicht glauben können; weil sie durch die Vorurtheile der Erziehung, durch den frühern Unterricht in einer irrigen Religion, durch andre Hindernisse, dabey sie keine freywillige Schuld haben, gehindert werden: diese wollen wir getrost der Barmherzigkeit des Gottes überlassen, der seinen Sohn allen Menschen zum Mittler verordnet hat. Er ist nicht ungerecht; er ist Vater aller seiner Geschöpfe. Dieß

war

war, meine allgemeine Antwort auf die vorhin angeführten Einwendungen. Nun wollen wir aber die
einzelnen Stücke derselben dergestalt betrachten, daß wir
zugleich die versprochenen Regeln der Klugheit vortragen, die man etwa mit Nußen befolgen möchte, wenn
man verschiedene Gattungen von Menschen in den
Grundsätzen der christlichen Religion unterweisen soll.

1. Ist es nicht rathsam, daß man Freydenker und Zweifler, zu der Zeit, da man sie gewinnen will, mit diesen schwehren Lehrsätzen
verschone?

Ich antworte: Soll man nicht die Klugheit der
Apostel nachahmen? Soll man nicht bey dem Unterrichte in der Religion das Beyspiel Christi zum Mu-
ster nehmen? Fieng denn nun unser Erlöser damit an,
daß er seinen Jüngern die Lehre von der Dreyeinigkeit
erklärte? oder sagte er in dem ersten Jahre seines Lehramtes etwas von dem schmählichen Ausgange, den er
am Kreuze nehmen würde? Er überzeugte sie zuerst
durch Wunder, daß er der große göttliche Gesandte sey,
den die Israeliten erwarteten; er entdeckte ihnen von
Zeit zu Zeit auf eine nähere Art, die Beschaffenheit
seiner erhabnen Person; nur dann erst, als er ihren
Glauben an sich durch hinlängliche Gründe
befestiget hatte, dann sagte er es ihnen, was für
ein schmerzliches Ende er erwarte. Da sie denn aber

auch

auch nach einem dreyjährigen Unterrichte noch nicht
fähig waren, die hohen Lehren alle zu fassen, die sie in
der Welt predigen sollten: so setzte er nur erst kurz
vor seinem Hingange zum Vater die heil. Taufe mit
den Worten ein, welche die Grundlage der Dreyeinigkeitslehre seyn sollten: übrigens aber verwies er sie
auf die Eingebung des heil. Geistes, der ihnen alles
andre nöthige zu seiner Zeit erklären sollte: ich habe
euch, sprach er einige Zeit vor seinem Tode, noch viel
zu sagen, aber ihr könnet es jetzt nicht tragen.

Eben so verhielten sich die Apostel in ihrem Vortrage. Wenn Paulus zu Athen predigt: so schweigt
er von der Dreyeinigkeit. Es ist ein Gott, der die
Welt gemacht hat; Christus ist Richter der Menschen;
bekehrt euch von den Götzen zu dem euch unbekannten
Gott. Das ist es alles. Hätte Paulus länger in
Athen bleiben und eine Gemeinde errichten können;
so würde er es nicht verabsäumt haben, die Grundleh-
ren des Evangeliums in ihrem ganzen Umfange vorzutragen. Aber zum Anfange war dieß genug. Petrus
kommt in das Haus des Cornelius. Sein Vortrag besteht darinnen, daß er der Versammlung zeigt, Jesus
habe sich durch seine Wunder als den Messias erwiesen; er sey von den Todten erweckt und zum Herrn
über alles gesetzt worden. Noch hatte er keinen vollständigen Vortrag von der Gottheit Christi und des
heil.

héil. Geistes gehalten, als schon die Gabe des Geistes
von Gott denen, die da glaubten, ertheilt, und sie
dadurch von Gott selbst für gute Christen erklärt
wurden. Ohne Zweifel haben sich die ersten Prediger
des Evangeliums in allen andern ähnlichen Fällen, auf
eine ähnliche Weise verhalten. Sollte es denn nun
nicht erlaubt seyn, um Ueberzeugung in den Seelen
unsrer heutigen Ungläubigen hervorzubringen, diese
Klugheit Christi und seiner Apostel nachzuahmen?
Wenn sie denn nur einmal den Beweis für die Wahrheit der christlichen Religion wohl gefaßt haben; dann
werden sich die einzelnen Theile des Lehrbegriffs schon
so vortragen lassen, daß sie nicht durch neue Zweifel in
Unglauben wieder zurückgeführt werden. Und gesetzt,
es wäre ein sonst redlicher Mann nach allen Bemühungen nicht im Stande, den Vortrag von der Dreyeinigkeit mit Ueberzeugung anzunehmen: so wird es ihm
nicht schaden, wenn er die Schrift nach seiner Einsicht
erklärt, wo er nur seinen Glauben durch rechtschaffne
Früchte der Buße beweist. Laßt uns keinen fremden
Knecht richten; laßt uns die Gewissen beruhigen,
nicht verwirren.

2. Soll man denn aber auch die Kinder in
der Lehre von der Dreyeinigkeit unterrichten?
Was für Kinder? Solche, welche die ersten Grundsätze menschlicher Erkenntnisse noch nicht gefaßt und

kaum

kann dieß recht begriffen haben, daß ein höchstes Wesen sey, welches diese Welt gemacht habe? Da antworte ich: nein! Es ist ohne Zweifel ein Fehler im Unterrichte, wenn man mit dem schwehrsten den Anfang
macht. Wenn aber die Kinder durch natürliche Kennt-
nisse etwas mehr zubereitet sind, über wichtige Lehren
nachzudenken ; wenn sie Gott aus seinen Werken,
wenn sie sich selbst und ihre Pflichten genauer kennen;
wenn man ihnen gezeigt hat, daß sie ihre ganze Schuldigkeit selten beobachtet und allso Strafe verdient haben; so sehe ich nicht ein, warum man ihnen die Person ihres Erlösers nun nicht nach ihren beiden Naturen beschreiben und genauer bekannt machen soll? Dazu wird aber wenigstens eine kurze Erklärung der
Dreyeinigkeitslehre erfordert. Je mehr sie denn aber
heranwachsen, und die Jahre erreichen, in denen sie der
öffentlichen christlichen Gemeinde beygezehlt werden
sollen: destomehr ist nöthig, daß man ihnen von dieser
schwehren Materie solche Begriffe beybringe, die sie in
den Stand setzen, Gott so anzubeten, wie er sich sonderlich in den Schriften des neuen Bundes geoffenbaret hat; das Werk der Erlösung der Menschen durch
den Sohn Gottes genau kennen zu lernen; ihrem Erlöser die gebührende Ehre zu erzeigen, und sich durch
die Vorstellung seiner erhabnen Person zur Dankbarkeit, zur Liebe und zum Gehorsame gegen ihn zu ermuntern.

tern. Kurz, alle die Gründe, welche ich nur erst zum
Beweise anführte, daß man unstudierten Christen die
Dreyeinigkeitslehre beybringen müsse, beweisen auch,
daß man sie etwas herangewachsenen Kindern zu erklären Ursache habe. Und dieß um destomehr, je selt-
ner es gewöhnlich ist, daß Christen, welche die Jugend-
jahre zurückgelegt haben, bey dem catechetischen Unterrichte erscheinen, und je weniger es auf der andern
Seite nützlich scheint, von dergleichen dunklen Materien aneinanderhängende öftere Vorträge auf der
Kanzel zu thun. Denn in einem Unterrichte, der durch
Frage und Antwort ertheilt wird, lassen sich Materien
dieser Art dem Gemüthe der Zuhörer in einem weit
hellern Lichte darstellen; da kann man erforschen, ob
jeder Begriff richtig gefaßt; ob kein gemeines Vorurtheil zurückbehalten; ob auch die Sache selbst, und nicht
nur die Worte, ohne Sinn von dem, der den Unterricht empfängt, gelernt worden sey. Da hingegen
wenn trockne Lehrsätze, die vieles Nachdenken erfordern,
auf der Kanzel in einer zusammenhängenden Rede vorgetragen werden, der größte Theil der Zuhörer mit
vieler Mühe sich in der Aufmerksamkeit erhält und
die ganze Sache in wenigen Sätzen nicht so genau sich
in das Gemüthe prägt. Ich kann daher auch hier
es nicht vorbeygehen, den Wunsch zu äußern, daß man
statt mancher Predigten einen Unterricht in Frage

Z   und

und Antwort auf irgend eine Art ertheilen, oder den Kanzelvortrag noch einfältiger und leichter einrichten möge, damit man im Stande sey, auch dogmatische Wahrheiten in einer so gemeinverständlichen Sprache von diesem Orte vorzutragen; daß der große Haufe mehr Nutzen davon habe. Und so komme ich denn endlich auf die letzte Frage:

4. Wie ist denn aber die Lehre von der Dreyeinigkeit vorzutragen, damit nicht die Kinder und überhaupt die Menge der unstudierten Christen auf den Irrthum des Tritheismus gerathen?

Auch hier werden wir weise handeln, wenn wir das Verhalten Gottes gegen die Menschen nachahmen. Gott ließ erst den Israeliten den großen Grundsatz predigen: Höre, Israel, der Jehovah, unser Gott, ist ein einiger Gott! Nach und nach gab er ihnen größre Einsichten in die innre Natur seines unendlichen Wesens. Wenn denn also nur diese erste Grundlage aller Religion bey den Kindern und dem gemeinen Manne wohl gemacht und befestiget ist: so wird nie eine Seele in Gefahr gerathen, drey Götter zu glauben.

Es ist ein Gott, der die Welt und alles was darinnen ist, gemacht hat.

Dieß

Dieß Wesen, das die Welt gemacht hat, muß vor
der Welt da gewesen, muß allmächtig, allwissend,
allgegenwärtig seyn.

In diesem unsichtbaren ewigen Wesen sind drey,
welchen die Allmacht, die Allwissenheit, die Allgegen-
wart zukommt. Diese drey, der Vater, Sohn und
Geist, machen die Gottheit aus, welche die Welt geschaffen hat. Daher wird auch jeder allein zuweilen
Gott genennt.

Diese drey sind aber nicht etwa, wie drey Männer,
neben einander im Himmel. Es sind nicht drey Götter: sondern sie sind so vereiniget, daß sie nur eine ewige Gottheit ausmachen. Es ist und
bleibt in Ewigkeit nur ein Gott.

Wenn so ohngefehr oder auf eine ähnliche Weise,
die Dreyeinigkeitslehre vorgetragen und jede irrige
Vorstellung durch mündlichen Unterricht noch mehr
entfernt wird: so kann man mit vollkommner Gewißheit hoffen, daß den Kindern und den unstudierten Christen keine schädliche Vorstellung von Gott in
dieser Materie beygebracht werde. Und was sollte es
einer Seele schaden, wenn sie von Gott auf eine
menschliche und sinnliche Art dächte? wenn sie sich
die beiden ersten Subjecte der Gottheit, als Vater
und Sohn, etwas zu körperlich vorstellte? Wie viel
sind der christlichen Philosophen, welche über ihre

Einbil-

Einbildungskraft dergestalt Meister seyn sollten, daß sich bey ihnen keine sinnlichen Vorstellungen darein mischen, wenn sie an die unsichtbare Gottheit gedenken? Es kommt auf die Wahrheiten an, welche durch Bilder ausgedrückt werden; nicht auf die Art, wie man diese Wahrheiten entweder sinnlich, oder bloß mit dem Verstande faßt. Wenn nur die Wahrheit feste steht: es ist ein Gott; Jesus Christus der Mittler zwischen Gott und den Menschen; dann mag in den Nebenvorstellungen gleichwohl eine Verschiedenheit seyn: ein jeder Gerechter wird seines Glaubens leben.